주톈원 · 우녠전 지음

비정성시

각본집

홍지영 옮김

주톈원·우녠전 지음

# 비정성시

## 각본집

홍지영 옮김

# 悲情城市

글항아리

일러두기

- 각주는 모두 옮긴이의 것이다. 본문 괄호 안 주석은 원저자의 것이다.
- 본문에서 영화 제목은 낫표(「」)로, 책 제목과 언론사 명칭은 겹낫표(『』)로 표기했다.
- 배우 및 등장인물의 이름은 외래어표기법에 따라 적었다. 단, 양조위·주윤발과 같은 홍콩 배우의 이름은 그 발음(광둥어)이 한어 병음과 다른 데다, 국내에서 이미 그 쓰임이 굳어졌기에 한자 독음으로 표기했다. 양덕창도 한국에서 주로 불리는 에드워드 양으로 적었다.
- 이 책의 시나리오와 각본 내용은 완성된 영화 「비정성시」의 설정, 대사, 장면과는 차이가 있다.

# 1

허우샤오셴侯孝賢은 「비정성시」에서 정교한 가위질을 버리고 큼직큼직하게 편집함으로써, 유려한 리듬을 잘라내지 않고 큼직한 화면 안에서의 분위기와 분위기를 정확히 연결했다고 말했다. 한 영화의 주제란 결국 한 영화의 전체적인 분위기라면서. 그렇다, 감독의 사고는 각본가의 사고와 전혀 다른 것이다.

2

천쑹융陳松勇이 연기한 큰형 린원슝. 그는 '소상해주가'를 경영하며 부둣가의 상사에서 운송업을 한다. 일본 천황이 무조건항복을 선언한 당일, 원슝의 첩은 아들을 낳는다. 정전 중 갑자기 전기가 들어와 불이 켜지는 순간 태어났기에 아들의 이름을 린광밍으로 지었다. 그해 원슝은 마흔 살이었다.

## 3

양조위梁朝偉가 연기한 넷째 린원칭. 그는 진과스金瓜石▪에 사진관을 열고 지식인 청년 우콴룽과 함께 지낸다. 원칭은 여덟 살 때 나무에서 떨어져 부상을 입고 머리에 통증을 느꼈다. 한바탕 크게 앓고 회복한 뒤에도 제대로 걷지도 못했고, 한동안은 귀가 먹은 줄도 몰랐다. 그가 청력을 잃었음을 부친이 글을 써서 알려주었지만 당시 어린애였던 그는 슬픈 줄도 모르고 평소처럼 재미있게 놀았다.

---

▪ 타이베이臺北 근교에 위치한 옛 탄광 지역.

4

둘째 형 린원룽은 군의관으로 징집되어 필리
핀에 간 뒤 소식이 끊겼다. 온 가족이 이미 체
념한 와중에도 오직 둘째 형수만은 진료소를
티끌 하나 없이 유지하며 남편이 언젠가는
반드시 무사히 살아서 돌아오리라 믿는다.
그는 돌아오자마자 예전처럼 진료를 보고,
약을 처방하고, 주사를 놓고, 베토벤의 음반
을 들을 것이다.

# 5

가오제高捷가 연기한 셋째 린원량. 여러 언어를 구사하고, 큰형 첩의 오빠와는 절친한 친구 사이다. 전쟁 기간에 일본군으로 징집되어 상하이에서 통역을 맡았다. 패전 뒤에는 한간漢奸■으로 수배당해 타이완으로 도망쳐 돌아와서 정신적으로 커다란 변화를 겪는다.

---

■　매국노라는 뜻으로, 일본 제국에 부역하거나 협력한 중국인을 가리킨다.

# 6

신수펀辛樹芬이 연기한 콴메이와 우이팡吳義芳이 연기한 콴룽. 누이동생은 타이진병원 간호사고, 오빠는 국민소학교 교사다. 오빠는 누이동생을 원칭에게 맡기며 말한다. "우리 가족에게 알리지 말고, 내가 이미 죽었다고 생각하게 해. 난 이미 조국의 아름다운 미래에 나를 바쳤어."

7

오가와 시즈코와 그녀의 아버지, 그리고 전사한 오빠. 패전 후 일본인 송환처가 설치되고 일본인들은 조로 나뉘어 본국으로 송환된다. 시즈코는 타이완에서 태어났고 어머니도 이곳에서 죽었다. 그녀에게 자신의 나라는 오히려 낯설고 먼 곳이다. "제 인생에서 가장 행복한 시간을 여기서 보냈으니, 전 이곳을 잊지 못할 거예요……."

8

오른쪽부터 장다춘張大春이 연기한 『대공보』 기자 허융캉, 잔훙즈詹宏志■가 연기한 대륙에서 돌아온 린 선생님, 우녠전吳念眞과 셰차이쥔謝材俊■■이 연기한 소학교 교원. 모두 우콴룽의 친한 친구다. 2·28사건 당시 허융캉은 양복 옷깃에 달고 있던 신문사 배지 덕에 구타를 면한다. 린 선생님은 2·28사건 처리위원회에 참가하고 매일 공회당에 가서 회의를 연다.

---

■  작가이자 출판인. 영화 기획·홍보 등 다방면에서 활약했다. 1987년 '타이완 영화 선언'에도 참여했다.
■■  탕누어의 본명.

**9**

폐허와 훙허우의 유기된 시체. 훙허우는 셋째 원량을 찾아와서 전쟁 기간에 일본
인이 진과스의 갱도 안에서 지폐를 인쇄했고, 일본 항복 뒤 누군가가 지폐를 몇 자
루 빼돌렸다고 말한다. 하지만 지폐에 찍힌 도장은 딴 곳에서 찍었다면서 원량에게
도장을 만들 방도가 있는지 묻는다.

# 10

오른쪽부터 레이밍雷鳴과 원솨이文帥가 연기한 상하이 사내들. 가운데 린자오슝林照雄과 린쥐林鉅는 톈랴오田寮항 조직의 아청과 진취안을 연기했다. 셋째 원량과 과거 알던 사이였던 상하이 사내들은 그를 찾아와 배로 쌀과 설탕을 상하이에 운반하고, 밀수품을 싣고 타이완에 돌아옴으로써 돈을 벌자고 꾄다. 훗날 톈랴오항 조직과 상하이 사내들은 서로 결탁해서 새로운 세력을 형성한다.

# 11

결원結怨 [■].

상하이 사내들과 텐랴오항 조직은 이익 구역을 빼앗기 위해 '한간 전범 검거 숙청 조례'를 이용해 원량과 원슝을 밀고한다. 원슝은 도망치고, 압수했던 마약을 상하이 사내들에게 돌려주는 조건으로 그들이 정부와의 연줄을 이용해 셋째 원량이 설날 전까지 보석으로 집에 돌아오게 해줄 것을 부탁한다.

---

■  원한을 맺다.

# 12

사별.

큰형은 어린 시절의 일을 떠올린다. 어머니는 세상을 떠나면서 그에게 이 집안을 돌봐달라고 당부했다. "둘째는 문제가 없고, 셋째는 성정이 경박해서 사고치기 십 상이니 가장 걱정이고, 넷째는 기술이 있으니 장차 먹고살기 어렵진 않겠지⋯⋯."

원칭과 콴메이.

그가 그녀의 손에 글자를 쓴다: "너도 알잖아, 언젠가 이런 날이 오리라는 걸. 그렇지?"

그녀가 고개를 끄덕인다.

그가 또 글자를 쓴다: "당분간 쓰자오팅四脚亭에 돌아가서 아이를 잘 돌봐줘."

그녀가 그의 손을 잡아당겨 글자를 쓴다: "싫어요. 집을 나온 그날부터
난 당신과 생사를 함께하기로 결심했어요."

# 14

생이별.
원칭의 일가족 세 식구. 이들은 도망갈 생각을 했었다. 하지만 어디로 도망갈 수 있을까? 그래서 이들은 다시 돌아온다. 사진관의 커튼과 벽난로, 꽃병이 그려진 배경 앞에서 말쑥하게 차려입은 세 사람이 가족사진을 찍는다…….

## 15

린커우산林口山의 촬영 현장.

허우샤오셴은 하늘의 뜻을 찍을 수 있다면 대단히 만족스러울 것이라고 말했다.

이후 그는 모두가 비교적 더 쉽게 받아들일 수 있는 현대적인 어휘를 사용했다. 바로 '자연의 섭리'다.

"저는 자연의 섭리하에서의 사람들의 삶을 찍을 수 있길 바랍니다."

허우샤오셴은 이렇게 말했다.

# 추천사

## : 슬픔의 점묘법

란주웨이

타이완국가영화·시청각문화센터

란주웨이藍祖蔚


위대한 사건은 작은 사건들의 조합으로 이루어진다.

서로 다르거나 서로 유사한 톤, 색채 그리고 선의 요소를 조정

하여 일치시키고 주제로부터 리듬을 정하고 기쁨과 침묵 혹

은 슬픔을 융합하여 빛 속에서 형상화함으로써 조화를 창조

할 수 있다.

—조르주 쇠라


점묘법은 조용하거나 느린 시간적 테마를 다루는 데 가장 적

합한 기법이다. 화가는 사진과 같은 사실적 재현을 추구하지 않

고 어떤 정경의 분위기 혹은 인상을 전달하고자 시도한다. 「비

정성시」 33주년 디지털 리마스터링 버전의 상영 전날 밤, 영화

를 다시 보고 각본집을 다시 읽으면서 쇠라의 점묘법 이념이

줄곧 내 눈과 마음에 어른거렸다.

33년 전 베니스국제영화제에 참석하러 출발할 때, 내 짐 속에는 「비정성시」 각본집 한 권이 있었다. 「비정성시」가 베니스국제영화제 경쟁 부문에 진출하면서 이 베니스 출장이 가능하게 됐으니 그만큼 이 영화의 제재가 무엇인지, 어떤 영화이기에 이런 기회를 성사시켰는지 궁금했기 때문이다. 「비정성시」를 보기 전에 각본을 한 입 한 입 씹어 먹듯 읽고 기본적인 구조와 면모를 우선적으로 이해하는 게 유일한 단서였다. 인터뷰를 앞두고 빼놓을 수 없는 과제이기도 했다.

1989년 9월 9일, 「비정성시」가 베니스에서 처음 상영됐다. 영화를 보고 난 뒤, 내 가슴속은 신비의 베일을 벗기는 무모함과 서사시를 마주친 환희가 뒤섞인 복잡한 심경이 되었다. 하지만 그보다 가슴속에 더욱 크게 북받친 건 '이렇게 완성됐구나' 하는 가벼운 탄식이었다.

완성된 영화의 모습이 각본과 달라지고, '상상'과도 달라지는 건 대부분의 영화가 필연적으로 거치는 창작의 과정이다. 발상부터 집필까지, 촬영부터 편집까지의 과정을 거치며 영화는 왜 마지막의 이런 모습으로 성장하는 걸까? 그리고 몇 년이 지나 왜 또 최종 감독판이 나오는 걸까? 이 질문들 모두 영화 산업의 흥미롭고 특수한 생태에서 기인하는 문제들이다. 「비정성시」는 편집이 끝난 뒤 더 이상 편집이 수정되거나 추가, 보충되지 않았다. 또 이 영화는 충분히 거대한 작품이었고, 주목을 받았기에 영화보다 각본집이 더 먼저 나올 수 있었고, 심지어 시나리오와 각본을 나란히 대조하는 이 책의 출간은 사람들에게 영화를 더욱 세세히 맛보고 더욱 깊이 연구할 기회를 제공했다.

이 책에 수록된 주톈원朱天文의 시나리오는 총 88개의 장면scene으로 구성됐고, 우녠전의 각본은 3개의 장면이 추가된 91개의 장면으로 구성돼 있다. 한편, 영화·시청각문화센터에 소장된 '합작사'▪ 시절의 촬영용 대본에 쓰인 장면은 이보다 더 많은 102개에 이르는데, 셋째 형과 셋째 형수에 대한 내용이 더 자세히 서술돼 있고, 훙허우가 연루된 위조지폐 파문에 대해 꽤 명확하게 설명돼 있지만 최종적으로 영화가 완성되고 각본집이 출판될 때는 전부 삭제됐다. 다행히 33년 뒤에도 이 102개의 장면으로 구성된 촬영용 대본이 남아 있어 서로를 비교, 대조해볼 수 있으니 영화의 구조와 캐릭터 형상화에 대한 더 뚜렷한 이미지를 얻을 수 있다. 또한 이 상호 비교와 대조를 통해 편집기 앞에서의 허우샤오셴과 랴오칭쑹廖慶松▪▪의 심사숙고를 이해할 수도 있을 것이다. 이 책에 수록되지 않은 그 촬

▪ 1988년 타이완의 영화 평론가 천궈푸陳國富가 허우샤오셴, 에드워드 양, 잔훙즈와 함께 설립한 영화사인 '전영합작사電影合作社'를 이른다.
▪▪ 타이완의 영화 편집자. 허우샤오셴과 에드워드 양이 만든 대부분의 작품을 편집했고 현재도 왕성히 활동 중이다.

영용 대본은 영화 사료 보존의 중요성을 어느 정도 증명한다고 도 할 수 있을 것이다.

인터뷰를 하러 출발하기에 앞서 나는 「비정성시」의 줄거리와 맥락을 대략적으로 파악했고, 관련 역사와 정치적, 사회적 토론 이슈에 대해서도 한차례 자세히 찾아봤다. 그렇지만 홍보 문구, 스틸 사진, 포스터를 통해 누적된 상상과 동경이 마침내 영화 필름 속에 정착하고, 얼마나 많은 귀중한 잔상을 마음속에 각 인시키느냐는 개개인의 교양, 감성과 관련된다. 즉 각자의 해석 과 자유로운 판단에 달린 것이다.

2·28사건과 「비정성시」의 연결은 이 영화를 홍보하는 핵심 포인트 중 하나였다. 그러나 이 영화에 깊숙이 관여한 촬영감독 천화이언陳懷恩은 옛일을 회상할 때마다 다음과 같이 강조하길 잊지 않았다. "우리 촬영 현장에서 2·28을 언급하는 사람은 거 의 없었습니다." 2·28사건은 이 영화의 시간적 매개 변수 중 하 나고, 그 시절의 간과할 수 없는 슬픈 낙인이자 이 영화 전반에 걸친 중요한 전환점이긴 하지만 유일한 핵심은 아니다. 결국, 부 족한 사료의 안개 속에서 누가 먼저 진실을 말할 수 있겠는가? 또 어떻게 진실을 볼 수 있겠는가? 한 편의 영화로 하여금 역사 가의 역할을 맡아 역사의 상像을 복원하라고 요구하는 건 지나 친 완벽을 요구하는 게 아닐까? 그저 예술적 표현을 추구할 뿐

인 영화 작가에게 이 논쟁에서 발생하는 '정치적 해석'과 '역사적 진실'에 대한 압박은 너무 과중한 건 아닐까?

하필이면 상영 현장에서 홍보에 사용된 정치적 문구("오늘이 오기 전까지, 당신이 들을 수도 말할 수도 없었던 이야기……")와 국제적으로 큰 상을 획득했다는 아우라가 가세하면서, 대중의 초점과 열띤 토론의 중점은 불가피하게 2·28사건에 고정됐고, 이 영화에 대한 실망과 낙담도 대개는 2·28사건에 대한 허우샤오셴의 재현 방식에 집중됐다. 즉, 이 영화가 이 사건의 근원을 다각도로 탐색하고 있긴 하지만, 사건 자체를 직접적으로 이야기하지 않고, 가라앉은 톤으로 혼란상을 재현함으로써 사건이 제대로 묘사되지 않았다는 실망감이다. 냉정하고 절제된 방식으로 이 사건을 재현한 결과, 사람들에게 무거운 사건을 가볍게 다뤘다는 애매한 느낌을 주긴 했지만, 만약 점묘법의 미학적 관점으로 이 영화를 이해한다면 어쩌면 또 다른 풍경을 보게 될지도 모른다.

이 영화의 핵심 플롯은 린아루 일가가 1945년에서 1949년까지의 세월 동안 겪은 풍상이다. 린아루는 슬하에 아들 넷을 두었다. 맏아들 린원숑은 혈기 왕성하고 호방한 성격으로 난세에 흔들리면서도 집안일을 돌보고 생계를 꾸린다. 둘째 아들 린원룽은 제2차 세계대전의 초연硝煙 속에서 실종되어 여태껏 모습을 드러내지 않는다. 셋째 아들 린원량은 강호를 방랑하며 상하이 조직과 톈랴오항 조직의 이익 다툼에 휘말린다. 문학 청년 기질을 지닌 넷째 아들 린원칭은 아내 콴메이의 오빠 콴롱을 따라 사회정의를 추구하는 좌익 엘리트 사조를 드러낸다. 또 오가와 시즈코와 일본 문화에 대한 콴롱의 동경을 통해 정권 교체기에 실망한 청년의 문화적 좌절을 드러내기도 한다.

시공간적 좌표를 1945년에서 1949년까지로 설정했기에 정국 불안과 민생 파탄, 정경 유착, 밀수 세력의 충돌 전부가 크든 작든 훗날 일어날 2·28사건과 연동된다. 린씨 집안과 우씨 집안 양가가 겪고 목격한 수많은 작은 사건이 한데 모여 자아내는 삶의 면모는 차라리 시대의 소묘라 할 것이다. 가까이서 보면 불분명한 상이지만, 멀리서 보면 점점이 찍힌 작은 점들이 어느새 형상을 이루며 대략적인 윤곽선이 떠오르고 보는 자로 하여금 그것이 무엇인지 알고, 어떻게 된 일인지 이해하며 마침내 뭔가를 깨달은 듯한 느낌을 얻게 하는 것이다.

그렇다. 그저 뭔가를 깨달은 듯한 느낌만을 얻을 수 있을 뿐이다. 허우샤오셴은 「비정성시」를 통해 역사의 정론을 쓰려고 하지 않았다. 그가 입버릇처럼 내뱉던 '하늘의 뜻을 찍는다'는 말은 결국 쇠라의 점묘법 회화에 가까운 것이다. 즉, 비슷하지만 완전히 똑같진 않으며, 수채화 혹은 파스텔화, 유화, 수묵화에 관계없이 진실에 가까운 뭔가를 깨달은 듯한 느낌만 얻을 수 있는 회화 말이다. 이러한 거리감과 이미지는 「비정성시」에 특별한 위치와 관점을 부여하고, 그 시대를 새롭게 바라보게 한다.

줄거리와 영상 외에 목소리의 점묘법 또한 「비정성시」의 미학적 성취 중 하나다. 내가 각본에 앞서 목소리의 표현을 강조하는 중요한 이유는 목소리가 각본이 표현하기 어려운 정서적 질감을 지니고 있기 때문이고, 오히려 영상과 이야기가 입체적인 형상을 갖추도록 하는 오묘한 관건이기 때문이다. 결국 촘촘하거나 느슨한 미학적 흥분은 대부분 영화를 보고 있는 바로 지금, 귀로부터 영혼으로 들어오는 음파의 공명에 기인하는 것이다.

천쑹융의 담배에 찌든 거친 목소리가 아니었다면 "우리 타이완 사람이 제일 불쌍해. 저번엔 일본인, 이번엔 중국인. 다들 우릴 잡아먹고 깔고 앉아. 아무도 불쌍해하는 사람이 없어"라는 명대사는 어쩌면 마음속 깊이 파고드는 충격적인 에너지를 잃어버렸을지도 모른다. 거친 사내가 그 같은 상황에 대해 느끼는 개탄이 유유히 잠에서 깨어나는 고요한 시간에 놓임으로써, 그 격한 탄식은 비로소 역사의 페이지를 꿰뚫어보는 힘을 얻게 되는 것이다. 눈으로 읽는 것과 소리 내어 읽는 것은 다르고, 말로써 연기하는 건 특별하다. 육체화한 에너지는 텍스트가 담고 있는 상상의 용량을 초월하는 것이다.

이와 마찬가지로 "난 타이완인이오!"라고 양조위가 날카로운 칼의 위협 아래서 내뱉은 이 유일한 대사, 오직 그의 서툰 타이완어만이 모방할 수 있었던 농아의 목소리는 놀라운 힘을 폭발시킨다. 우연히 맞닥뜨린 배우의 능력의 한계와 그렇게 주어진 한정된 상황에 순응하며 그 한계를 유리한 길로 인도해내는 교묘한 구상의 우연한 일치가 있었기에 이 작은 불꽃을 터트릴 수 있었던 것이다.

대화, 음악, 글쓰기, 낭독을 통한 엄숙한 의례로써 제시되는 옛 일본에 대한 문화적 동경은 더더욱 흔적조차 남기지 않는 옅은 붓터치로 표현되었다. 실제로 우리는 꽃꽂이, 서예, 기모노와 죽검을 눈으로 확인할 길이 없고 "같은 운명에 처한 벚꽃이여 마음껏 날아가거라. 나도 곧 뒤따라가리"라는 청춘 감성의 하이쿠가 대체 누구의 것인지 알 길도 없다. 유일하게 분명한 건 각본에 문자로 적힐 수 없었던 「붉은 잠자리」 풍금 소리가 과거의 아름다운 일본 시절을 음미할 음향적 흔적을 남긴다는 것뿐이다.

등장인물들이 거래를 할 때에는 타이완어, 베이징어, 광둥어, 상하이어, 일본어가 교차한다. 이 언어들 속에는 서로 속고 속이는 암투가 얼마나 많이 숨겨져 있는가? 이 언어들은 우리와 동족이 아닌 자들의 생존 암호이기도 하지만, 동시에 오해와 싸움이 야기되는 온상이기도 하다.

"타이완 동포 여러분……"으로 시작하는 행정장관 천이陳儀■의 닝보寧波■■ 억양 라디오 방송은 사건 이후의 당국의 태도와 견해를 보여줄 뿐 아니라, 자막을 보지 않으면 무슨 말인지 알아들을 수 없는 듣기의 곤경을 드러내는 것이기도 하다. 즉 '말과 글이 다른' 시대의 혼란상이다. 진과스 병원에서 "어디가 불편하십니까? 머리가 아픕니다, 배가 아픕니다……"라며 국어國語■■■를 가르치는 장면이 그려지기도 한다. 그러나 50년간 일본의 지배를 거친 타이완 민중이 알아들을 수 없는 그 언어를 얼마나 이해할 수 있겠는가? 어찌 두세 마디 말로 그들에게 신뢰를 재촉할 수 있겠는가? 동시적으로 잡다하게 울리는 온갖 방언의 교차는 정치적 권력과 계급적 지위를 은연중에 드러내고, 시대의 분위기를 눈앞까지 박진감 있게 들이밀며, 외부로 번져나가는 점묘법의 힘을 도처에서 보게 한다.

「비정성시」의 사운드 미학은 영화 속에서 이따금씩 스크린에 떠오르는 화면 자막을 통해서도 확인할 수 있다. 이는 무성

---

■　저장성 출신으로, 푸젠성 주석이었다가 일본 패망 뒤 타이완 행정장관과 경비 총사령관으로 임명된다.
■■　저장성의 항구 도시.
■■■　국민당 정부가 타이완으로 옮긴 뒤 타이완어(민난어) 대신 공식 언어로 채택한 표준 중국어.

영화 시기에 관용적으로 쓰이던 문법으로, 말로는 전할 수 없는 감정과 생각을 검은 바탕 위의 하얀 글자로 스크린에 표현하는 것이다. 이 설정은 원래 시장을 고려한 것이었다. 양조위를 주연으로 섭외했지만 그가 입을 열 경우 민난어를 할 수 없다는 사실이 들통나게 되니, 그를 출연시키려면 그가 연기하는 원칭을 어렸을 때 사고로 더 이상 말할 수 없게 되어 대외적인 소통을 전적으로 필담에 의지해야 하는 캐릭터로 바꿀 수밖에 없었던 것이다. "열 살 이전에는 소리가 들렸고 난 여전히 양의 울음소리를 기억해. 기억 속의 마지막 소리는 용안나무에서 떨어질 때 들은 나뭇가지가 뚝 하고 부러지는 소리였어." 주톈원의 시나리오에서는 필담을 통해 원칭이 청력을 잃은 과거의 일이 명확히 진술되고, 화면에서는 서당에서의 수업 장면과 어린애가 무대 위의 화단花旦* 같은 동작으로 극을 흉내 내는 장면을 볼 수 있다. 결국 허우샤오셴은 점을 여기까지만 찍고, 양의 울음소리 다음에 이어지는 용안나무 구절에 대해서는 더 이상 언급하지 않았다.

화면 자막 사용이 꼭 원칭에게만 국한된 것은 아니다. 화면 자막은 정풍주定風珠**의 기능을 지닌다. 큰 글자로 적힌 몇 줄

---

■　전통극에서의 젊은 여성 배역.
■■　『서유기』와 『봉신연의』에 등장하는 바람을 멎게 하는 신통한 구슬을 이른다.

의 글이 적시에 삽입되어 화면에 떠오름으로써 정서를 완화시키고 핵심을 짚어내며 세부 사항을 설명하기도 하고 내레이션의 역할을 하기도 한다. 콴메이의 일기든 아쉐의 편지든 각 캐릭터의 외화면 음향▪은 마치 가느다란 실처럼 연결된 다른 쪽에 영향을 미치기도 하고 당사자가 미처 육성으로 말할 수 없었던 삶의 과정을 보충하기도 한다. 편지를 읽는 목소리를 통해 드러나는 혼란한 시대의 흔적들이 점묘법의 크고 작은 점들처럼 이 도시에 휘몰아친 비바람과 가족을 한데 엮는다.

원칭이 가족을 위해 찍은 가족사진에는 통곡도 없고 이별의 슬픔도 없다. 이 사진은 삶의 마지막 증거다. 앞 장면에서 그들은 짐을 들고 멀리 떠나려고 시도한다. 그러나 떠나건 떠나지 않건, 어디로 나갈 수 있단 말인가? 말로는 표현할 수 없는 심리적 전환은 결국 콴메이의 외화면 음향에 맡길 수밖에 없다. 다만, 시나리오의 "……어디로 가야 할지 알 수가 없어서 우린 떠나지 않았어. 난 타이베이에 가서 오빠를 수소문해봤지만 아무런 소식도 없어. 아푸는 젖니가 나기 시작했고 늘 잘 웃는데 표정이 네 막냇삼촌을 쏙 빼닮았어……" 혹은 텍스트 각본의 "아쉐, 막냇삼촌이 잡혀갔어. 지금도 행방은 알 수 없어. 우

---

▪ 화면의 프레임 바깥에서 들리는 소리를 이르는 말로 'Off Screen', 줄여서 O.S.라고도 한다.

린 도망갈 생각을 했지만 결국 도망갈 곳이 없다는 걸 깨달았지" "잡혀가던 날, 막냇삼촌은 손님의 사진을 찍고 있었어. 그는 꼭 끝까지 일을 마쳐야 한다고 고집했고, 일이 끝난 뒤 차분한 모습으로 잡혀갔어. 난 타이베이에 가서 사람들에게 수소문해봤지만 아무런 소식도 없단다. 아푸는 젖니가 나기 시작했고 자주 웃는데, 눈빛이 네 막냇삼촌을 쏙 빼닮았어. 시간이 나거든 우릴 보러 와줘. 주펀九份은 가을이 깊어져서 온 산에 억새풀이 가득해. 온통 새하얀 게 꼭 눈이 온 것 같아"를 영화와 비교, 대조함으로써 허우샤오셴의 편집과 삭제의 작법을 이해하게 될 것이다. 창작의 심법心法은 언어로는 설명할 수 없으니, 하나하나 비교하고 대조할 때 반드시 체득되는 바가 있을 터이다.

끝으로 이 영화의 테마 음악을 언급함으로써 사운드 얘기의 마지막 획을 그어야 할 것이다.

난 이 영화의 출품인인 취푸성邱復生을 인터뷰하며, 영화사 사장인 그가 「비정성시」에 행한 가장 큰 공헌이 무엇인지 질문한 적이 있었다. 뜻밖에도 그의 대답은 음악이었다. 그 이유 중하나가 꽤 재미있는데, 그가 처음 영화를 접하게 된 계기는 영화 「양압인가養鴨人家」의 배경음악을 연주한 것이었다. 당시 허우샤오셴에게는 따로 생각해둔 영화 음악가가 있었지만 취푸성은 국제 무대에서 경쟁하려면 진정한 고수를 찾아야 한다고 고집했고, 친한 친구인 사에구사 시게아키三枝成章의 도움을 얻어 S.E.N.S▪와 다치카와 나오키立川直樹 등을 섭외해 「비정성시」의 테마 곡을 만들게 했다.

베니스에서 타이베이에 이르기까지, 33년 동안 「비정성시」를 몇 번이나 봤는지 모른다. 테마 음악의 강렬한 인상은 확실히 영화에 대한 인상을 좌우하고 그 기억을 환기시킨다. 음악이 울려 퍼지기 시작하면, 양조위가 주펀의 산길을 오르고 온 산에 가득한 억새풀이 바람에 나부끼는 장면이 눈앞에 다시금 선하게 보이는 것 같다.

그는 내게 당부하는 것도 잊지 않았다. 처음에는 음악이 있는 상태로 영화를 보고 그 다음에는 소리를 끄고 본 뒤, 둘을 비교해보면 음악이 영화에 가산점을 더해주는지 아닌지를 알 수 있다고.

그렇다. 모든 게 그 축음기에서 흘러나오던 「로렐라이」 민요처럼, 아무런 이유 없이 영화 속으로 날아 들어왔을 때 당신은 귀신에게 홀린 선원처럼 노래하는 물의 요정에게 더 이상 저항할 수 없다. 「비정성시」의 서로 교차하며 울리는 사운드가 서사시를 마침내 시로 만든다.

---

▪ 일본의 뉴에이지 혼성 기악 듀오.

# 차례

# 서문

주텐원

주톈원

「비정성시」 각본집을 출판하는데, 우녠전의 텍스트 각본을 써야 할까? 허우샤오셴의 연출용 대본을 써야 할까? 아니면 텍스트 각본을 한차례 내고, 연출용 대본을 또 다시 내야 할까?

우린 이 책을 가독성 높은 텍스트 각본의 상태로 출판하기로 결정했다. 영화에 속한 건 영화에 돌려주고, 텍스트에 속한 건 텍스트에 돌려주자는 게 한 가지 이유였다. 글로 쓰인 각본과 실제로 촬영된 영화 간의 커다란 차이는 영화 마니아에게 맡기도록 하자. 영화 마니아라면 기꺼이 흥미를 갖고 둘의 차이를 연구하고 밝혀줄 테니.

실제로 이 둘의 차이는 어떨까? '시나리오'에는 감독의 구상 과정의 전말이 담겨 있고, '각본'에서는 우녠전의 대사가 지닌 매력이 드러난다. 하지만 '영화'에서는 이 둘을 전부 한쪽으로 제쳐놓고 촬영에 직접 임한다.

이 책의 출간을 앞두고 우넨전은 읽기에 더 쉽고, 다음 세대에 전하기에 더 적합하게끔 각본을 다시 한번 다듬었다. 나는 뒷이야기로 「비정성시 13문 13답」을 작성함으로써 이 영화가 어떤 상황 아래서 제작비를 마련했는지, 무엇을 통해 국제적 시장을 획득했는지, 그리고 이 영화의 맨 처음 구상, 편집과 연출, 촬영 과정은 어땠는지를 밝혔다. 이 열세 개의 질문을 빌려 말하려는 건, 실은 이 모든 질문들이 결국 하나의 질문을 가리킨다는 사실이다. 즉, 각본은 영화와 동등한가? 각본가의 사고는 감독의 사고와 동일한가?

「비정성시」는 1988년 11월 25일에 촬영을 시작해 타이완에서 총 69일간 촬영했고, 올해 5월 중순 샤먼에 가서 사흘간 항구 장면을 촬영했으며, 지금은 편집 중에 있다. 허우샤오셴은 정교한 가위질을 버리고 큼직큼직하게 편집하는 방식을 사용한다고 말한다. 유려한 리듬을 잘라내지 않고 큼직한 화면 안에서의 분위기와 분위기를 서로 정확히 연결시키는 것이다. 그의 말에 따르면 한 영화의 주제는 결국 그 영화의 전체적인 분위기다.

확실히, 감독의 사고는 각본가의 사고와는 전혀 다른 것이다.

2년 반 전 『연연풍진戀戀風塵』— 이 책에는 영화 「연연풍진」의 각본, 그리고 이 영화의 시작부터 완성까지의 과정이 담겨 있다 — 을 출판한 목적은 당시 타이완의 영화 환경에 관해 호소하기 위함이었다. "또 다른 종류의 영화에게 생존할 공간을 주자"고. 그렇다면, 그로부터 2년 반 뒤에 출판된 이 책『비정성시』의 목적은 무엇인가?

내 생각은 이렇다. 현재 느슨하게 변화하고 있는 타이완의 사회 분위기는 민간의 활력이 각각의 틈새에서 해방되어 나오게 했고, 영화 역시 그렇게 되도록 했다. 다양함을 가능케 하는 제작 방식이 출현했고, 이는 더 다양한 유형의 영화들이 공존할 수 있음을 의미하게 됐다. 우리가 생존의 절박함을 넘어 좀 더 자유롭게 활동할 수 있는 공간으로 나올 때, 관심의 초점도 당연히 바뀔 수밖에 없다. 흑백논리와 같은 기존의 파벌 다툼, 노선 다툼, 이데올로기 다툼 외에 상상하고 사고할 수 있는 또 다른 새로운 세계도 있으리라. 시끌벅적한 운동 이후에 오는 건 장기적이고 심화된 실천 과정이다. 창조적인 것과 대면하려면 반드시 더 많은 층위가 필요하고, 치밀하고 예리한 지혜를 발휘해야만 할 것이다. 공허한 논의에만 의존해선 소용없고, 이는 이론과 비평에서도 마찬가지다.

직접 체험했기에 알 수 있었던, 각본가의 사고가 감독의 사고와는 완전히 다르다는 사실, 이는 흥미로운 주제지만 거의 아무도 주목한 적이 없었다. 혹 지금 이 책 한 권으로 이 논제를 개척하려고 한다면 너무 사치스러운 바람이리라.

그러나 이 책이 약간의 실마리를 제공하여 비평가, 이론가, 창작자를 불문하고 모두가 더 다양한 각도에서 발상을 떠올리고, 더 깊고 섬세한 분석을 행하고, 차츰 해방되어가는 공간 안에서 느긋하게 경작을 하도록 할 수 있다면, 이 또한 공덕을 쌓는 일이 될 터이다.

1989년 6월 23일

# 「비정성시」
## 13문 13답

주텐원

# 1 허우샤오셴은 돈이 될 재목인가?

그렇다. 미안하지만 맞다.

　허우샤오셴이 돈이 될 재목이라는, 상식에 완전히 반하는 이 대담한 예언은 내가 한 말이 아니라 잔훙즈가 일찍이 1986년에 한 말이다. 이 말을 예언이라고 한 이유는 그 말이 그야말로 너무 일찍, 즉 대륙 친척 방문 허용, 정당 결성 금지 해제, 신문 창간 금지 해제, 계엄령 해제 이전에 선언됐기 때문일 뿐 아니라, 당시 허우샤오셴이 유명한 흥행 참패 보증수표였고 지금까지 우리가 볼 수 있었던 것처럼 단지 본전을 지키는 재목이 되는 것만으로도 그에겐 이미 최선인 상황이었기 때문이다.

　「연연풍진」을 촬영한 1986년과 「나일강의 소녀尼羅河女兒」를 촬영한 1987년, 영화의 홍보 기획을 부탁하기 위해 잔훙즈를 여러 번 만나 이야기할 기회가 있었는데, 그가 한 편의 영화에 대한 일회성 홍보에는 흥미가 없음을 나는 나중에야 알았다.

그의 구상은 투자자조차도 그에게 동정심을 느낄 만큼 거대했다. 수많은 위험을 초래할 것 같은 그의 특이한 방식은 실은 자신의 도道를 하나로 관철시키기 위한 것이었다. 즉, 이왕 이용해야 한다면 자신의 배경과 기반까지 철저히 이용해 전부를 걺으로써 큰 승리를 얻어내는 승부 방식. 잔훙즈는 이 게임의 규칙을 꿰뚫고는 있었지만 자신의 뜻을 전부 관철시키지는 못하고 완곡하게 에두르며 적지 않은 시간을 소모했고, 결국 그 자신도 예상했듯 자신에게 맞지 않는 작은 신발을 신고 힘겹게 한 바퀴를 빙 돌아 원래의 안전한 길로 돌아왔다. 결국 그의 창의적인 아이디어는 쓸 수 없었고, 쓸 엄두를 낼 수도, 쓰일 리도 없었던 것이다. 그 시절, 난 이 상황을 공손히 맞이하며 귀로는 그의 말 속에 난무하는 틀린 말들을 들었다. 이를테면, 허우샤오셴은 돈이 될 재목이란 예언 같은.

그는 말했다. 자신이 논하는 건 비즈니스지 문화가 아니라고.

그는 말했다. 이건 리스크가 없는 비즈니스라고.

그는 말했다. 영화를 책처럼 팔 수 있다고.

그는 말했다. 허우샤오셴의 차기작 개봉지는 파리, 뉴욕 혹은 도쿄와 같은 해외가 될 거라고.

그는 말했다. 허우샤오셴의 영화를 세계적인 영화로 만들겠다고.

그는 말했다……. 그는 정말 많은 말을 했다. 게송偈頌▪ 같은 결론들이 터져 나오던 그 순간, 내가 그 현장의 목격자였음에 영광을 느낀다. 잔홍즈는 종종 "결론이 먼저고 증명은 나중이다"라고 말하곤 했다. 이 말에 관해 아직 그가 문자로써 증명한 것을 보지 못했으니, 그렇다면 잠시나마 현장을 목격한 내가 흥분된 심정으로 내 서술과 관점을 섞어 한차례 먼저 논해봐도 괜찮지 않을까.

---

▪ 부처의 공덕과 가르침을 찬탄하는 노래.

## 예술성과 상업성을 둘 다 갖춘다?

틀렸다. 왜 둘 다 갖춰야만 하나.

허우샤오셴이 돈을 벌 수 있다는 희망은 그의 예술성에 있지 그의 상업성에 있는 게 아니다.

설명하자면 이렇다. 일반 상품의 시장 전략은 '대규모 시장'을 추구하는 것일 수도, '특수하게 세분화된 시장'을 추구하는 것일 수도 있다. 음반을 예로 들면, 한 장의 클래식 음반은 타이완에선 겨우 몇 천 장 팔리고 말겠지만, 전세계적으로 볼 땐 세분화된 시장을 갖고 있고 그 숫자들을 전부 합치면 놀랄 만한 규모가 된다. 마찬가지로 영화에서도 할리우드의 '대형 영화사'가 장악한 세계적인 대규모 시장 외에도 여타 국제 시장에서 활약하는 영화 출품국들이 전략적으로 선택하는 특수한 시장이 있다. 특히 프랑스가 대표적이다. 현재 프랑스는 세계 2위의 영화 수출국인데, 대중적이고 통속적인 작품이 아니라 비교적 격조 높은 예술 창작에 기반을 두고 있다.

비디오 시장의 부상은 영화 시장의 '배급과 판매' 역시 완전히 변모시켰다. 세분화 정도가 심화될수록 다양한 영화를 판매할 기회가 커졌고, 과거 아시아 영화가 구미 시장에 진출하기 어려웠던 상황도 어느덧 새롭게 바뀌었다. 비디오는 영화의 수익 구조도 바꿔놓았다. 영화를 일종의 '권모식勸募式▪'이라 할 수 있는 수익 창출 방식으로 진입케 한 것이다. 즉 크랭크인 시점에서 유선 티브이와 비디오 판권을 판매하고, 마지막에 영화관 매출을 더하는 식이다. 영화관은 더 이상 영화 수익의 유일한 원천이 아닌, 일부에 불과할 뿐이다.

이로써 우리는 한편으로는 타이완의 중·고급 관객 시장을 겨냥하고, 다른 한편으로는 구미 기타 지역의 예술영화 시장과 마니아 시장을 쟁취하게 됐다. 이처럼 국내외, 그리고 티브이, 비디오를 포함한 각종 권리와 수익의 총합이 영화 한 편의 손익 실적을 평가하는 기준이 됐다.

구미 시장의 배급, 판매 수익의 회수는 비교적 느린 편으로, 대략 일 년에서 일 년 반이 소요된다. 이에 영화사는 반드시 장

---

▪ 영화 제작 단계에서 판권을 미리 판매하는 조건으로 자금을 모으고 조달하는 방식에 대해 주톈원이 독자적으로 사용한 표현으로 우리말에 적절한 대체어가 없어 원어를 그대로 살렸다.

기적인 투자 계획과 건전한 재무 능력을 갖고 있어야 한다. 기존 타이완 영화계의 계산법과 다른 이러한 특성은 우리에게 한 가지 큰 복음을 가져다주었으니, 신께 감사할 일이다. 적어도 모든 영화가 선택의 여지없는 도박—타이베이에서 개봉한 뒤 사나흘 만에 성패가 결정돼버리는—에 내몰리지 않아도 되게 되었으니 말이다. 단명하는 영화라면 사흘에서 일주일, 명이 긴 영화라면 이 주, 혹은 명이 아주 긴 성룡의 영화라면 삼 주, 상영이 끝나자마자 영화도 끝나버리는 것이다. 단기적 이익에만 뛰어드는 건 타이완의 일반적인 영화상映畫商이 관련 사업을 꾸려나가는 유일한 방식으로 그 뿌리가 깊은데, 이 방식이 그동안 얼마나 많은 상상력과 발전을 제한했던가.

현재의 새로운 시장 전략은 타이완 영화의 타이완 상영에도 혁명적인 변화를 가져올 것이다. 서양 영화 배급 방식처럼 상영관 수는 다소 적더라도 상영 기간은 더 길게, 표 값이 비교적 비싸더라도 고급 관객을 소구 대상으로서 찾게 할 것이다. 이는 소수의 사람일지라도 더 다양한 영화를 볼 수 있게 하고, 영화의 장르를 더욱더 다원화시킴으로써 영화가 어느 한 장르에만 집중되지 않게 한다. 이는 품질에 대한 요구를 통해 영화의 수명을 늘려줄 것이며, 그 장기적이고도 지속적인 여러 권익의 회수는 십 년, 이십 년 뒤에도 계속해서 돈을 벌어다줄 것이다.

"영화를 책처럼 판다." 잔훙즈는 말했다. 자신이 논하는 건 비즈니스지 문화가 아니라고.

이는 타이완 영화의 기존 운영 시스템, 즉 원래부터 거기에 있었지만 당시엔 우리가 충분한 조건을 갖추지 못해서 진입할 수 없었던 그 시스템과는 완전히 다른 것이다. 그러나 상품으로서의 타이완 영화가 영화제에서 수년간 축적해온 성과를 상업상의 실질적인 수익으로 전환시킬 수 있게 된 지금, 그 상품의 대체 불가능한 특수성을 충분히 발휘하게 하고 이 시장의 비길 데 없는 잠재력을 개발해야만 할 것이다.

그리하여 우리가 사고하는 공간과 시간의 정경은 달라진다. 전 세계 시장을 대상으로 5년, 10년 단위로 장기적인 시야에서 운영함으로써, 우리가 얼마나 다른 일을 해낼 수 있게 될지를 상상해보라.

주옌핑朱延平■이 만든 건 주옌핑에 귀속되게 하고, 싱가포르와 말레이시아 시장은 싱가포르와 말레이시아에 귀속되게 하고, 미국과 캐나다의 차이나타운은 차이나타운에 귀속되게 하고, 허우샤오셴은 그가 찍고자 하는 영화를 찍게 하는 것이다. 부디 그가 스티븐 스필버그가 되려는 꿈을 꾸지 않기를. 그건

---

■ 타이완의 영화감독.

불가능하니까. 부디 그가 「황금 연못」(쑹추위宋楚瑜▪가 허우샤오셴이 지향할 영화로 언급한 영화)이나 「닥터 지바고」(샤오위밍邵玉銘▪▪이 허우샤오셴이 지향할 영화로 언급한 영화) 같은, 호평도 얻고 흥행도 하는 영화를 찍을 수 있다고 착각하지 않기를. 그는 다만 자신이 찍을 수 있는 것을 찍을 수 있을 뿐이고, 이를 계속해서 밀고 나가야만 '오직 그 한 사람밖에 없는 독자적 일가'로 변신할 기회를 얻게 될 것이다. 그리고 바로 그것이 그의 상업성이 되는 것이다.

혹여 어느 날 그의 영화가 실수로 그만 대히트해버린다면, 미안하지만 그건 단언하건대 예상 밖의 사건일 터이다.

---

▪ 타이완의 정치인. 1981년에는 타이완 신문국 국장을 지냈고 현재는 타이완 친민당 주석이다.
▪▪ 1988년 당시 타이완 정부 대변인 겸 행정원 신문국장이었다.

# 3 타이완 영화는 그들 때문에 끝났는가?

당신의 생각은 어떤가?

1989년 1월 16일 『자립만보自立晚報』의 문예부 주간 우자오원吳肇文이 쓴 「허우샤오셴, 에드워드 양의 타이완 영화가 새로운 해외 시장을 개척하다」를 참고해도 좋을 것이다. 그 글에 부록으로 달린 표를 보면 배급 지역과 수입이 상세하게 나열돼 있다. 하지만 이런 성적은 친구들의 본업 외 활동으로 이룬 것이며, 도무지 경영이라고 말할 수는 없는 상황에서 획득된 것이다. 만약 안목 있는 자가 경영을 더 잘한다면, 잔훙즈의 황당무계한 말처럼 허우샤오셴에게 투자하는 게 성룽에게 투자하는 것보다 리스크가 훨씬 더 적을 것이다.

말하는 사람은 진지한데 듣는 사람은 심드렁하고, 간혹 큰 소리로 비웃는 사람도 있었다. 그렇게 2년이 지났다. 1988년이 되자, 연대영시공사年代影視公司는 영화 비디오 판권을 수년간 사고 팔았던 경험을 바탕으로 잔훙즈가 묘사한 아름다운 유토피아를 상상할 수 있게 됐고, 취푸성邱複生은 투자에 뛰어들기로 결심했다.

11월 25일, 진과스의 어느 구식 이발소에서 「비정성시」가 크랭크인했고, 양조위가 연기하는 넷째 원칭이 사진 원판을 수정하고 있는 장면이 촬영됐다. 팔각형 실내의 앞쪽에 탱크처럼 육중한 이발 의자 두 개가 놓여 있는 상태에서 뒷방이 사진관으로 개조됐고, 양조위가 그곳에서 묵묵히 일하는 동안 앞쪽에선 동네 사람들이 머리를 감고 이발을 했다.

여기까지가 「비정성시」가 어떤 상황 속에서 자금을 얻고 크랭크인했는지에 대한 내 설명이다.

# 4 오리엔탈리즘에 불과할 뿐이다?

그럴 수도 있고, 아닐 수도 있다.

대륙의 5세대 감독들의 작품이 차례로 해외 영화제에서 큰 상을 획득하고 저쪽 세계에서 격렬한 찬반 논쟁을 불러일으키기도 한 것처럼 말이다. 가장 대표적인 의견 가운데 하나는 그들이 빈곤과 무지몽매함을 셀링 포인트로 삼아 외국인에게 판매한다면서 "자기 바지를 내려 남에게 보여준다"고 비꼬는 것이다. 「황토지」가 그랬고, 「오래된 우물老井」이 그랬다면서. 한편 「붉은 수수밭」의 강렬한 영상 속 성과 폭력은 공자의 가르침을 따르는 겸손한 중국에 대한 외국인들의 고정관념을 깨트렸다.

다른 예도 더 들어볼 수 있다. 타이완에서 제작된 「옥경수玉卿嫂」 「계화항桂花巷」 「원녀怨女」는 외국 관객에게 중국 여인의 정욕을 들여다볼 쇼윈도를 제공했다. 할리우드에서 제작한 「마지막 황제」는 신비롭고 낡은 중국에 대한 서양인의 호기심과 관음증을 만족시켰다. 티베트의 삶을 배경으로 한 톈좡좡田壯壯의「말도둑盜馬賊」역시 독특한 풍습과 웅장하고 아름다운 고원 장면을 훌륭하게 그려냈다. 허우샤오셴 또한 오리엔탈리즘에 불과할 뿐이다.

이런 말들은 맞을 수도 있고, 틀릴 수도 있다.

타이완 영화가 어떻게 세계 영화계에 자리잡을 수 있을지를 논해야 할 때, 약간의 상식이라도 있는 사람이라면 어쨌든 상업 영화로는 전혀 희망이 없다는 걸 알고 있으리라. 심지어 홍콩 영화, 성룡조차도 승부가 안 되는데 무엇으로 할리우드와 경쟁한단 말인가 ─ 물론 필사적으로 싸우길 한사코 고집하는 비극적인 영웅이 있다면 아무도 반대하진 않겠지만. 타이완에 입각해서 세계를 가슴에 품을 것, 이게 우리가 행할 수 있는 최상책이다. 바로 다른 나라에는 없고 오직 타이완에만 있는 독보적인 특기를 내놓는 것이다. 좋다, 그것을 토산품이라 불러도 좋고, 이국 취미라 불러도 좋고, 혹은 거창하게 제3세계 미학 의식이라 불러도 좋다. 어쨌든 우리에겐 있고 다른 나라에는 없는 것, 그것을 호기심에 보러 오건, 동양 문화를 경배해서 보러 오건, 연구하러 보러 오건, 소수민족을 존중해서 보러 오건 간에, 어찌 됐든 그들이 보러 오고 사러 온다면 우리가 이기는 것이다.

첫 번째 영화를 보고 오리엔탈리즘이라고 말한다. 두 번째 영화를 보고 여전히 오리엔탈리즘이라고 말한다. 좋다, 세 번째 영화를 보고도 여전히 오리엔탈리즘이라고 한다면 대체 이 오리엔탈리즘이란 무엇인가!

# 5 서정적 전통인가, 서사적 전통인가?

헤헤. 혼혈아가 뛰쳐나오지 않을까.

여기서 나는 천시샹陳世驤(1912~1971)의 발언을 대량으로 인용해 우군으로 삼을 것이다. 천시샹은 일찍이 버클리대학 동양어문학과 학과장을 지냈고, 주로 중국 고전문학과 중서中西 비교문학을 강의했다. 내가 읽어본 그의 중국어 저작은 『천시샹 문집陳世驤文存』이 유일한데, 1972년 7월 지문출판사에서 출간한 신조新潮 총서 중 한 권이다. 장아이링張愛玲은 다음과 같이 썼다. "언젠가 천시샹 교수가 내게 말하길, '중국문학의 장점은 시에 있지, 소설에 있는 게 아니다'라고 했다. 누군가는 천 선생이 현대 중국문학을 충분히 중시하지 않는다고 생각할지도 모른다. 하지만 사실 우리의 과거가 이토록 유장하고 걸출했으니, 최근 몇 십 년의 이깟 성취를 놓고 시시콜콜 따질 필요는 전혀 없는 것이다."

소설이 이럴진대 하물며 아직 역사가 짧은 영화는 말할 것도 없다. 한 가지 관념을 명확히 설명하기 위해, 미안하지만 중국과 서양의 문학 전통에 기대어 견주어볼 수밖에 없다.

천시샹은 중국문학과 서양문학의 전통을 나란히 놓고 비교할 때 중국의 서정적 전통이 즉각적으로 드러난다고 말했다. 사람들이 위대한 호메로스의 서사시와 그리스 희비극이 그리스문학에서 최초로 만개했다는 데 경이로움을 느낀다면, 마찬가지로 그들을 놀라게 할 또 한 가지 사실이 있다. 즉, 기원전 10세기경부터 부상한 중국문학이 그리스와 비교해도 전혀 손색없는 풍격으로 동시적으로 성숙하는 동안에도 그 어떤 유의 서사시도 중국 문단에서는 출현하지 않았다는 사실이다. 그뿐만 아니라 그로부터 이천 년이 지나도록 중국에서는 여전히 연극이라 할 만한 게 존재하지 않았다. 중국문학의 영광은 결코 서사시에 있지 않다. 영광은 다른 곳, 바로 서정의 전통 안에 있다.

서정 전통은 『시경』에서 시작되어 『초사』로 이어졌고, 초楚와 한漢은 한악부漢樂府■와 부賦■■를 융합시켰다. 부에는 복잡하고 긴 구조를 지탱할 소설적 구성이나 연극적 줄거리가 없기에, 부를 쓰는 작가는 귀를 즐겁게 하는 리듬감 있는 음악적 언어로

---

■ 한나라 시기, 악률을 관장하던 악부에서 수집한 민가 및 문인의 시가를 이른다.
■■ 작가의 생각이나 눈앞의 경치를 아름답고 화려하게 묘사하는 문체를 이른다.

심상을 표현하는 비결을 통해 자신의 말이 타인의 마음속에 강하게 파고들도록 했다. 일단 소설이나 연극적 충동이 부에 은 연중에라도 드러날 경우, 그 충동은 아무리 미약할지라도 찬란한 어구와 소리 위에서 사라지도록 유도됐다.

악부와 부는 중국문학 도통道統*의 서정적 주류를 계속 확대하고 심화시켰다. 육조시대**를 풍미하고, 당나라 이후에도 면면히 이어졌으며, 새롭게 부흥한 또 다른 주류와 함께 존재하면서 때로는 곁가지로 물러서거나, 장기간 균형을 잃고 발전하지 못하거나, 포섭되어 삼켜지기도 했다. 마침내 연극과 소설의 서술 기교가 등장했을 때도 서정체는 여전히 기세등등하게 각 방면으로 스며들었다. 원나라의 소설, 명나라의 전기傳奇, 청나라의 곤곡崑曲***, 이것이 명가名家가 보여주는 서정적 시품詩品의 퇴적이 아니라면 무엇이겠는가? 어떤 이는 중국의 이런 문학적 특색이 인도의 영향을 받은 결과라고 말한다. 그러나 실제 인도의 영향은 이미 꽃이 피고 열매를 맺은 중국의 토지 위에 심긴 것이다. 중국의 서정적 씨앗은 일찍이 자라나고 있었고, 인도의 서정적인 문체의 유입은 그것을 더욱 화려하게 만들

---

■ 도학道學을 전하는 계통.
■■ 삼국시대의 오나라 이후부터 당나라 이전까지를 이름.
■■■ 중국 고전 극 양식 중 하나로 피리·소·비파 등의 악기가 동원되며, 16세기 말부터 성행했다.

었을 뿐이다.

물론 그리스에도 핀다로스와 사포의 서정시가 존재했고, 호메로스의 작품에서 단편적인 찬사와 경구를 골라낼 수도 있으며 그리스비극의 합창 가사에도 운율이 아름다운 글귀는 많다. 하지만, 그리스인이 문학 창작에 대해 토론하는 것만 봐도 그 중점은 압도적으로 이야기의 배치, 구조, 줄거리, 캐릭터 형성에 있다. 그리스철학과 비평 정신은 온 정력을 서사시와 연극에 쏟았다. 이와 대조적으로 고대 중국의 문학 창작에 대한 비평과 미학적 관심의 주요 대상은 서정시였다. 이때 주안점은 시의 음질, 정감의 토출 그리고 사적 혹은 공적 상황에서의 자아 토로다. 중니仲尼■는 흥興, 관觀, 군群, 원怨으로 시를 논했는데■■, 이는 시의 취지와 시의 음악성을 설명한 것이기도 하다. '시언지詩言志'■■■의 요체는 마음속의 갈망, 생각, 포부를 토로하는 데 있다.

서정체를 중국 혹은 그 외 극동문학 도통의 정수로 삼는 것은 동서양의 상충하는 전통 형식과 가치판단을 해석하는 데 도

■ 공자.
■■ 공자는 『논어』의 「양화陽貨」에서 '시' 즉 『시경』의 주요 기능으로 흥, 관, 군, 원을 들며, '시는 의지를 불러일으킬 수 있고(흥), 세상의 정서를 통찰할 수 있으며(관), 무리 짓게 만들 수 있고(군), 불만을 토로할 수 있게 만든다(원)'고 했다.
■■■ 『상서』 「요전堯典」에서 시를 정의한 말.

움이 될 것이다. 세상에 우뚝 설 수 있을 만큼 강인한 전통은 언제나 생기가 왕성하기 마련이다. 중국에서 서정시는 서양에서 서사시와 연극이 그러했듯, 처음부터 최고의 지위에 서 있었다.

서정적 전통에 대한 서양의 평가는 중세부터 르네상스를 거치면서 나날이 증가했다. "서정시는 순수한 시적 활력의 산물"이므로 "서정시lyric와 시poetry는 동의어"다. 여기에 콜리지의 다음과 같은 낭만적 견해도 덧붙여졌다. "산문이나 운문을 막론하고, 성공적인 문학 창작물은 모두 시다." 그렇다면 우리도 동양의 문학관을 대표하는 중국의 오랜 격언을 되짚어 주워 올 수 있다. "모든 문학 전통은 전부 시의 전통이다."

천시샹은 '시詩', 이 글자의 중국 최초의 기원과 이 글자가 추상적 범주를 표현하는 명사로 어떻게 진화했는지에 관해 특별히 논술하기도 했다. 새로운 명사가 성립되는 과정을 추적하면 새로운 관념이 차츰 분명한 형체를 갖추어가는 치열하고도 신선한 초기의 과정을 알 수 있기 때문이다.

그는 '시'라는 글자가 최초로 사용된 시기가 기원전 9세기에서 기원전 8세기 사이라고 주장했는데, 그중에서도 서주西周▪ 말의 여왕厲王, 선왕宣王, 유왕幽王 삼왕조 때라고 했다. 그는 서

---

▪ 도읍을 호경鎬京에서 동쪽의 낙읍洛邑으로 옮기기 전까지의 주나라를 이르던 이름.

양의 문예철학과 비평은 그리스를 계승하는데, 신기하게도 실제 아리스토텔레스 시대까지는 그리스어에 '시'라는 글자가 없었다고 했다. 아리스토텔레스의 『시학Poetics』이 그 창안이었지만, 그는 첫 장에서 단장 3보격 운율, 비가 혹은 그에 상응하는 운율로 쓰인 창작물을 부르는 명칭이 그때껏 없었다는 점을 분명히 밝혔다. 그러나 시의 예술적 취지와 방법을 밝히기 위해서는 그 역시 '시'에 해당하는 글자를 사용할 수밖에 없었고, 어쩔 수 없이 한 글자를 썼다. 이 글자가 훗날 라틴어로 적힌 '포에시스poesis', 즉 중세 영어에서의 '포에지poesie'와 현대의 '포에트리poetry'다. 그러나 당시 그리스어에서 이 글자는 '제작한다'는 일반적인 의미에 불과했기에 모든 작품을 포괄적으로 지칭할 수 있었고, 아리스토텔레스의 분석과 독창적 견해를 거쳐 비로소 특별한 명사가 되었다. 『시학』이 완성된 기원전 335년과 322년 사이는 중국의 전국시대 말기에 해당하니, 그땐 이미 굴원과 송옥의 부가 창작되었던 때다.

확실히 서양문학의 최고 경지는 시가 아니라 비극에 있었다. 비극성tragic이란 말은 엄숙하며 종종 자아를 초월하는 공포와 연민, 인생이라는 대우주에 대한 철저한 깨달음을 의미한다.

그리스비극은 영웅 개인의 의지와 운명의 희롱, 양자 간의 충돌을 극화한 것이다. 비극의 주인공은 맨 마지막에 이르러 운명이 이미 자신의 결말을 정해두었음을 깨닫기 전까지 아무것도 자각하지 못한 채 맹목적으로 행동한다. 이에 우리는 비극적인 공포와 연민을 경험하고, 그 속에서 정화와 카타르시스를 얻는다. 인간과 운명은 직접 접촉하고, 운명은 인격화한 화신이 된다. 게다가 한 명에 그치지 않고 세 명의 여신▪으로 나타나 실을 사용해 모든 인간을 조종한다. 그러나 중국에서 운명은 천명天命이든 천도天道든 인격화되지 않았다. 흔히들 '하늘의 그물은 넓어서 성긴 듯하지만 새지는 않는다'고 말한다. 운명이 모든 것을 뒤덮어 그로부터 아무도 도망칠 수 없다고는 하나, 운명은 결코 의지와 인격을 지닌 신이 아니며 그저 그물에 비유될 뿐이다. 비록 새진 않더라도 성긴 것이다. 그러니 개인의 의지가 이런 거대하고 광활한 그물과 부딪칠 때, 충돌은 당연히 일어나지 않는다. 애초에 중국문학에서는 그리스와 같은 비극이 생겨난 적이 없다.

중국문학에서의 운명 관념이 세 명의 여신 이미지로 구체화된 그리스와 다르다면, 대체 어떤 모습으로 나타날까? 천시상은 운명은 언제나 텅 빈 시간과 공간의 이미지이며, 한없이 거대하게 유동하는 리듬이고, 인격과 의지를 지니지 않으며, 거역

---

▪ 그리스신화에 등장하는 운명을 관장하는 세 여신, 모이라이를 이른다.

할 수 없고, 모든 개인을 초월한 채로 작동하는 것이라고 말했다. 개인은 운명과 충돌할 길이 없다. 이는 지구가 회전하는 것과 같은 이치다. 물론 누군가는 지구가 회전하는 방향과 반대 방향으로 간다고 말할 수도 있겠지만, 만약 그게 지구와 충돌한다는 뜻이라면 실로 우스울 터이다. 비극이 되기는 고사하고 오히려 희극인 것이다. 우공이산의 우공愚公, 해를 좇는 과부夸父■는 중국의 문학 전통에서 전부 우스운 인물로 여겨진다.

시의 방식은 충돌이 아니라 차이의 대조와 반영이다. 극적인 충돌로 고통을 표현할 수 없으니, 결국 비극에서처럼 최후의 '구원'을 통해 해소할 수도 없다. 시는 무한한 시간과 공간의 변천을 반영하고 인간이 그 안에 존재하면서도 이내 사라져버린다는 사실을 대조로써 드러낸다. 결국 인간의 세계와 대자연의 세계, 두 세계인 것이다. 시는 구원으로 해소에 이르지 않고, 평생 끝없이 읊으며 깊은 생각에 묵묵히 잠기는 것이다.

천시샹은 19세기 말 유럽의 몇몇 문예 비평가와 극작가가 서양의 비극 예술을 위해 새로운 방법과 기준을 모색했다고 설명했다. 그들은 이른바 '정적인 비극'을 제창했고 비극에서 동작을 제거해야 한다고 주장했다. "삶 속에서 진정한 비극은 긴장과

---

■ 고대 중국 신화의 등장인물로 해를 좇다가 황허강과 웨이수이강의 물을 다 마시고도 결국 뜻을 이루지 못하고 목말라 죽는다.

비애, 위험과 곤란이 모조리 사라진 뒤에 시작"되며 "오로지 한 개인이 맨몸으로 고독하게 무한한 대우주와 대면할 때"야말로 비극의 참뜻에 도달할 수 있다는 주장이었다. 하지만 이런 이론은 당시 비극을 창작하는 데 아무런 도움이 되지 못했고 실질적인 성과도 거의 없었다. 움직여선 안 되는 극으로서의 '정적인 비극', 이 말 자체가 모순이다. 운문에 운율이 없어선 안 되는 것처럼 연극에 동작이 없어선 안 되니까.

비극의 경지에선 서양문학이 영원히 일인자다. 하지만 시의 경지에선, 하늘에 비나이다, 그냥 우리에게 맡겨주시지요.

# 6 정말로 그렇게 '훌륭'한가?


그렇게 훌륭하지 않을지도 모르지만 '오직 하나뿐인 전매품'이 긴 하다.

난 한편으로는 뻔뻔하게 양대 문학의 전통에 기댄다는 빌미로 '오리엔탈리즘'에 힘을 보태면서도, 다른 한편으로는 오늘날 동양이나 서양의 전통이란 참으로 이전 시대의 여운이며 연기처럼 사라져버릴 과거란 생각을 하기도 한다. 이는 내게 현장玄奘이 쓴 『대당서역기大唐西域記』를 떠올리게 한다. 어느 곳, 어느 땅에 가든지 과거의 누구와 누구가 그곳에서 불경을 강의하며 불법佛法을 널리 퍼트렸고, 신선과 부처가 머물렀던 흔적이 남아 있으며, 불교를 믿는 남녀가 보석과 꽃, 금, 옥, 보물을 공양한 곳이었다. 하지만 지금은 "부처님께서 떠나시고 오랜 세월이 지나자 보석은 돌로 변했다."• 또 다시 몇 년이 지나면 돌로 된 유적도 풍화되어 사라질 터.

부처님께서 떠나시고 오랜 세월이 지나자 보석은 돌로 변했다. 하지만 어쩌면 불타고 남은 잿더미에서 문득 신비로운 보광이 번쩍이고 떠도는 혼이 변신하여 후손들로 하여금 눈부심을 금치 못하게 할지도 모른다. 까놓고 말해서 허우샤오셴 영화가 유럽의 영화 예술계 안에서 일으킨 소동은 아마 이와 비슷할 것이다. 영화 창작자와 평론가들, 그들은 마음에서 우러나오는 놀라움을 느끼고 있다. 이야기를 이런 식으로 전달하는 방법도 있다니!

이렇게 단순한데도 한 편의 영화가 될 수 있다니!

우리더러 찍으라고 한다면, 젠장 정말로 이렇게 괴상한 건 당해낼 수가 없겠군!

하지만 그래도 너무 단순하잖아.

마치 아무 말도 하지 않는 것 같으면서도 무슨 말이든 전부 한 것 같다. 그것을 인정하지 않으려니 그것이 거기에 똑똑히 존재하고 있다. 말 없는 돌멩이인데 한참을 보니 안에 옥 덩이가 숨겨져 있는 것 같다. 어쩔 수 없으니, 그저 보기 드문 기이한 동물로 간주하고 보호해야 할 희귀 동물 대열에 끼워 넣을 수밖에.

---

■ 『대당서역기』 제8권 「마가다국」에 나오는 구절.

이상으로 「비정성시」를 포함한 허우샤오셴의 영화가 장차 무엇으로 국제 영화계에 서고, 판로를 확보할지를 설명했다. 이제 「비정성시」에 대한 질문을 시작할 수 있다.

## 7 플롯은 어떻게 만들어졌나?

주윤발周潤發과 양리화楊麗花로부터, 확실히 이 모든 게 그들로 부터 시작됐다.

1985년 말은 허우샤오셴에게 암흑의 시대이자 광명의 시대 였다. 「동년왕사童年往事」는 그해 금마장을 전후해 양극단의 거친 논쟁을 불러일으켰고, 타이완 뉴웨이브 영화는 화려한 소동을 일으킨 지 2년 만에 갑자기 빛이 바래고 쇠퇴하면서 한바탕 비난에 처했다. 동시에 「동동의 여름방학冬冬的假期」은 프랑스 낭트3대륙영화제에서 그랑프리를 수상했고 각지에서 러브콜이 쇄도했다. 허우샤오셴은 시장에 대한 고려와 창작 의도 사이에서 동요하며 '예' 혹은 '아니오'라는 햄릿적 선택을 해야만 했다. 이때, 영화 제작자 장화쿤張華坤이 그런 그를 위해 신기한 수완을 발휘해 현실적으로나 논리적으로나 서로 마주칠 리 없는 두 사람을 데려와서 만나게 했다. 바로 양리화와 주윤발이다. 그해의 마지막 날이었던 12월 31일, 『민생보』의 영화면 톱에 이 같은 기사가 실렸다. "주윤발과 양리화 결합, 이 우연한 만남으로 꽃花이 만발滿發하고 곧바로 화학적 변화가 일어나다."

캐스팅에 기반해 주연 배우들을 위한 각본을 구상하는 건 허우샤오셴과 천쿤허우陳坤厚▪가 콤비로 활동하던 시절에 이미 수차례 행했던 바다. 친한秦漢과 린펑자오林鳳嬌, 린펑자오와 아BKenny Bee, 아B와 펑페이페이鳳飛飛▪▪, 아B와 선옌沈雁, 아B와 장링江玲▪▪▪의 예에서 볼 수 있듯 말이다. 과거 했던 일을 다시 했으니 플롯은 금세 나왔다. 양리화의 타이완어와 호탕한 기백, 주윤발의 광둥어와 잘생긴 용모, 영웅은 영웅을 알아보는 법. 이리하여 양리화는 술집의 여성 우두머리, 주윤발은 비밀 임무를 띠고 홍콩에서 온 자로 설정됐다. 아마 불분명한 이유로 횡령된 밀수품을 조사하는 임무였을 것이다. 그런 두 사람이 충돌하기 시작하고, 일련의 일들을 거치면서 미묘한 관계로 발전하여, 서로에 대해 깊이 알게 된다는 플롯이다. 이런 플롯이 펼쳐지는 배경에 걸맞도록 타이완의 로케이션 장소는 지

---

▪ 타이완의 촬영감독이자 영화감독으로, 「고향의 푸른 잔디在那湖畔青草青」부터 「동동의 여름방학」까지 허우샤오셴 초기작의 촬영을 담당했다.
▪▪ 둘은 허우샤오셴의 초기작 「귀여운 여인就是溜溜的她」과 「바람이 춤춘다風兒踢踏踩」에서 남녀 주인공으로 짝을 이뤄 호흡을 맞췄다.
▪▪▪ 이 둘도 허우샤오셴의 초기작 「고향의 푸른 잔디」의 주인공으로 함께 출연했다.

룽基隆항을 중심으로 인근의 진과스, 주펀, 베이터우北投, 타이베이를 포함하는 복잡하면서도 일찍이 발전한 곳으로만 한정됐던 것 같다. 시대 배경은 앞으로 좀 더 당겨져야 했다. 적어도 주펀의 금광이 아직 번성하던 시절, 대충 계산해도 광복을 전후한 시기라야 했고, 광복 이후가 가장 유력했다. 왜냐하면 일제강점기의 타이완인에게는 이런 사업을 할 자격이 없었기 때문이다. 메인 플롯에는 주윤발과 양리화, 서브 플롯에는 한 쌍의 젊은 연인 아쿤과 메이징을 설정하고, 이 둘이 주인공과 서로 평행하거나 교차하면서 들쭉날쭉한 대조를 이루도록 했다. 훗날 우린 양리화에게 아쉐라는 이름을 지어주었다.

우녠전이 쓴 플롯 개요에 골든하베스트 영화사는 대대적인 관심을 표명했고, 이를 홍콩 버전으로 변경해 마카오에서 촬영하면 더 좋겠다는 바람을 표했다. 한편, 허우샤오셴은 일단 「연연풍진」을 찍으러 떠났다. 플롯을 확충하며 아쉐의 탄탄한 가족적 배경을 만들기 위해 그녀의 형제자매, 부모, 조부모가 차례로 태어나야 했고, 끄집어내면 낼수록 고구마 덩굴처럼 숫자가 점점 늘어나더니 은연중에 부르면 당장이라도 밖으로 뛰쳐나올 것만 같은 하나의 대가족이 만들어졌다. 이에 그는 이것을 여섯 시간짜리 연속극으로 찍어 비디오테이프 형태로 발행하고, 동시에 한 편의 영화로도 편집하겠다고 공표했다. 하지만 허우샤오셴은 「나일강의 소녀」를 찍으러 또 떠나버렸다. 세상사는 변화무쌍하기에 그 사이에 아쉐 역의 주인도 바뀌고, 주윤발의 출연 가능성도 알 수 없게 돼버렸다. 1987년 말에 이르러 플롯을 상편과 하편으로 나눠 찍기로 결정하고, 난 계속해서 책과 자료를 읽어갔다. 아쉐는 강인하면서도 마음은 온화한 인물로 한차례 바뀌었다가 다시 원래의 상태로 돌아가며 수정을 반복했지만, 오히려 아쉐의 가족은 한 명 한 명 탄생하며 캐릭터가 완성되고 한눈에도 또렷하게 보이는 가족이 되었다.

아쉐의 소녀 시절 가족과 그들에게 벌어진 일이 「비정성시」의 상편을 구성하게 됐고, 이제는 상편이 하편보다 우리를 훨씬 더 강하게 끌어당기게 됐다. 하편은 어느새 아득한 기억이 되었고, 최초의 원형이었던 양리화와 주윤발만 남아 어쩌다 한 번씩 희미한 자국으로 떠오를 뿐이다.

하편은 자연스레 사라지고 상편이 본편으로 승격되어 「비정성시」가 되었다.

## 8 사건은 어떻게 편성했나?

인물을 만드는 데서부터 출발해야 한다.

사건이라는 건 처음부터 생각할 수도 없고, 따로 생각할 수도 없다. 사건은 언제나 사람을 따라가는 것이기 때문이다.

물론 어떤 현상이나 아이디어에서 출발할 수도 있다. 하지만 결국은 그것을 어떻게 이야기하고, 어떻게 잘 말할 것인가라는 잔혹한 사실에 직면해야만 한다. '잔혹'하다고 한 이유는 아무리 위대한 아이디어일지라도 구체적인 형상을 만들어내야만 하는 창작이란 행위와 마주한 순간, 종종 어디서부터 손을 대야할지 알 수 없는 막다른 길로 내몰리기 때문이다. 물론 상징적인 수법, 은유, 풍자적 대조, 대구법 등 이미 한 무더기 존재하는 방법들을 사용할 수도 있겠지만 부디 이런 건 작품이 완성된 이후에 남들이 말하게 하자. 사건을 선택하고 안배할 땐 이런 보물은 내놓지 않는 게 가장 좋다.

곧바로 인물에 파고들어 상황을 직접 마주한다. 인물들이 한 명씩 차례대로 만들어지고 흔들어봐도 꿈쩍하지 않을 만큼 땅 위에 우뚝 섰을 때, 결국 그에게서 일부만 채택하는 데 불과할지라도 모든 게 견고해지는 것이다. 겉으로 드러나는 부분은 우리로 하여금 보게 하고, 감춰진 부분은 우리로 하여금 상상하게 한다. 그렇다면 현재의 그를 둘러싸고 미래에 전개될 그 어떤 상황도 전부 유기적인 것이 되고, 그는 때로는 다른 사람과 겹치기도 하고 때로는 교차되기도 하며, 때로는 결코 접촉하지 않기도 할 것이다. 이때 남은 일은 어떻게 그들을 한데 엮느냐 하는 것뿐이다.

난 허우샤오셴이 각본을 쓰는 한 수를 알아냈다. 단편을 취하는 것이다. 사건의 자초지종은 마치 긴 강과 같아서 하나하나 처음부터 설명할 순 없지만, 칼을 뽑아 물을 자르고 한 바가지 물을 마실 수는 있다. 허우샤오셴은 사건 선택에서 가장 나쁜 건 오로지 소개나 설명을 위해 하는 선택이라고 말했다. 설사 그런 선택이 있을지라도 허우샤오셴은 그것을 어쨌든 은밀하게 변모시킬 것이다. 사건의 단편들은 그 자체가 갖고 있는 매력 때문에 선택되는 것이지 매듭을 짓거나 기승전결을 위해 선택되는 게 아니다. 그는 사건의 단편을 선택할 때 마치 자신이 처음부터 사건의 핵심에 있었다는 듯, 사건의 핵심이 자신에게 완전히 스며들어서 아예 그 누구에게도 그것을 설명할 필요도 없다고 당당히 여긴다. 그는 종종 이렇게 완전히 스며들어버린 단편을 마음껏 표현하는 데 관심을 두고, 그것을 왜 선택했는지는 잊어버리곤 한다.

「비정성시」의 시대적 배경은 광복이 이루어진 1945년에서 국민당 정부가 타이완으로 이주한 1949년 사이다. 나는 처음에는 자료를 읽으면서 길을 잃고 청나라 말 타이완의 5대 가족에까지 거슬러 올라갔다. 예룽중葉榮鐘의 『타이완 민족 운동사臺灣民族運動史』는 저자 자신의 절실한 경험을 역사로 기술한 기록이다. 자료의 풍부함과 방대함에 나는 그 안으로 끌려 들어가서 빠져나오지 못했고, 뭐든지 집어넣고 싶었으며 뭐든지 집어넣을 수가 없었다. 이런 과정을 거치고 나서야 아둔한 나는 깨달았다. 각본을 쓰는 것이 실은 이성과 호쾌함을 갖고 불필요한 것을 버리고 잘라내는 과정임을. 허우샤오셴은 대단히 민첩했다. 금세 작업 상태로 들어가서 모든 자료를 버리고 곧장 맨주먹으로 창작과 마주한 것이다.

모든 것의 시작은 구체적인 형상에서 오고 모든 것의 끝 역시 처음의 구체적인 형상으로 돌아간다.

# 9 각본은 영화와 같은가?

아주 다르다.

　근본적으로 각본가의 사고와 감독의 사고는 다르다. 한 가지 예로도 충분히 이를 느낄 수 있을 것이다. 우넨전의 각본은 가독성이 매우 높아서 일반 독자가 문학작품으로 읽어도 꽤 재미있다. 반면 에드워드 양의 각본은 건축 설계도 같아서 필수적으로 읽어야만 하는 스태프나 연구용으로 읽고자 하는 영화과 학생, 특별한 흥미로 읽으려는 영화 애호가가 아닌 이상 다른 사람이 읽으려면 좀 애를 먹어야 한다.

　각본가의 사고에선 장면이 순서대로 연결되고, 감독의 사고에선 쇼트가 점프한다.

　각본가는 장면의 순서를 표현의 단위로 삼으며, 대사를 통해 질주한다. 감독은 아니다. 감독의 단위는 쇼트다. 하나의 쇼트로 처리하든 쇼트 여러 개를 조합해서 자르고 붙이든 간에 감독이 재미를 느끼는 건 단 하나, 즉 화면의 매력 그리고 빛과 그림자다.

사고는 필연적으로 구조를 결정한다. 한쪽은 장면의 순서와 대사를, 다른 한쪽은 쇼트, 그리고 빛과 그림자를 사용함으로써 각본과 영화가 서로 다른 형식임이 구별되는 것이다. 예전에 허우샤오셴이 우녠전은 감독을 해야 한다고 말한 적이 있었다. 우녠전의 강한 각본가적 사고가 이미 독창적인 일가를 이뤘으니 만약 그가 감독이 된다면 그의 작품은 또 다른 흥미로운 장르가 될 거라면서. 그리고 또 한 명의 각본가, 딩야민丁亞民▪도 감독이 돼야 한다고 했다. 그의 작품도 또 다른 장르가 될 테니.

그러니 「비정성시」 각본을 가지고 영화 「비정성시」를 보러 가는 건 재앙일까? 이상한 일일까? 둘은 배다른 형제지만 어쩜 이리도 안 닮았는지. 안 닮기만 할 뿐이랴. 완전히 다른 존재다.

---

▪ 1983년 주톈원의 소설 『샤오비의 이야기小畢的故事』를 원작으로 한 동명 영화로 주톈원, 허우샤오셴, 쉬수전許淑眞과 공동으로 금마장 최우수 각색상을 받았다.

# 10 할 수 없을 땐 어떻게 하나?

바로 그게 이유다. 그렇기에 각본은 영화와 같아질 수 없고, 같게 할 수도 없는 것이다.

올해 칸영화제에서 누군가가 빔 벤더스에게 자신의 영화 중 어느 영화에 가장 만족하냐고 물었다. 그는 자신의 머릿속에 있는 영화라고 답했고, 앞으로도 영원히 그 영화는 자신의 머릿속에 있을 거라고 덧붙였다.

각본 구상을 완성한 순간은 단연코 영화의 전체 작업 기간 중 가장 행복한 순간이다. 그 순간, 당신은 이런 생각을 할 것이다. 이 영화는 반드시 전 세계를 제패하리라! 득의양양해진 당신은 정신이 아찔해질 정도로 흥분하고, 이런 상태가 며칠간 지속된다. 곧 이 비길 데 없이 뛰어난 걸작의 제작에 착수해야 할 순간이 온다. 이에 당신은 예로부터 지금까지 여전히 해결되지 못한 문제에 필연적으로 맞닥뜨리게 된다. 어떻게 이상을 현실에서 실현할 것인가? 그 뒤 당신은 화가 나고, 좌절하고, 낙담하기 시작하며 자질구레하고 속된 일들에 파묻혀 진이 빠진다. 과장하는 게 아니다. 영화를 찍는 과정은 결국 끊임없이 타협하는 과정인 것이다.

그럼 숙명론뿐이란 얘긴가? 그렇진 않다.

배우를 예로 들어보자. 타이완에는 할리우드처럼 잘 준비된 전문 배우가 부족하기에 비전문 배우를 많이들 기용해서 연출한다. 이때, 당신은 그 무엇보다 먼저 렌즈를 비전문 배우에게 너무 가까이 접근시키기가 곤란해진다. 아무런 연기 훈련을 하지 않은 그들은 개인이 드러나는 클로즈업을 버틸 수 없기에 당신은 중경과 원경을 많이 사용할 수밖에 없다. 배우에게 의지해서는 극 중에서 요구되는 수준에 도달할 방도가 없으니, 당신은 장면에 어떤 분위기를 조성해서 그를 움직이게 할 수밖에 없고, 이에 당신은 장면의 배경 선택에 특히 주의를 기울이고 배경의 독특한 맛을 빌려 인물을 돋보이게 할 것이다. 비전문 배우의 매끄럽지 않고 심심한 리듬 역시 당신이 무조건 현실 세계의 면모에 더 가까이 다가가고 그 리듬에 맞추도록 몰아갈 것이다. 당신은 촬영, 조형, 화면의 빛과 그림자, 모든 디테일, 심지어는 이야기를 하는 방식까지 전부 이 리듬에 일치시켜야 한다. 이 모든 것들이 합쳐져 완성품이 만들어졌을 때, 이게 바로 당신의 형식, 즉 내용이 된다—롱 테이크로 찍은 단일 화면 안에서 화면의 구성을 이용해 이야기를 풀어내는 리얼한 촬영법이다.

애초에 이렇게 찍는 건 정말로 이렇게 찍을 수밖에 없기 때문이고, 이런 절박성이 있기에 힘을 가질 수 있는 것이다. 이러한 행위에서 나오는 미학은 오히려 학계나 이론이 강요하는 인위적인 경향에서 벗어난 자연스러움이라는 이점을 갖는다. 결국엔 그것이 아무도 대체할 수 없는 특질이 되는 것이다.

다른 환경은 다른 작품을 만들어내기 마련이다. 제3세계 미학 의식은 처음에는 흔히 장비와 기술상의 한계를 극복하기 위해 온갖 방법을 짜내어 고안한 일종의 표현 방식이었다. 당연히 이는 구미의 선진 영화 산업 국가에서 필요로 하는 촬영 방식은 아니었다. 창작 태도가 이렇게 수동적이고 자각이 결여되어 있다니? 하지만 난 이게 중요한 사실이라고 생각한다. 완성된 작품이 먼저고, 자각은 역으로 그 뒤를 따르는 것이니까. 무릇 제3세계 미학 의식을 가슴에 품으면 곧바로 제3세계 영화를 찍을 수 있다고 생각하는 사람은 역시나 영화를 찍는다는 게 뭔지 모르는 사람이다.

자각이란 결코 영화를 찍는 바로 그때, 그 자리에서 어떻게 하고, 무엇을 할지를 아는 게 아니다. 미안하지만 그런 건 아무

짝에도 쓸모없다. 자각이란 당신의 작품이 왜 지금 이 모양이고, 이렇게 된 원인과 결과는 무엇인지를 이해하는 것이다. 이 점을 이해했다면 당신은 일단 숙명론에서는 벗어난 것이다. 이때 당신은 불리한 환경을 유리하게 바꾸고, 그 환경에서만 나올 수 있는 스타일을 창조해낼 수 있다.

이윽고 당신은 깨닫게 될 것이다. 작품이 쌓여 하나의 스타일이 되면, 그 스타일이 동시에 한계가 되기도 한다는 사실을. 그 뒤에 따라오는 어려움이야말로 진정한 어려움이다. 당신은 이 한계를 알아차릴 만큼 똑똑해야 할 뿐 아니라 이 스타일을 충분히 깨트릴 수 있을 만큼 용감해야 한다. 당신은 용기를 내야 한다. 왜냐하면 당신이 아주 잠깐이라도 새로운 것을 만들어내지 못한다면 익숙하면서도 안전한 기존 스타일로 빠르게 회귀할 가능성이 크기 때문이다. 어쩌면 잠시, 혹은 평생 동안—양심의 가책만 느끼지 않는다면—그 뒤에 숨어버리게 될지도 모른다. 이는 오직 그 사람 개인의 운에 달린 일이다.

할 수 없을 땐 어떻게 하나?「비정성시」를 예로 들어보자. 1940년대 타이완의 생활을 찍을 당시에 소품이 자주 부족했고 배경에 사용할 물건도 없어서 결국 빛과 그림자의 비율을 이용하는 방법을 쓸 수밖에 없었다. 무너진 곳을 가리고, 명암의 레이어, 장안법障眼法▪ 등을 활용해 유화 같은 느낌을 자아낸 것이다. 이런 식으로 새로운 게 탄생할 수 있었느냐고? 그럼, 한번 확인해보시기를.

---
■ 시야를 가리거나 딴 데로 돌리는 기법.

## 11 전문 배우와 비전문 배우를 어떻게 융화시켰나?

이 역시 '할 수 없을 땐 어떻게 하나?'와 같은 질문이다.

「비정성시」에선 각본 토론 단계에서 이미 결론이 나왔다. 이번에는 반드시 전문 배우를 써야 한다고. 세트를 설치해야 하는 데다, 실외 로케이션 장소도 찾기 어려워 배경 촬영을 할 수가 없으니 연기로 밀고 나가는 수밖에 없었기 때문이다. 의상이나 소품에 대한 궁리를 거듭해 만들어내는 화면에 의존할 수 없었기에, 오로지 배우의 감정 연기에만 의지해 버티면서 관객들이 나머지 부족한 부분을 잊게 하는 것이다. 허우샤오셴은 무대극 형식을 고려하기도 했다. 배경을 전부 빛과 그림자로 대체하고 과장된 무대 조명을 사용함으로써 배우에게 주목하게 하고, 배우들이 펼치는 연기의 앙상블을 포착하려는 것이었다. 이러한 비현실적인 톤을 통합하려면 사실적인 촬영 방식을 완전히 벗어난, 황당하고 극적인 방식으로 화면을 제어하는 게 필수적이다.

때마침 이 기간 동안 허우샤오셴은 파스빈더의 십여 시간에 이르는 시리즈 영화 「베를린 알렉산더 광장」을 봤다. 비록 초반 두 에피소드를 봤을 뿐이지만 자신의 구상을 확인하기에는 충분했다. 파스빈더는 극작가 및 연극 연출가 출신 감독이었고, 빼어난 연극 단원들을 거느리고 있었으며, 각 배우들의 잠재력과 성향을 잘 알고 있었다. 당장 눈앞에 이런 사람들이 있었으니 파스빈더는 어떻게 이들을 운용할지 구상을 내놓아야 했을 것이다. 그는 이들이 자신에게 어떤 성과물을 제공할지 상상할 수 있었고, 그 성과물에 의거해 구상을 구체화함으로써 독특한 표현 방식을 창조해냈다. 「베를린 알렉산더 광장」은 제2차 세계대전 당시 변두리의 한 소시민이 맞닥뜨리는 각종 경험을 담고 있는데, 장면의 시대감에는 거의 아랑곳하지 않고 극에 승부를 걸었고 배우의 연기에 의지했다. 몇 차례의 미묘하고도 황당한 장면은 전부 그런 배우가 있었기에 가능했던 것이다.

결국 그렇게 연기력이 출중한 배우들이 없는 까닭에 허우샤오셴의 구상은 생각에 그쳤을 뿐. 그저 남자 주인공으로 양조위를 물색했을 뿐이다. 처음에는 큰형 역에 커진슝柯俊雄이 물망에 오르기도 했지만 결국 천쑹융이 낙찰됐다. 하지만 양조위는 타이완어도 못하고 국어도 서투르다 보니 각본은 교착상태에 빠졌고, 우린 한참 동안 출구를 찾을 수 없었다. 어느 날 갑자기, 허우샤오셴이 말했다. 젠장, 넷째를 벙어리로 만들어버리면 그만이지.

농담을 한 것이다!

하지만 바로 이 농담 한마디가 혼란에 빠진 우리를 일깨우고 파죽지세로 교착 국면을 타개하도록 했다.

이 설정은 천쑹융에게 과도하게 기울어진 플롯이 곧바로 균형을 찾게끔 했다. 저쪽에선 격렬한 사업 다툼이 벌어지는데, 이쪽의 양조위에게는 그에 맞설 강한 힘도 없고 격동적인 사건도 없다. 그럼 무엇으로 균형을 잡아야 할까? 찾았다. 농아라는 설정 자체로 인해 발생할 수 있는 수많은 새로운 상황이 있다. 그리고 장차 특별히 우리가 기대게 될 양조위의 눈빛과 몸짓이 있고, 게다가 무섭게 얼어붙은, 소리 없는 세계의 표현법으로 무성영화처럼 자막을 직접 삽입하는 방법이 있는 것이다. 이로써 아직 개간되지 않은 텅 빈 땅이 펼쳐진다. 당신은 몹시 흥분하고 온갖 신기한 것들을 구상하겠지만 실제로 그 땅에 심을 수 있는 건 몇 가지 녹색 식물에 불과할 뿐이다. 하지만 이 발견을 했던 당시에는 정말로 행복했다.

황당한 얘기다. 창작 태도가 이렇게나 경솔하다니? 미안하지만 사실이다.

물론 이게 하늘에서 뚝 떨어진 건 아니다. 허우샤오셴에겐 허우충후이侯聰慧라는 친척 어르신이 있는데, 그가 자신의 선배였던 천팅시陳庭詩 선생의 인품 이야기를 한 적이 있었다. 밍싱明星카페 앞에서 그분과 짧게 마주친 적도 있었는데 그때 깊은 인상을 받았다고 했다. 여덟 살 때 나무에서 떨어져 중이中耳*를 다친 천 선생은 그때부터 듣지도 말하지도 못하게 되어 사람들과 필담을 나누게 됐다. 우린 허우충후이를 통해 천 선생과 연락하고 약속을 잡았다. 천 선생은 딴 사람이 아니라, 바로 당시 오월화회五月畫會**의 중요한 화가 중 한 명이었다. 지금도 우리 집에는 그분의 판화집이 한 권 있는데, 1967년 국립예술관에서 출판된 화집으로 소개 글은 전부 영어고 인쇄와 디자인 수준이 지금 봐도 단연 최상급이다. 놀랍게도 천 선생은 내가 어렸을 때의 모습을 그때껏 기억하고 있었고, 예전에 우리 자매를 봤을 때는 이렇게나 작았는데 지금은 다 컸다고도 말해주었다. 우리는 밤새도록 필담을 나눴고, 그때 얻은 수많은 재료가 이후 전부 각본에 반영되었다.

크랭크인하고 닷새 뒤, 양조위는 불안한 마음을 허우샤오셴

---

■ 고막 안쪽 관자뼈 속에 있는 공간.
■■ 1957년에 결성된 타이완 화가들의 협회로 타이완 회화에 현대적인 화풍을 도입했다.

에게 호소했고 우리는 곧장 하루 동안의 휴일을 틈타 여주인공인 신수편과 오빠를 연기한 우이팡까지 다 함께 미니버스를 타고 타이중으로 가 천 선생을 만났다.

홀로 사는 천 선생은 열쇠는 맞은편 이웃집에 맡기고 전화도 이웃에게서 전달받았다. 선생은 우리를 데리고 집의 위아래층을 구경시켜줬는데, 집 안은 온통 그가 수집한 특이한 돌들로 가득했다. 그는 스스로를 돌에 미친 사람이라 불렀다. 우린 산을 이룬 수묵화와 조각, 돌 들 속에서 탁자 하나를 비우고 필담을 나눴다. 천 선생은 물을 끓여 차를 우렸고, 손수 콜라와 구아바 주스의 뚜껑을 열어 남자들에게 마시게 했다. 배려심 깊은 그는 의사소통의 번잡함을 피하기 위해 자신이 먼저 결정을 내린 뒤 그 내용을 상대에게 알렸다. 그는 거절하지 말라면서 우리 모두를 데리고 거리로 나가 한 후난湖南 식당에서 함께 저녁을 먹었다. 그러면서 그는 그 식당에 서예 작품을 하나 써준 적이 있다면서 그때 베푼 인정을 이제 돌려받으러 간다고 했다. 물론 이는 우리를 안심시키려는 구실이었다. 식사를 하던 그는 곧바로 글자로 우리에게 알렸다. 밥을 다 먹거든 차를 타고 가도 좋다고. 자신은 차를 타고 몇 분이면 집에 도착하니 굳이 길을 돌아 배웅할 필요가 없다면서. 이렇듯 그는 남에게 폐 끼치길 꺼리는 사람이다. 그는 수어도 배우지 않았는데, 젊었을 때

버스에서 청각 장애인이 손짓 발짓으로 이야기하는 부산한 모습을 보고 배우지 않기로 결심하고 차라리 필담을 택한 것이다. 이 얘기를 들은 양조위는 감동한 표정을 지으며 천 선생이 아주 섬세하다고 말했다.

허우샤오셴과 촬영감독 천화이언은 양조위의 집중력에 감탄했다. 그러나 초반에 찍은 러시프린트■를 본 허우샤오셴은 양조위가 너무 정확하다고 했다. 양조위의 정확함과 섬세함의 정도를 두고 허우샤오셴은 그가 너무 정교하고 깔끔해서 군계일학으로 돋보이는 까닭에 다른 사람들과 차이가 생기니 조정이 필요하다고 평했다. 그래서 그는 천 선생 댁에서 타이베이로 급히 돌아온 그날 밤, 양조위에게 러시프린트를 보게 했다. 해당 부분은 얼마 전 찍은 장면으로, 잔훙즈와 우녠전, 장다춘이 우이팡을 따라 시장에서 사진관으로 들어가는 대목이었는데, 그 속의 이들 문예계 비전문 배우들은 스크린 위에서 대단히 사실적이고 소박하게 보였다. 허우샤오셴은 양조위가 좀 더 거칠어지고, 좀 더 직접적으로 그 사람들의 질감 속으로 녹아들길 바랐다.

양조위. 내게 가장 기억에 남는 그의 모습은 미니버스 안에

---

■ 편집하지 않은 영화 필름.

서 그가 천화이언과 재잘거리며 음악 이야기를 하던 모습이다. 천화이언은 카세트테이프 하나를 꺼내 그에게 들어보라고 권했다. 곡명은 「스카이 이즈 크라잉The Sky is Crying」. 양조위는 음악을 듣자마자 몹시 흥분해서는 이런 식으로 하모니카 부는 법을 배우고 싶었는데 그러지 못했다고 말했다. 대단히 목가적이긴 하지만 어머니는 부엌에서 전을 부치고, 나는 불이 켜지면 저녁놀에 길게 나부끼는 풀들 속에 앉아 하모니카를 불고 있는 느낌이 들지 않느냐며…….

천쑹융. 스태프들은 그에게 '슬픈 오랑우탄'이라는 별명을 붙여주었다. 그의 상대역을 맡은 타이보太保, 원쇄이, 레이밍 전부가 베테랑 배우들인데, 그가 그런 그들과 대대적인 연기 대결을 펼치게 된 데다 다들 하나같이 쿨하고 멋있으니 말이다.

셋째를 연기한 가오제는 대대적으로 클로즈업된 비전문 배우들을 이겨내고 관객들의 시선을 빼앗았다. 우이팡은 린화이민林懷民■의 수제자로, 무용의 리듬으로 연기했다. 신수펀은 연기하는 것 같지 않은 연기를 펼쳤다. 리톈루李天祿는 확실히 가장 재미있는 인물이다. 배우와 비전문 배우들, 많고도 많은 이 종정산림鐘鼎山林■■이 각자의 재간을 한껏 펼치니 허우샤오셴

---

■ 타이완의 무용가.
■■ 세상에 나와 활약하는 벼슬아치와 세상으로부터 은거한 산림처사를 뜻하는 말

은 한동안 어떻게 하나의 조화로운 주조음 위에서 이들을 조율해야 할지 모를 정도였다. 심지어는 리허설 때 몰래 찍고 오히려 정식 촬영에서는 찍지 않는 속임수를 쓰려고 했을 정도다.

허우샤오셴은 일할 때 성질이 고약한데, 배우에게만은 참을성 있게 에두르는 능력을 발휘했다. 이후 그는 반드시 모든 배우가 자신이 원하는 주조음에 맞출 필요는 없다고, 차라리 그들이 각자 갈 길을 가도록 내버려두고, 불협화음을 내면 내는 대로 놔뒀다가 추후 편집을 통해 그 불협화음을 통일함으로써 진지하면서도 황당한 맛을 내도록 만드는 게 처음 설정한 것보다 어쩌면 더 나을지도 모르겠다고 생각했다.

어쨌든 촬영 현장이 줄 수 있는 건 전부 다 찍었다. 지금 이 순간, 한창 편집 중인 허우샤오셴은 말한다. 어쨌든 찍힌 대로 편집한다고.

---

로 다양한 인물 군상을 이른다.

## 12 각본가와 감독은 대체 어느 쪽에 서 있나?

당신 생각은 어떤가?

영화 속에서 2·28사건을 다룬 부분이 언론 보도를 수차례 초래한 것, 더 나아가 진보적인 영화 평론가들의 특별한 기대와 실망을 불러일으킨 것은 정말 불행한 일이다. 그것이 왜 불행하냐면 실제로 각본가와 감독이 할 수 있고, 줄 수 있는 것을 과도하게 부풀려버리기 때문이다. 각본가와 감독은 어느 쪽에 서 있나? 왼쪽? 오른쪽? 중간? 중간에서 좀 더 오른쪽? 중간에서 좀 더 왼쪽? 미안하지만 처음부터 끝까지 각본가와 감독의 의식 속에서는 단 한 번도 이 문제가 초점이 된 적은 없는 것 같다.

어둠과 빛 사이의 넓은 회색 지대, 그곳에선 온갖 가치판단이 모호하게 진행된다. 많은 경우, 변증법적으로 옳고 그름을 가리는 건 그다지 중요하지 않으며 가장 중요한 건 각자가 생존하는 태도, 바로 그 태도다. 바라건대 각본가와 감독으로서 그 태도를 한마음으로 일일이 헤아리고 형상화해낼 수 있다면, 그걸로 족할 뿐이다.

하나의 형상이 오직 당신만의 작품이 될 때, 당신 자신이 그 안에 있음은 굳이 말할 필요가 없다. 당신 자신이 그 안에 있다는 건 바로 당신의 모든 태도와 주장이 그 안에 있다는 뜻이다. 그럼으로 인해 불행히 당신의 약점을 전부 드러내게 된다면 그저 그 운명을 받아들여야 할 뿐이다.

1945년부터 1949년까지의 타이완을 찍는다는 건 정말 사람을 갈팡질팡하게 만든다. 과연 찍을 수 있을까? 과연 그 시대처럼 보일까? 과연 그 시절 그 사람들이 이런 모습이었을까?

각본을 쓰고 촬영을 하는 긴 과정을 거치며 깨달았다. 시대를 반영한다는 것은 결국 작가의 시선에서 본 그 시대를 반영할 따름이란 사실을. 그 시대는 언제까지나 작가 자신의 태도와 주장에 제한된다. 역사에서든 문학에서든 한 시대의 완전히 객관적이고 온전한 면모는 사실 영원히 존재하지 않는 법이다. 그렇다면 이렇게 이야기해볼 수 있지 않을까. 한 시대가 작품 속에서 주관적이고 제한적으로 존재하기에, 바로 그러기에 계속 이야기되고 기억되는 것이라고. 허우샤오셴은 시대를 애써 재현하려는 것은 그것에 일정 수준 근접하는 데 그칠 뿐이고, 정작 그게 중요한 문제는 아니란 점을 깨달았다. 중요한 건 자신이 무엇을 보았고, 어떻게 생각하며, 무엇을 얘기하고 싶은지를 전부 꺼내서 내놓는 것이다. 창작의 궁극은 결국 자신을 고스란히 전부 내놓는 것일 뿐이다. 자, 보시오, 전부 여기에 있소.

장아이링의 명언. "작가는 자신이 줄 수 있는 것을 주고 독자는 자신이 받을 수 있는 것을 받는다."

# 13 그럼 「비정성시」가 이야기하려는 건 무엇인가?

가장 먼저, 뿌뿌뿌 하는 색소폰 리듬을 이야기하고 싶다.

한 인터뷰에서 허우샤오셴은 타이완 노래에 대한 자신의 사랑에서 첫 구상이 비롯됐다고 말했다. 당시 리서우취안李壽全이 새로 편곡하고 훙룽훙洪榮宏이 부른 「항구의 밤비港都夜雨」를 들었는데, 뿌뿌뿌 하는 색소폰 리듬에 마음속으로 감동했고 타이완 노래의 호탕한 강호 기질, 요염함, 낭만적 정취, 불량한 느낌과 일본적인 맛, 그리고 혈기 왕성한 강인한 멋을 찍고 싶어졌다면서.

정말이지 듣는 이의 미간을 찌푸리게 만드는 말인데, 하물며 그 시절 그에게 큰 기대를 품었던 진보적인 영화 평론가들은 어떠했겠는가.

나중에 그는 자신이 하늘의 뜻을 찍을 수 있다면 대단히 만족스러울 것이라고 말했다.

하늘의 뜻이라고? 제발 그만. 또 황신제黃信介▪처럼 마구 허풍을 떠는군. 이후 그는 모두가 비교적 더 쉽게 받아들일 수 있는 현대적인 어휘를 사용했다. 바로 '자연의 섭리'다.

"저는 자연의 섭리하에서의 사람들의 삶을 찍을 수 있길 바랍니다."

허우샤오셴은 이렇게 말했다.


1989년 6월 8일

---

▪ 전 민진당 주석.

## 주요 인물 ————

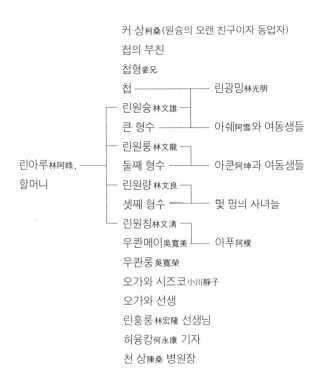

커 상柯桑 (원숭의 오랜 친구이자 동업자)

첩의 부친

첩형妾兄

첩 ——————┬—— 린광밍林光明

린원슝林文雄 ┤

큰 형수 ————┴—— 아쉐阿雪와 여동생들

린원룽林文龍 ┐

둘째 형수 ————┴—— 아쿤阿坤과 여동생들

린원량林文良 ┐

셋째 형수 ————┴—— 몇 밍의 사녀늘

린원칭林文清 ┐

우콴메이吳寬美 ┴—— 아푸阿樸

우콴룽吳寬榮

오가와 시즈코小川靜子

오가와 선생

린훙룽林宏隆 선생님

허융캉何永康 기자

천 상陳桑 병원장

린아루林阿祿,

할머니

텐랴오항 조직                             아청阿城

진취안金泉

아쥐阿菊

훙허우紅猴

상하이 조직                               아산阿山

빌리比利

중년 사내

# 시나리오

주톈원

**프롤로그 ——**

1945년 8월 15일, 일본 천황이 라디오 방송으로 무조건항복을 선언한다. 쉰 목소리가 전파를 타고 타이완 섬에 슬그머니 퍼지기 시작한다.

큰형 린원슝의 첩이 아들을 낳던 때, 지룽시는 밤새 정전이었다. 촛불의 불빛 속에 서 있는 사람의 그림자가 어른거린다. 어인이 장렬하게 아들을 낳은 순간, 갑자기 전기가 들어오고 방안이 환해진다. 아기의 우렁찬 울음소리가 쉰 목소리와 잡음이 섞인 라디오 소리를 덮어버린다.

나이 마흔에 가까스로 첫 사내아이를 얻은 큰형은 몹시 기뻐하며 큰 잔에 직접 축하주를 따르고 단숨에 비워낸다. 이곳은 항구 인근의 2층짜리 상사. 여인과 그녀의 아버지, 오빠가 함께 사는 곳이다. 늙고 팔에 장애가 있는 첩의 부친. 큰형의 장녀 아쉐는 당시 열세 살. 그녀도 이 자리에 함께하며 생명의 탄생이 가져다주는 희열을 목격하고 호기심을 느낀다.

비안개 속, 자욱한 매연이 피어오르는 항구. 슬픔의 도시.

## 장면 1 ——

린아루 가문이 일제강점기에 운영하던 술집이 다시 개업한다. 큰형은 인부들을 감독하며 새로운 간판 '소상해주가小上海酒家'를 높이 건다. 간유리로 제작된 정교하고 아름다운 간판의 테두리에는 깜빡이는 전구가 둘러져 있다. 큰형은 넷째 원칭이 돌아왔는지 묻지만, 원칭은 돌아오지 않은 상태다.

여인들은 자기 몫의 일을 하느라 분주하다. 큰형수가 뜨겁게 끓인 물을 퍼서 나무통에 붓고, 아쉐는 나무통을 들고 욕실로 간다. 젊은 여자들의 옷, 화장을 감독하고 있는 린아루의 첩(이하 할머니로 칭함)에게 다가온 아쉐가 할아버지의 등을 밀어달라고 부탁하자 할머니는 "노친네!"라며 욕설을 내뱉는다. 셋째 형수도 눈코 뜰 새 없이 바쁘고, 아이들은 흥분해서 온 집안을 돌아다니며 시끄럽게 떠든다.

할머니가 린아루의 목욕을 거드는 동안, 큰아들이 밖에서 낳아온 그 사내아이를 생각하던 린아루는 전기가 들어와 등이 켜진 순간 태어났으니 아이의 이름을 광밍光明, 린광밍으로 짓

겠노라 결정한다.

## 장면 2 ——

술집이 개업하는 바로 이날, 10월 25일. 타이완의 각 가정은 밤에 제사를 올리며 조상님들께 광복의 기쁜 소식을 알린다. 폭죽 소리가 온 도시에 요란하게 울리고, '소상해주가'의 간판은 달처럼 어둠 속에 걸려 있다. 이날, 술집의 기녀들이 단체 사진을 찍기 위해 전부 모여들고, 린아루에게도 같이 찍자고 법석을 피운다. 셋째 형수와 아쉐도 동생들을 데리고 곁에 서서 기념사진을 남긴다.

린아루의 오랜 친구들 중 살아 있는 자 모두가 모여 제일 좋은 방에서 술을 마신다. 린아루의 눈에 자신이 가장 아끼는 손자인 아쿤이 현관에서 동판을 던지며 노는 모습이 들어온다. 평소 린아루가 가르쳐온 이 놀이는 공중에 던진 동판이 이마와 눈썹 사이에 떨어져도 눈을 깜빡하지 않음으로써 가만히 응시하는 담력을 기르는 놀이다. 흥이 오른 린아루는 다다미에서 내려와 시범을 보이고, 자신의 친한 친구들인 한 무리 노인들 앞에서 솜씨를 자랑한다.

또 다른 방 안에선 큰형이 거래 중이다. 방 안에 있는 이는 일본인 한 명, 경사 한 명, 등기소 직원 한 명. 큰형은 송환을 앞둔 일본인과 차용증에 서명하고, 서류상의 날짜를 앞당겨 담보로 설정된 일본인의 부동산을 자기 명의로 바꾼다. 공증인을 맡은 경사는 다친 머리에 붕대를 감고 있다.

아쒜가 막냇삼촌에게 보내는 편지가 외화면 음향으로 들리기 시작한다. 간단한 일본어로 쓰인 편지로 아버지가 밖에서 사내아이를 하나 낳아왔고, 할아버지가 그에게 린광밍이라는 이름을 지어줬으며 어머니는 괴로워하고 있다는 내용이다. 술집은 소상해라는 이름으로 개업했고, 그날 야마모토 경사도 와서 아버지와 이야기를 나누고 있었는데 사람들이 와서 그런 야마모토 경사를 때렸다. 그의 머리가 깨지고, 아버지는 사람들에게 때리지 말라고 외치며 야마모토의 아내와 아이들을 보호했다. 현재 아버지는 팔에 '성수회省修會'라고 적힌 완장을 차고 마을의 질서를 유지하고 있다. 술을 많이 마신 할아버지는 한밤중에 할머니▪의 유령과 또 싸우는 중이고……

외화면 음향이 들리는 화면 안에서 큰형수는 한바탕 바쁜 일을 끝내고 아궁이 앞 작은 걸상에 앉아 차를 마시며 멍하니 넋을 놓고 있고, 하인들은 여전히 아궁이 앞에서 분주히 움직이고 있다. 둘째 형수는 아쿤과 어린 두 딸을 데리고 큰형수에

---

▪ 여기서는 린아루의 죽은 본처를 가리킨다.

게 작별을 고하고 떠난다. 깊은 밤, 린아루는 자다가 별안간 벌떡 일어나 유령과 격렬한 싸움을 벌인다.


### 장면 3 ——

이른 아침, 아쉐는 막냇삼촌인 원칭에게 편지를 쓰고 있다. 어머니가 그녀를 불러 '장명백세長命百歲'가 새겨진 금 자물쇠■와 옷 한 바구니를 건네고는 작은어머니에게 가져가라고 말한다. 아버지가 밖에서 살림을 차린 그 여인이다.

아버지는 이미 옷을 차려입고 현관에서 기다리고 있고, 아쉐는 황급히 아버지를 따라간다. 아직 다 못 쓴 일본어 편지는 그대로 책상 위에 놓아둔 채다.


### 장면 4 ——

아버지는 아쉐를 데리고 인력거에 올라 물안개 자욱한 고사교高砂橋를 건넌다. 도착한 곳은 항구에 있는 아버지의 상사. 살림집은 위층에 있다.

아버지는 오랜 친구인 커 상桑■■과 작은어머니의 오빠, 그리

---

■  아기의 건강과 복을 빌며 목에 걸어주는 자물쇠 모양의 금붙이. '장명쇄長命鎖'라고도 한다.
■■  일본어에서 성씨나 이름 뒤에 붙이는 접미사 '상さん'을 음역한 말.

고 그날 술집에 왔던 일본인과 한몫 벌어들일 사업에 대해 의논한다. 일본인은 남양南洋■에서 수탈한 고무 원료와 비행기 재료인 알루미늄 덩어리를 운반하는 소형 증기선 세 척을 갖고 있는데, 원래는 그것들을 일본으로 밀반입할 생각이었다. 고무 하나의 시세는 금 5량兩■■, 알루미늄은 금 4량이지만 지금은 국민당 정부의 접수원에게 몰수될 처지에 놓였다. 만약 이들이 세 척의 배를 홍콩으로 운반하여 물건과 함께 팔아먹을 수 있다면 큰돈을 벌 수 있을 것이다.

작은어머니는 아쉐가 가져온 장명쇄와 아기 옷 꾸러미를 받고 몹시 황송한 기색이다. 아쉐는 갓난아기인 남동생을 안고 베란다로 가서 넓게 펼쳐진 항구에 떠 있는 돛단배들을 바라본다.

이때, 아쉐가 채 끝맺지 못한 편지가 다시금 외화면 음향으로 들리기 시작한다. 어머니가 보낸 물건에 작은어머니가 감격하고, 남동생이 귀엽다고 말하는 목소리다. 아쿤은 학교에서 말썽꾸러기고, 둘째 숙모는 그런 아쿤 때문에 매일 화를 낸다. 학교 선생님이 모두에게 국가를 가르쳐줬는데, 제목은 「경운가卿雲歌」■■■고, 가사는 '상서로운 구름 찬란히 빛나고 길조가 맴도

---

■　말레이제도.
■■　무게 단위. 1량에 100그램.
■■■　1913년부터 1915년, 1921년부터 1928년까지 중화민국 북양정부의 국가로 불린 노래.

네. 해와 달은 밝게 비추고, 영원히 그 빛 지지 않으리'이며……

## 장면 5 ——

진과스의 작은 사진관 안. 원칭은 가족사진을 찍어주고 있다. 사진관 안에서는 열대여섯 살쯤 된 소년 한 명이 장부를 적고 요금을 받고 있다. 벽시계를 보고 깜짝 놀란 원칭이 서둘러 외투를 집어 들고 가게를 나선다. 문밖을 나서자마자 그는 아쉐의 편지를 배달하러 온 우체부와 마주치고, 주머니 속에 편지를 집어넣고 떠난다.

## 장면 6 ——

타이완 금광산의 바다와 인접한 작은 기차역. 기차가 막 도착하고 증기 속에서 우콴메이가 내린다. 차장이 짐 내리는 그녀를 도와준다. 생기 넘치는 모습의 콴메이.

서둘러 도착한 원칭이 짐을 건네받고, 일본어가 적힌 쪽지를 내민다. "오빠는 일이 있어서 내게 마중을 부탁했어. 난 린원칭이야." 콴메이는 오빠로부터 그에 관해 들었다며 그를 알고 있다는 뜻을 내보인다.

**장면 7 ——**

진과스소학교 교실. 교사인 우콴룽이 학생들에게 국가를 가르치고 있다. 「경운가」의 가사가 칠판에 적히고, 그 옆에 히라가나로 발음이 표시돼 있다. 창밖으로는 인부들이 페인트로 학교 담장에 표어를 커다랗게 쓰고 있는 모습이 보인다. "영도자를 받들어 삼민주의 모범 성省을 건설하자."

원칭이 짐을 들고 콴메이를 안내하며 교실을 지나간다. 콴룽이 누이동생에게 인사하자 콴메이는 얼굴을 붉히고, 학생들은 그녀가 우 선생님의 여자친구인 줄 알고 "애인이다……"라며 시끄럽게 웃고 떠들기 시작한다.

**장면 8 ——**

타이진병원. 콴룽이 누이동생을 데리고 원장을 만나러 온다. 이 병원의 천 원장은 남매의 아버지와 동창이며 콴룽이 존경하는 선배이기도 하다.

**장면 9 ——**

원칭의 사진관 숙소에선 건장한 아낙이 식사 준비를 돕고 있다. 콴메이가 진과스에 온 걸 환영하며 콴룽과 일본인 교사 오가와 시즈코도 한자리에 모인다.

오가와 시즈코는 타이완에서 태어난 '일본인 2세'. 일본색이 옅은 그녀는 오히려 타이완인 교사들과의 왕래가 더 잦다. 소녀의 천진난만함은 국가의 패전과 운명을 예측할 수 없는 앞날을 마주하고 무겁게 가라앉고, 콴메이의 근심 걱정 없는 모습과 대비를 이룬다. 콴메이는 벽면 가득 붙은 타이완인 병사들이 징집 전에 찍은 기념사진에 호기심을 느끼고 질문한다.

콴룽이 그녀에게 일러준다. 어렸을 때 원칭의 집안은 원칭이 기술을 익히도록 전각篆刻을 배우게 했으나 따분함을 느낀 원칭은 그 일을 그만두었다고. 그런 그가 하루는 사진관에 가서 수많은 사진을 봤는데, 그중 평안희平安戲*에서 화단을 맡은 아름다운 사람의 초상이 있어서 그 길로 사진을 배우기 시작했다고. 하지만 나이가 어리다는 이유로 스승은 그에게 기자재를 만지지 못하게 했고 매일 바닥을 쓸고 탁자만 닦게 했다고.

원칭은 비록 들을 순 없어도 이들이 자기 얘기를 하는 걸 알고 혼자 수줍어한다. 콴룽이 원칭에게 둘째 형과 셋째 형의 소식은 없는지 묻는다. 샤먼廈門**에서 돌아온 누구누구의 말을 들어보니 현재 샤먼에 있는 타이완 동포는 팔천 명이며, 재산은 전부 몰수당했고, 구금된 사람은 이백 명이라는데, 돌아온 이에

---

■　음력 8월에 주민들의 복과 풍년을 기원하며 거행하는 지방극.
■■　중국 푸젠성 남해안의 항구도시.

게 말을 전해달라고 부탁해 그들을 어서 타이완으로 돌려보내 달라고 요청하자면서…….

원칭의 필담이 그의 외화면 음성으로 전환된다. 둘째 형수는 날마다 남양에서 돌아오는 배를 기다린다. 둘째 형이 군의관으로 징집되어 필리핀으로 간 뒤 진료소는 쭉 텅 빈 채다. 셋째 형은 상하이로 징집되어 일본군의 통역관이 되었으나 도망쳤고, 이 일로 당시 보정保正■이었던 큰형과 야마모토 경사의 관계가 껄끄러워졌다. 그 뒤 셋째 형은 주펀의 한 '유곽'에서 체포되었는데…….

### 장면 10 ——

민국 35년■■ 1월 9일. 차가운 비가 내리는 지롱 선착장. 새까만 기름종이 우산을 쓴 사람들이 필리핀에서 귀국하는 동포들을 태운 첫 번째 배가 도착하길 기다리며 선착장을 가득 메우고 있다. 기차는 지나가고 수증기에 맺힌 매연은 흩어지지 않고 남는다.

원칭은 아쿤을 데리고 화물차 지붕 위에 서 있고, 아쉐는 셋째 숙모와 함께 임시로 가설된 나무 발판 위에 서 있다. 타이완

---

■　경찰의 보조 기구인 보갑의 우두머리.
■■　1946년.

병사들이 쏟아져 나오고, 그중에는 깃발 같은 흰 천을 높이 치켜든 사람도 있다. 이 모든 광경이 원칭에게는 소리 없는 오싹한 압도감으로 밀려온다.

**장면 11 ——**

린소아과 진료소. 아쿤의 두 여동생이 모래주머니 던지기 놀이를 하고 있다. 이미 이 아이들을 다 목욕시키고 깨끗한 옷으로 갈아입힌 둘째 형수는 아이들의 아버지가 돌아오길 기다리고 있다.

주방에 있는 욕실 내부는 수증기로 뿌옇고, 둘째 형수는 욕조에 누워 목욕 중이다. 뜨거운 김이 모락모락 오르고 그녀의 얼굴이 살짝 취한 듯 발그레해진다. 집 밖에서 폭죽 터지는 소리가 은은하게 들려온다. 목욕을 마친 둘째 형수는 화장대 앞에서 엷게 화장하고, 거울 속에 비친 자신의 모습에 다소 멍해진 기색이다. 탁자 위를 덮은 유리 깔개 밑에는 가족사진 한 장이 있다. 둘째 형이 징집되기 전에 원칭이 찍은 사진이다. 일순 그녀는 일가족 다섯 명이 곱게 차려입고 이 사진을 찍었던 그날의 모습이 눈앞에 선연히 보이는 것 같다.

## 장면 12 ——

소상해주가 잠시 사람들의 목소리로 떠들썩해진다. 방 안에선 타이완으로 갓 돌아온, 야윈 몸집의 까무잡잡하고 누렇게 뜬 타이완 병사 하나가 린씨 집안 사람들에게 둘째 형의 소식을 전하고 있다. 일본군이 항복했을 때까지만 해도 둘째 형은 살아 있었지만, 그후의 행방은 묘연하다고. 그는 같은 부대에 있을 때 둘째 형이 자신의 목숨을 구해준 적이 있어서 몹시 고마움을 느꼈다고도 말한다.

린아루는 그 병사에게 감사의 표시로 돈을 내주라고 큰형수에게 분부한다. 둘째 형수는 방 안에서 계속 흐느끼고, 바깥에서 펼쳐지는 포대희布袋戲＊의 장단을 맞추는 떠들썩한 징, 북소리가 방 안까지 들려온다.

## 장면 13 ——

타이진병원. 부상을 입고 돌아온 수많은 타이완 병사가 병원에 입원하고, 더러는 검진을 받고 있다. 콴메이는 잠시 쉴 겨를도 없이 분주하다.

원칭은 타이완 병사인 친구를 문병하러 병원에 오고, 희비로

---

＊ 타이완 전통 인형극으로, 포대를 뒤집어쓴 조종자가 작은 단 위에서 인형을 조종했다는 데서 그 명칭이 유래되었다.

가득 찬 재회를 한다. 전쟁에서 입은 부상 얘기가 나오자 모두들 신이 나서 바짓가랑이를 걷어붙이고 누구의 총알 구멍이 더 큰지 비교하기 시작한다. 하지만 아무도 기관총 난사로 중상을 입어 왼쪽 정강이가 절단되고 스스로 나무토막을 베어 의족을 만든 아자오를 당해내진 못하고……

창밖의 먼 산비탈에서 누군가가 놀란 비명을 내지르며 달린다. 오가와 시즈코의 연로한 부친이 벼랑 위에 위태롭게 서서 뛰어내리려 하고, 오가와 시즈코는 그런 아버지를 부르며 울부짖는다. 마침 제때에 달려온 콴룽이 오가와 영감을 껴안는다.

### 장면 14 ——

오가와 시즈코의 집. 그녀의 부친은 이미 깊이 잠들어 있고, 왕진 온 천 원장이 푹 쉬라고 당부하고 떠난다. 고요한 방 안에 남겨진 콴룽은 조금 전 너무 놀랐던 나머지 여전히 온몸을 가늘게 떨고 있다.

시즈코가 담담하게 말하기 시작한다. 일전에 라디오 방송에서 일본인 송환처를 설치(민국 35년 3월 2일)하고 일본인들을 조로 나누어 본국으로 송환시킨다고 했다고. "아버지는 돌아가고 싶어 하세요. 오빠들은 전부 죽고 남은 가족은 저뿐이라…… 하지만 전 돌아가도 외국 사람인 걸요. 전 여기서 태어났고, 어머니도 여기서 돌아가셨고, 제 나라가 오히려 낯설고 멀게만 느껴지니까요. 제 인생에서 가장 행복한 시간을 여기서 보냈으니 전 이곳을 잊지 못할 거예요……." 흐느낌을 억누르는 그녀의 말에 콴룽의 감정이 격해진다. 이때 그가 뭔가를 고백했다면 그녀를 남게 하는 것도 불가능하진 않았으련만. 그러나 그는 한마디 위로조차 차마 입 밖에 내지 못한다.

벽에는 오가와 일가의 사진이 걸려 있다. 군복을 걸친 늠름한 두 오빠의 얼굴에는 여전히 앳된 느낌이 담뿍 서려 있다.


## 장면 15 ——

날카로운 기적 소리를 울리며 남행 열차가 들판을 지난다.

열차 안에서 원칭은 디킨스의 『두 도시 이야기』 일역본을 두 손으로 받쳐 들고 읽고 있고, 곁에 앉은 셋째 형수는 졸고 있다.

이들은 편지를 받고 셋째 형을 데리러 남쪽으로 내려가는 중이다. 셋째 형은 대륙에서 송환되어 가오슝高雄에서 하선했고, 병세가 위중하여 병원에 입원했다. 편지는 간호사에게 부탁해서 쓴 것이다.


## 장면 16 ——

가오슝의 어느 학교 내부에 설치된 임시 진료소. 줄줄이 놓여 있는 병상마다 환자들이 가득하다. 남부의 3월은 이미 여름처럼 따뜻하다.

원칭은 셋째 형수를 대동하고 셋째 형을 찾아낸다. 깊은 잠에 빠진 셋째 형의 누렇게 뜬 얼굴에는 굵은 땀방울이 맺혀 있고 손발은 침대에 묶여 있다.

원칭은 셋째 형수와 함께 그의 병상을 지나치고, 마침 한 부상병의 편지를 대신 써주고 있는 간호사에게 말을 묻는다. 별안간 셋째 형이 퍼뜩 잠을 깨고 몸부림치며 소리를 지르고, 셋째 형수는 깜짝 놀란다. 간호사는 전혀 놀라지도 않고 그가 발버둥 치고 고함을 지르도록 내버려둔다…….

**장면 17 ──**

셋째 형의 악몽. 감옥 안에서 동포가 린치를 당해 복사뼈가 으스러진다. 린치를 당하는 수인囚人의 처참한 비명.

일본군이 항복하고 셋째 형은 도망친다. 기차 안에서 포위당하고 사투를 벌이며 "난 타이완인이오—"라고 큰 소리로 외치던 그는 개머리판으로 구타를 당하고 정신을 잃는다. 화면은 새까맣게 변하고 기차의 기적 소리가 사람을 갈기갈기 찢어놓을 듯길게 울린다.

**장면 18** ——

굳은비 내리는 오전. 가마 한 대가 셋째 형을 싣고 진과스로 떠난다. 큰형과 셋째 형수도 그와 동행한다.


**장면 19** ——

타이진병원. 큰형이 천 원장과 의논하고 있다. 지금은 일단 셋째 형을 안정시키고 한동안 지켜보는 수밖에 없다. 겁에 질린 데다 오한까지 겹쳤는데, 나중에는 그게 학질로까지 번졌기 때문이다.

셋째 형이 울부짖는 목소리가 병동에서 터져 나오고, 콴메이가 급히 들어오더니, 셋째 형이 버둥거리며 밧줄을 반쯤 끊어버리고 셋째 형수의 목을 조르면서 발작하고 있다고 알린다.

건장한 큰형도 셋째 형을 제지하진 못하고, 의사가 급히 진정제를 주사해 안정시킨다. 셋째 형수는 너무 놀란 나머지 복도로 뛰쳐나가고 배수구에 옴츠리고 앉아 토를 하고 만다.


**장면 20** ——

진과스소학교 교실에서 콴룽이 주음부호■를 가르치며 국어

---

■ 중국어 발음을 표기하는 기호. 1913년 제정되었고 1918년 중화민국 정부에서 공표했다.

를 소리 내어 읽는다. 그러나 그도 이제 막 국어를 배운 터라 가르치는 발음이 몹시 부정확하다.

교실 밖에서 갑자기 교장과 또 다른 세 사람이 모습을 드러 낸다. 린훙룽 선생님이 돌아온 것이다. 그가 콴룽을 "룽아樊仔■!" 라고 부르자 콴룽이 뛰어나가 그를 기쁘게 부둥켜안는다. 그러 면서 그들은 서로가 국어를 배웠음을 알게 된다. 교장은 린 선 생님이 돌아와 교무주임을 맡게 되었다고 말한다. 린 선생님과 함께 온 두 사람은 그의 외성인外省人■■ 친구이고, 그중 한 명 은 허융캉이라는 신문기자다.

### 장면 21 ——

오랜만의 재회. 주편의 한 술집에서 콴룽과 친구들이 린 선 생님을 위해 환영회를 마련하다. 콴룽이 린 선생님의 이네에 대 해 묻자, 린 선생님은 당시 아내가 충칭에서 임신했는데 공습 때 방공호로 허둥지둥 피신하다가 위층에서 굴러떨어져 유산했 고, 결국 과다 출혈로 사망했다고 대답한다.

하염없는 침묵 속에서 린 선생님이 입을 열고 나직이 노래

---

■ 이름 끝에 '자仔(민난어에서는 '아'로 발음)'를 붙여 친근하게 부르는 호칭.
■■ 일본이 패전한 1945년부터 국민당 정부가 타이완에 이주한 1949년까지 대륙에 서 타이완으로 건너온 사람을 이르는 말.

를 부르기 시작한다. "우리 집은 둥베이 쑹화강에 있다네/그곳
은 숲과 탄광이 있는 곳/산과 들에는 콩과 옥수수도 넘쳐난다
네……."

유망삼부곡流亡三部曲▪ 중 한 곡인 「쑹화강에서」란 노래다.
허융캉과 그 동행인은 물론, 콴룽까지도 이 노래를 알고 덩달아
따라 부르기 시작한다. 온 주편 산성에 울려 퍼질 듯, 점점 더
우렁차게 고조되는 노랫소리.

## 장면 22 ──

타이진병원에서도 이 노랫소리가 어렴풋이 들린다.

셋째 형수는 넋 나간 사람처럼 잠잠해진 셋째 형에게 음식
을 먹이고 있다. 그러나 아득한 노랫소리에 의식이 서서히 깨어
나는 듯 그의 몸이 가늘게 떨린다. 아스라한 노랫소리가 별안간
높아지기 시작한다. "9·18, 9·18, 그 비참한 시절부터……" 꼭
누군가 다른 이가 이어 부르는 것 같기도 한, 기억 속에서 들려
오는 것 같은 그 노랫소리가.

셋째 형은 소리 없이 천천히 눈물을 흘리고, 마침내 의식을
완전히 회복한다.

---

▪ 중국의 항일 전장에서 널리 불렸던 세 곡의 노래인 「쑹화강에서」 「유망곡」 「복수
곡」을 이른다.

셋째 형수가 그를 응시하며 절절하게 외친다. "아량, 아량……." 셋째 형이 그런 그녀를 부드럽게 감싸 안는다.

### 장면 23 ——

모처럼 해가 반짝 난 맑은 날, 진과스의 일본인 거류지 노상에서 몇몇 일본인이 옷가지, 그릇, 낡은 괘종시계, 가구, 라디오와 같은 세간살이를 팔고 있다. 그중에는 오가와 시즈코도 있다. 단정한 복장에 엄숙한 얼굴로 눈을 내리깔고 서 있는 그녀 앞에 재봉틀 한 대가 놓여 있다.

광산 노동자들과 지나가던 원칭이 오가와 시즈코를 맞닥뜨리고는 차마 그냥 지나치지 못하고 허리 숙여 인사하고, 오가와도 그에게 정중히 답례한다. 음악이 흘러나온다. 건너편에서 파는 축음기에서 나오는 음악이다. 노동자들은 호기심에 축음기를 에워싸고, 옆에서 누군가가 가격을 묻는다.

### 장면 24 ——

오후의 국민소학교. 국어책 읽는 아이들의 낭랑한 목소리. 오가와 시즈코가 긴 상자를 품에 안고 콴룽을 찾는데 교무실에는 교장만 있다. 그가 우 선생은 린훙룽 선생을 따라 기자 노조 설립에 참여하러 타이베이에 갔다고 말한다. 오가와는 우울하게 자리를 뜬다. 그녀는 콴룽이 자신을 피하고 있음을 알고 있다.

먼 산에서 나직하게 천둥소리가 들려온다.

**장면 25 ――**

묵직한 천둥소리가 울리고 바람이 불자 병원 안의 콴메이가 돌아다니며 창문을 닫는다.

셋째 형은 편안하고도 깊게 잠들어 있고 셋째 형수는 그의 곁을 지키며 졸고 있다.

오가와가 찾아와 콴룽에게 전해달라며 콴메이에게 상자 하나를 맡긴다. 실은 아버지와 오빠가 검도 연습을 할 때 사용하던 고급 죽검인데, 두 오빠는 전사했고 아버지는 연로해서 가져갈 수 없다면서. 콴메이에게 주는 것은 기모노 한 벌. 받을 수 없다며 사양하는 콴메이에게 한사코 잘 간수해달라고 말하던 오가와는 그만 울음을 터뜨리고, 황급히 눈물을 거두며 작별을 고한다. 어느새 소나기가 쏟아져 내리고, 자신의 우산을 오가와에게 빌려준 콴메이는 검은색 종이우산을 받쳐든 그녀가 점점 멀어져 가는 모습을 멀거니 바라본다……. 저 멀리서 일본 민요를 튼 축음기 소리가 서서히 울리기 시작한다.

**장면 26 ——**

봄비 내린 진과스는 물기에 푹 젖어 온통 울창하게 푸르르다.

한밤중의 병원 기숙사. 콴메이는 노란 전구 불빛 아래서 일기를 쓰고 있다. 외화면 음향으로 콴메이가 말한다. 오빠는 실은 오가와를 좋아하면서 왜 고백을 안 하는 걸까? 왠지 모를 민족의식 때문에 힘든 거겠지. 원장님은 원칭이 내이內耳는 상했지만 고막은 양호한 상태인 것 같다고 하셨다. 그가 수영할 때 물속에서 나는 물거품 소리를 또렷이 들을 수 있기 때문이다. 그가 가장 두려워하는 소리는 삼륜차의 브레이크 소리, 땅바닥에 쇠막대를 끄는 소리, 그리고 좁은 방의 문이 갑작스레 닫히는 소리다. 음파의 진동을 견딜 수 없기 때문인 것 같다.

**장면 27 ——**

은은하게 흘러나오는 일본 민요. 원칭이 일본인에게서 구매해 숙소에 놓아둔 축음기에서 나오는 노래다. 원칭 자신은 듣지 못하지만 실내에 꽉 들어찬 어른과 아이들이 듣도록 한 것이다. 현재 그는 분주하게 사진을 현상하는 중이다.

셋째 형수가 갑자기 그를 찾아온다. 글을 몰라 필담은 못하고 한참 손짓, 발짓을 한 후에야 그에게 돈을 빌리러 왔음을 겨우 전한다.

## 장면 28 ——

주편의 어느 작은 흙집. 작은 술집 뒤편에 감춰진 이곳은 셋째 형의 단골집임이 분명한 듯하다. 돈을 가지고 흙집 안으로 들어서는 셋째 형수의 눈에 셋째 형이 한 사내와 사이좋게 대화하는 모습이 들어온다. 사내는 그녀가 창부인 줄 알고 희롱하다가 셋째 형수임을 깨닫고는 거듭 사과하고 자리를 뜬다. 이 사내는 셋째 형의 옛 친구, 홍허우라는 자다.

휘장이 드리워지고, 셋째 형이 비스듬히 누워 아편을 뻐끔 뻐끔 피우기 시작한다. 셋째 형수에게도 피우라며 아편을 건네지만 그녀는 거절한다. 그가 그녀를 침상 위로 밀어 넘어뜨리고……

## 장면 29 ——

앞쪽 술집에선 홍허우가 정부인 아쥐와 조용히 술을 마시고 있다. 홍허우는 뒤쪽 흙집에서 나온 셋째 형을 보고 그에게 술을 권하고, 셋째 형수는 언짢아하며 너무 오래 나와 있었으니 이제 그만 병원으로 돌아가자고 남편을 재촉한다. 셋째 형이 아예 자리를 잡고 앉아 술을 마시자, 말리다 화가 난 셋째 형수는 그냥 가버린다.

거나하게 취기가 돌 무렵, 홍허우는 진과스의 한 갱도에서 전

쟁 기간 동안 일본인이 위조지폐를 인쇄했다는 이야기를 꺼낸
다. 아쥐가 자리를 뜬 것을 확인한 그가 위조지폐 한 장을 꺼내
셋째 형에게 보여준다. 그는 인장이 빠진 두 군데를 손가락으로
가리키며 인장은 다른 곳에서 찍는다고 설명하고는, 일본이 항
복한 뒤 누군가가 그 혼란을 틈타 몰래 빼돌린 두 자루가 있다
며 셋째 형에게 장물을 처분할 방법을 아는지 묻는다.

## 장면 30 ——

어슴푸레하게 날이 밝는다. 곤드레만드레 취한 홍허우와 셋
째 형은 홍허우의 집에 도착하고, 마루 밑에서 위조지폐 두 자
루를 꺼낸다.

홍허우의 노모가 있지만 나이가 들어 정신이 오락가락하는
터라 방해가 되진 않는다.

## 장면 31 ——

이튿날 아침, 큰형 첩의 오빠(이하 첩형으로 칭함)가 셋째 형을
문병하러 병원에 온다. 셋째 형은 밤새 돌아오지 않았다.

콴메이가 원장에게 상황을 알리러 간다. 천 원장은 다른 방
에서 간호사들과 빈 시간을 이용해 국어를 배우는 중이다.

셋째 형수는 잔뜩 화가 나서 지룽 집으로 돌아가버린다. 첩

형도 무슨 상황인지 몰라 기다릴 수밖에 없고, 결국 원칭이 셋째 형을 찾아서 데려온다.

수년 만의 재회에 첩형은 정답게 기뻐하고 셋째 형에게 금으로 된 회중시계를 선물한다. 밤새 잠을 못 자 약간은 창백해졌지만 오히려 정신은 맑아진 셋째 형이 세수와 양치질을 하고는 생글생글 웃는다.

첩형이 큰형의 부탁으로 전할 소식이 있다고 말한다. 큰형이 베이터우의 도박장에서 셋째 형과 상하이에서 친한 친구 사이였다고 자칭하는 상하이 사내 두 형제를 우연히 만났는데, 그들이 특별히 셋째 형을 만나러 왔다가 예상치 않게 큰형과 먼저 마주쳤다면서 그 자리에서 말을 걸어왔단다. 그러다 사업 이야기까지 하게 되었고, 그 상하이 사내가 정부에 연줄이 있어 쌀이나 설탕 같은 금지 품목을 입수할 수 있고 상하이 현지 사정에도 밝다면서 큰형과 손을 잡고 싶다고 했다는 것이다.

**장면 32 ──**

상하이 사내가 왔다. 곁에는 쉰 살 전후로 보이는 무뚝뚝한 중년 사내가 하나 더 있는데, 경호원인 것 같다.

소상해주가 뒷방. 큰형과 상하이 사내인 아산, 빌리 두 형제가 사업 제휴를 협상하고 셋째 형과 첩형은 중간에서 통역을 하고 있다. 그런대로 순조로운 협상인 것 같긴 하나, 큰형은 상하이 사내가 시원하게 할 말을 다 하는 것 같지 않고, 상하이 사내도 큰형의 사업 방식이 좀 구식이라고 예리하게 느낀다. 이에 끝으로 상하이 사내는 농담으로 흰 가루白粉■를 언급하며 큰형을 떠보고, 큰형은 아무런 반응도 보이지 않는다.


**장면 33 ——**

이른 아침, 항구 옆 상사. 부두에서는 인부들이 짐을 나르고 있고, 상하이 사내, 큰형, 셋째 형도 나와 있다.

커 상이 다가온다. 자신의 동업자이자 오랜 친구인 그를 큰형이 소개하고, 커 상은 상하이 사내와 악수한다.


**장면 34 ——**

톈랴오항의 유곽과 도박장은 아청의 구역이다. 문밖 노점에는 실직한 부랑자들이 모여 있다.

셋째 형과 첩형이 유곽에 들어가 도박장을 통과하려는 찰나, 첩형은 친구와 마주치고 뤄구아가 왔는지 묻는다.

셋째 형은 안에 들어왔다가 갑자기 생각지도 않게 진취안과

---

■ 헤로인을 이르는 말.

마주친다. 두 사람은 어렸을 때부터 앙숙이다. 셋째 형은 휘사 오섬火燒島[1][2]에서 갓 풀려나 오한에 심하게 떠는 진취안을 지나쳐 작은 방으로 향한다.

셋째 형이 왔다는 소식을 듣고 아청이 직접 나와 상냥하게 인사하고, 자신의 둘째 동생이 루손섬[3]에서 죽었다고 말한다. 첩형이 중년 사내인 뤄구아를 데리고 들어오자 아청은 자리를 뜬다.

셋째 형이 훙허우가 준 위조지폐를 뤄구아에게 보여준다. 뤄구아가 자세히 보더니 도장을 만드는 건 어렵지 않지만 시간이 촉박한 게 문제라고 말한다. 소문에 타이완 화폐가 법폐法幣였나 무슨 국폐國幣였나 하는 타이완 유통권으로 개정된다고 들었지만 은행에 내통자가 있다면 교환할 수 있을 거라고 덧붙이면서.

기녀가 아편 도구를 갖고 와서 시중을 든다. 셋째 형은 연기를 내뿜으며 생각에 잠긴다.

---

[1][2]  타이둥현에 속한 섬으로 일제강점기 이래 부랑자 및 정치범 수용소로 활용됐다. 현재는 뤼다오綠島로 불린다.
[3]  필리핀제도 북쪽에 있는 가장 큰 섬으로 연합군과 일본군의 격전지였다.

**장면 35 ——**

이른 아침. 이제 막 희끄무레하게 동이 트는 주편 산간의 인가는 평온하고 아름다운 정경이다. 홍허우와 아쥐가 뒤엉켜 있는데 진취안이 사내 몇 명을 데리고 슬그머니 들어온다. 홍허우는 영문도 모른 채 머리에 자루가 씌워지고 심한 구타를 당한다.

한 사내가 아쥐를 뒤쪽으로 끌고 가 돈을 어디에 숨겼는지 묻고, 아쥐는 모른다며 도리질을 치고는 사람들을 우르르 데려와서 모두에게 자신의 벗은 몸을 구경시키냐며 화를 낸다.

진취안 패거리가 소리를 죽이고 움직이고 있는데 옆집 개가 놀라 짖어대기 시작한다. 어렴풋하게 잠을 깬 홍허우의 노모에게도 자루가 씌워진다. 기절시키려고 휘두른 나무 몽둥이에 어깨를 맞은 노모가 꽥꽥 소리를 지르자 진취안이 다가가 손으로 때려 기절시킨다.

홍허우는 바닥에 짓눌린 채 입에 재갈이 물리고, 진취안은 소리 내는 즉시 죽이겠다며 그에게 으름장을 놓는다. 돈을 어디 숨겼느냐고 묻는 말에 홍허우가 모른다며 고개를 젓자 진취안은 그를 부엌의 물독 앞으로 끌고 가라고 신호한다. 사내들이 물독에 홍허우의 머리를 담그고, 한참 뒤에야 끄집어낸다. 홍허우는 처절한 비명을 지르고—화면은 새하얗게 변한다.

## 장면 36 ——

이틀 뒤 해 질 녘. 셋째 형은 첩형과 훙허우를 찾아왔다가 그가 실종되었음을 알게 된다. 집에는 핏자국이 밴 붕대를 머리에 감고 있는 노모뿐. 방 안은 엉망으로 어지럽혀져 있고 마룻장은 쪼개져 들려 있다. 노모는 뭘 물어봐도 아무것도 모르고, 뒤늦게야 훙허우가 병원에서 죽었음을 깨닫게 된다.

## 장면 37 ——

광장에서 밀수 단속원이 밀수된 담배를 단속하고, 사람들이 주위를 에워싸고 시끌벅적하게 구경한다. 셋째 형과 첩형은 거리에서 떡과 과일을 산다.

## 장면 38 ——

타이진병원. 잠시 짬이 난 콴메이가 비어 있는 작은 책상에서 일기를 쓰고 있다.

일기를 쓰는 콴메이의 목소리가 외화면 음향으로 들린다. 4월 2일. 쌀값이 또 올라서 한 근에 17위안이다. 주방에서는 국수를 만들어 모두에게 먹게 했다. 상하이에서 온 밀가루라고 한다. 다들 국수에 익숙지 않아 큰솥 가득 남았지만 난 아주 많이 먹었다. 4월 3일. 오빠 학교에서 지난달 월급이 아직도 안

나왔는데, 오빠는 전혀 개의치 않고 친구의 참의원 선거운동을 도우러 린 선생님과 또 타이베이에 간다고 한다. 소문으로는 엊그제까지 벌써 구백 명이 넘는 후보자가 등록했다고 한다……

일기를 절반 정도 썼을 때, 셋째 형과 첩형이 떡과 과일을 들고 그녀를 찾아와서 입원 기간 동안 여러모로 돌봐줘서 고맙다고 인사한다. 그러고는 훙허우의 집에 뒷일을 처리할 돈이 없다며 그의 시신이 여전히 영안실에 안치돼 있는지를 묻는다. 콴메이는 이웃 사람이 그를 데려왔을 때는 이미 숨이 간당간당했고, 경찰이 와서 조사를 했는데 이 일이 아쥐라는 술집 여자와 관련이 있는 것 같다고 대답한다.

셋째 형은 떠나기 전에 가진 돈을 전부 꺼내 훙허우의 노모가 장례를 치를 수 있도록 전해달라며 콴메이에게 건네고, 첩형에게도 돈을 내라고 말한다. 첩형이 가지런히 포개서 한 묶음으로 말아 쥔 돈을 한 장씩 세서 건네는데, 셋째 형이 그걸 통째로 낚아채 두 장만 남기고는 전부 콴메이에게 줘버린다.

콴메이의 외화면 음향이 작은 책상 위에 놓인 일기로 다시 이어진다. 4월 5일. 원칭의 셋째 형이 죽은 친구를 만나러 왔다. 기자인 허 선생님과 친구들이 와서 내 국어가 많이 늘었다고 칭찬했다. 원칭은 아마 평생 국어를 배울 수 없겠지. 린 선생님은 모두에게 루쉰의 책을 읽으라고 하고, 오빠는 내게 고리키의

『어머니』를 읽으라고 한다.

### 장면 39 ──

한밤중의 진과스. 콴룽의 학교 기숙사에서 허융캉과 린 선생님, 콴메이, 교사 몇 명이 한데 모여 열띠게 정치를 비판한다.

낮에 밀수 단속반이 담배를 압수한 이야기가 또 다시 언급된다. 밀수 담배 단속은 대부분 구실이고, 실제로는 밀수품이 아닌 전매국 생산품까지 위조해 자기네 배를 불린다는 비판이다. 항구에 가서 큰 놈을 잡을 수도 있는 단속원이 거리에서 이런 잔챙이를 잡는 게 무슨 소용이냐는 말도 나온다.

이야기가 여기에까지 이르자 다들 기분이 가라앉고 침묵에 빠진다. 창밖에선 번갯불이 번쩍이고 또 다시 비가 쏟아진다.

원칭은 이 상황을 보고 곧장 몸을 일으켜 축음기 손잡이를 돌리기 시작한다. 그는 자신이 산 축음기를 이미 콴룽의 방에 놓아둔 터다. 그가 레코드를 틀자 모두가 조용히 귀를 기울인다. 모두에게 익숙한 「로렐라이」다. 콴메이가 그를 향해 자리를 옮겨 앉고 필담으로 말을 건다. 이 노래의 내용은 라인강 변의 여자 요괴 로렐라이에 관한 독일의 오래된 전설이에요. 그녀는 늘 바위 위에서 반짝이는 금발을 빗으며 노래하는데, 뱃사람들은 사람을 홀리는 그 노랫소리에 정신이 팔리고 배가 암초에 부딪쳐 뒤집혀 죽죠. 강물은 그들을 삼키고요. 노랫소리는 다음날에도 또 다시 울려 퍼지고……

원칭은 전설 속 뱃사람들처럼 콴메이가 종이에 적는 생동감 있고 아름다운 설명을 멍하니 바라본다. 로렐라이의 노랫소리가 그의 어릴 적 기억 속의 노랫소리, 평안희의 떠들썩한 현악기와 북소리, 그리고 다이아몬드 같은 유리 장식을 반짝이는 화단으로 변한다.

### 장면 39A ——

원칭은 서당에 다니던 시절을 떠올린다. 스승이 없을 때 그는 유자 껍질을 머리에 쓰고 창唱 하는 흉내를 냈다. 갑자기 나타난 스승은 그런 그의 볼기를 때리고 곱상하게 생겨서 장차 광대가 되겠다며 나무랐다.

원칭의 필담이 외화면 음향으로 들리기 시작한다. "열 살 이전에는 소리가 들렸고, 난 여전히 양의 울음소리를 기억해. 기억 속 마지막 소리는 용안나무에서 떨어질 때 들은 나뭇가지가 뚝 하고 부러지는 소리였어. 당시 난 낙상 때문에 머리가 아팠고, 한바탕 크게 앓고 나은 뒤에도 제대로 걸을 수 없어서 한동안은 내 귀가 먹은 줄도 몰랐어. 아버지가 글로 써서 알려주셨지. 그때는 어린애라 슬픈 줄도 모르고 평소처럼 재미있게 놀았어……."

콴메이는 원칭의 필담이 적힌 쪽지를 보며 눈시울을 붉힌다. 원칭은 그 모습을 보고 문득 펜을 멈춘다.


**장면 40 ──**

소상해주가의 간판 등이 깜빡이다 환히 켜진다. 이제 막 밤이 됐건만 벌써 사람들의 목소리가 왁자지껄하다.

셋째 형은 황갈색 약즙을 푼 목욕통 안에서 아편 중독을 치료하고 있고, 셋째 형수가 곁에서 그런 그를 보살핀다. 첩형은 주방에서 혼자 게걸스럽게 밥을 먹고, 하녀(메이징의 어머니)가 그의 식사 시중을 들며 국을 데우고 있다. 옆에서는 어린 소녀 메이징이 마당에서 하늘을 향해 동판 던지기 재주를 연습하는 아쿤을 집중해서 바라보고 있고, 아쿤은 메이징이 보고 있다는 걸 알고 연습에 더욱더 열을 올린다.

아쉐가 막냇삼촌에게 쓰는 편지 내용이 외화면 음향으로 들리기 시작한다. 셋째 삼촌은 할아버지의 강요로 아편을 끊었다. 최근 집에서 어머니를 거들 하녀를 고용했는데 그녀에게는 메이징이라는 딸이 하나 있다. 중학교 시험에서 떨어진 아쿤이 공부를 하려고 하지 않자 할아버지는 장사를 배우라고 했는데, 이에 둘째 숙모가 몹시 화가 나서 막냇삼촌이 돌아오면 의논하겠다고 말했다. 어머니가 둘째 숙모에게 돌아와 살라고 권하지만 둘째 숙모는 싫다고 한다…….

외화면 음향이 장면 위로 겹쳐진다. 진료소 안에서 둘째 형수가 벌로 아쿤의 무릎을 꿇리고 제풀에 화가 나서 울음을 터트리자 큰형수가 그런 그녀를 좋은 말로 달랜다.

첩형이 아쿤과 메이징을 보며 둘이 한 쌍이니 꼭 관음보살 앞에 있는 금동과 옥녀 같다고 농담한다. 이 말을 들은 아쿤은 그가 자신을 놀리는 줄 알고 그에게 미친 듯이 달려들어 껴안고 거세게 걷어찬다. 아쉐가 달려나와 말려도 소용이 없자 끝내 할아버지가 호통을 쳐서 멈추게 한다. 할아버지는 아쿤도 이미 다 큰 어른이니 함부로 놀리지 말라며 첩형을 꾸짖는다.

### 장면 41 ——

한밤중의 텐라오항. 셋째 형은 첩형과 도박장으로 들어가던 중 복도에서 아쥐와 스친다. 그가 낯익은 느낌에 힐끔 돌아본다. 그는 도박장에 상하이 사내 빌리도 와 있는 걸 발견한다. 게다가 진취안도 함께 있다. 빌리가 첩형에게 다가오더니 상하이 말로 물건이 도착하는 시간을 알린다.

## 장면 41A ──

빌리가 텐랴오항 바깥에서 누군가를 초조하게 기다린다. 상하이 사내 아산이 공무원처럼 보이는 낯선 사내 두 명과 한 차를 타고 도착한다. 빌리는 아산에게 다가가 귓속말을 하고, 이들을 데리고 골목길에 난 옆문으로 들어간다.

밀실 안. 빌리 일행이 아청 일행과 만난다. 미리 약속이 된 눈치다. 아산은 아청에게 두 친구를 소개하고, 아청도 베이터우 도박장의 두목을 소개한다. 양측은 마약 밀수의 가능성과 협력에 대한 밀담을 나눈다.

## 장면 42 ──

9월의 태풍을 앞둔 어느 흐린 날. 새벽하늘에 동이 튼다. 부둣가에선 첩형과 빌리가 화물을 운반하는 인부들을 감독 중이다. 빌리는 화물 틈에서 표시를 찾고 있고, 첩형은 긴장한 기색으로 자꾸 주위를 둘러보고 있다.

## 장면 42A ──

첩의 방 안. 큰형은 아기에게 조심스레 미음을 먹이는 중이다. 방금 잠자리에서 일어나 윗도리만 대충 걸치고 배에는 복대를 두른 그의 가슴팍에는 문신이 가득 새겨져 있다. 첩은 부엌에서 죽을 끓이고, 어둑한 방에 등을 밝힌다.

큰형은 미음을 다 먹은 아들을 안아 올리고 베란다로 나간다.

### 장면 42B ──

저 멀리 부둣가. 빌리는 표시를 찾아내고 자루를 열어 기름종이 꾸러미를 꺼낸다. 첩형이 어느새 베란다에 나와 있는 큰형을 발견하고 빌리에게 초조히 눈짓한다. 빌리가 기름종이 꾸러미를 갖고 급히 자동차로 향하는데, 그새 나타난 큰형이 앞을 가로막고는 기름종이 꾸러미를 낚아챈다. 빌리가 미처 반응하기도 전에 큰형은 몸에 지니고 다니는 단도를 뽑아 기름종이 꾸러미를 가른다. 마약이다. 빌리가 해명하려고 하지만 큰형은 말을 자르고 그의 형인 아산을 불러오라고 한다.

### 장면 43 ──

상사 아래층 사무실. 큰형은 첩형을 추궁하고 비로소 셋째 형도 마약 밀수에 가담한 걸 알게 된다.

커 상이 안으로 들어오고, 큰형은 탁자 위에 있는 마약을 가리키며 "곳간의 쥐새끼가 쌀자루를 갉아먹었다"며 냉소한다. 침묵 속, 밖에서는 천둥소리가 들려온다.

상하이 사내 아산이 급히 달려온다. 무뚝뚝한 중년 사내도 함께다. 아산은 아무것도 묻고 따지지도 않고 대뜸 빌리의 따귀부터 후려친다. 큰형과 커 상 보란 듯이. 큰형은 마약을 압수하고 또 다시 이런 일이 생기면 동업을 끊겠다고 잘라 말한다.

### 장면 44 ──

장대비가 내리기 시작한다. 셋째 형은 여전히 노름판에 있고, 많이 잃은 모양인지 밤을 꼬박 새운 몰골이다. 몸을 일으켜 변소에 가던 그는 어떤 여인과 엇갈려 지나치고, 변소 안에서 퍼뜩 어젯밤의 그 낯익은 여자가 주편에서 실종된 아쥐가 분명하다는 생각이 머리를 스친다.

그는 급히 유곽 안으로 달려가고 마침 마주친 창부에게 아쥐의 방이 어딘지 묻는다. 창부가 곧바로 손으로 한 곳을 가리킨다. 그는 문을 두드리고, 반응이 없자 문을 부수고 안으로 들어간다. 남자와 있던 아쥐는 놀라서 잠을 깨고, 그를 보고 도망치려다 팔을 비틀려 붙잡힌다. 어수선한 와중에 나타난 진취안이 낭패를 깨닫고 소란을 틈타 칼을 뽑고 그를 죽이려고 한다. 셋째 형은 손으로 칼을 막고 필사적으로 싸운다.

### 장면 45 ──

큰형과 첩형이 인력거 두 대를 나눠 타고 셋째 형을 잡아 집으로 데려가려고 온다. 빗줄기가 더욱 거세지자 큰형은 비를 피해 처마 밑으로 들어가고, 첩형에게 셋째 형을 찾으러 가라고 시킨다. 골목길 안쪽의 옆문에서 셋째 형과 진취안 등 몇 사람이 비를 뚫고 뛰쳐나온다. 셋째 형을 발견한 큰형이 다급히 돌진해 두 사람을 때려눕히고, 담벼락에 나동그라진 진취안의 가슴팍에선 핏자국이 배어 나온다.

큰형은 옷을 벗어 달려오는 첩형에게 던져주고 셋째 형의 다친 팔을 싸매게 한다. 드러난 웃통의 문신이 빗속에서 섬뜩하게 번뜩인다. 진취안이 땅바닥에서 몸을 일으키더니 칼을 움켜쥐고 거침없이 달려든다.

이때 나타난 아청이 진취안에게 안으로 들어가라고 호통치고 분위기를 수습하려고 하나, 큰형은 그를 상대하지 않고 첩형에게 셋째 형을 업게 하고는 가버린다

### 장면 46 ——

약해진 빗줄기. 거실 안. 셋째 형의 상처에는 어느새 붕대가 감겨 있고, 큰형수와 셋째 형수는 바닥의 핏물과 더러워진 옷을 치우는 중이다. 린아루는 큰 소리로 욕설을 퍼붓는다. 셋째와 얽히지 않은 말썽이 없어! 첩형이 커 상과 경호원 한 명을 데리고 오자 큰형이 그들을 맞이하고, 둘은 방문 옆에서 무거운

분위기로 대화를 나눈다. 아쉐와 동생들은 문가에 몰려들어 구경하다가 큰형수의 야단을 맞고 얼른 방 안으로 들어간다.

### 장면 47 ──

양측은 노인 '쿠바오화'의 고택에서 담판을 한다. 큰형과 커상, 아청이 중재인 쫜스쭈이를 낀 채다. 태풍이 부는 이날, 창밖에선 비바람이 휘몰아치고 있다.

아청 측은 훙허우가 진취안의 패거리를 속였다고 주장하고, 큰형은 그가 이미 죽은 사람이라 증언할 수도 없다며 한사코 훙허우의 노모에게 한몫 떼어주고 나머지는 반반씩 나눠야 한다며 아청에게 돈을 토해내라고 고집한다.

### 장면 48 ──

태풍이 지나간 주위는 온통 엉망진창이 되고, 인부들이 태풍 탓에 부서진 소상해주가의 간판을 수리한다. 아청이 진취안을 데리고 린아루와 큰형을 찾아와 직접 돈을 돌려준다.

### 장면 48A ──

일이 마무리된 뒤 린아루는 큰형에게 첩형은 먹는 모습이 게걸스럽고 욕심이 많아 미덥지 않으니 너무 "정에 연연하지" 말고, 아청 패거리도 조심하라고 충고한다.

### 장면 48B ──

원칭이 갑자기 돌아온다. 콴룽과 콴메이도 함께 왔는데, 쓰자오팅에 있는 본가의 피해 상황을 확인하러 왔다가 내친김에 린씨 집안에 놀러온 것이다. 이번 태풍은 십사 년 만에 만나는, 막심한 피해를 남기는 태풍이다.

온 가족이 우씨 남매를 친절하게 대한다. 특히 큰형은 지식인을 존경한다. 아쉐는 유독 마음이 맞는 콴메이와 친해진다.

### 장면 48C ──

진료소 안. 둘째 형수가 음식을 만들어 이들에게 대접한다. 원칭은 필담으로 둘째 형수는 사촌 누나인데, 어렸을 때 시골 외갓집에 살면서 장난만 치던 자신이 청력을 잃은 뒤로 그녀가 자신을 가장 정성스레 돌봐줬다고 이야기한다.

진료소 벽에는 둘째 형네 가족사진이 걸려 있다. 둘째 형이 남양으로 징집되기 전에 원칭이 찍어준 사진이다. 그날, 다섯 식구가 단장하고 사진을 찍은 뒤 둘째 형은 아쿤과 딸들을 진료소 문간에 세우고, 이미 키 잰 흔적이 남아 있는 나무 기둥 위에 또 다시 세 아이들의 키에 대한 기억을 남겼다.

## 장면 48D ——

동트기 전의 적막한 지룽시. 고물상이 "빈 병 팔 사람 어디 없소"라고 노래한다. 이 노래는 한 사람만 부르는 게 아니어서 시 전체, 온 거리에서 들을 수 있다.

## 장면 49 ——

이른 아침. 헌병과 경찰이 이장을 대동하고 소상해주가에 와서 셋째 형을 체포한다. 죄명은 '한간'. 온 식구들이 순식간에 공포에 휩싸이고, 린아루는 이장에게 욕설을 퍼붓는다.

상처가 거의 다 나은 셋째 형은 담을 넘어 도망치고, 뒤에서 고함과 총소리가 들려온다.

## 장면 50 ——

같은 시각. 첩의 집에서는 다급하게 문 두드리는 소리가 울려 퍼지고 큰형이 침대에서 벌떡 일어나 머리맡의 목검을 집어 든다. 안으로 들어온 첩형이 급히 뭔가를 알리고, 큰형은 2층 뒤쪽 베란다로 도주한다.

## 장면 51 ——

큰형은 커 상의 집에 있다. 접골사가 퉁퉁 부은 그의 발바닥을 주무른다.

커 상이 돌아와 셋째 형은 체포됐으며 도망치던 중 총에 맞아 생사가 불명한 상태라고 알린다. 두 사람의 죄명은 한간. 누군가가 고발했다고 한다.

### 장면 52 ——

타이베이에 있는 어느 관리의 일본식 저택 안. 커 상이 큰형을 데리고 찾아왔다. 반산半山■인 관리가 타이완어로 고발 내용이 구체적이며, 고발자가 특히 셋째 형의 상하이 행적에 대해 소상히 알고 있더라고 말한다. 그러고는 린 위원이 중앙에 계속해서 한간 전범 검거 숙청 조례에서 타이완을 예외로 해달라고 건의하고 있으니 당분간 인내심을 갖고 기다리라고 당부한다.

### 장면 53 ——

커 상은 셋째 형과 같은 감방에 수감된 형제의 면회를 가서 셋째 형의 상태를 묻고, 처참하다는 대답을 듣는다.

---

■  타이완을 떠나 중국에서 기반을 닦고 살다가 전후 타이완으로 돌아온 타이완인.

**장면 53A** ——

교도소 밖. 큰형은 차 안에 있다. 교도소에서 나온 커 상이 그에게 상황을 알린다.


**장면 54** ——

베이터우 도박장. 상하이 사내 아산이 거액을 건 도박을 하고 있다. 커 상이 아산에게 다가와 귓속말을 하고, 아산은 이 광경을 보고 일어선 중년 사내에게 경거망동 말라는 눈짓을 한다.

커 상이 아산을 한 방으로 안내한다. 안에서는 큰형이 기다리고 있다. 커 상이 타이완어로 큰형에게 상하이 놈들이 기민하게 경계하고 있다고 은밀히 귀띔한다. 모두가 자리에 앉고 큰형이 마약을 꺼내 아산에게 돌려주며 정부 쪽 연줄을 이용해 설날 전까지 셋째 형이 보석으로 집에 돌아올 수 있게 해달라고 부탁한다. 첩형은 곁에서 통역을 하고 있다. 아산은 최선을 다할 뿐 성공은 장담할 수 없다고 답한다. 자신의 연줄은 정계에 있지 군부에 있진 않다면서.


**장면 55** ——

큰형이 달게 자는 원칭을 흔들어 깨우고는 일본어 필담으로 가서 셋째 형을 데려오라고 한다. 통지서가 이미 당도했다면서.

원칭은 양력설에 이미 타이완이 한간 전범 검거 숙청 조례에서 예외로 선포(1947년 1월 1일)됐다고 답하지만 큰형은 정부의 명령을 믿지 않는다. 두 형제는 묵묵히 입을 다물고 어느새 날이 어슴푸레 밝아 온다.

**장면 56 ——**

춘절<sup>■</sup>을 앞둔 어느 날. 인력거 두 대가 소상해주가에 도착하고, 원칭이 셋째 형을 데리고 집에 돌아온다. 누렇게 뜬 창백한 안색의 셋째 형은 인력거에서 내리자마자 입과 코에서 선혈을 쏟아낸다. 큰형이 셋째 형을 옆으로 안고 집으로 들어가자 온 식구가 크게 놀란다. 린아루는 할머니에게 비장의 첩약을 가져와 셋째 형에게 먹이라고 고함치고, 목 놓아 우는 셋째 형수를 엄하게 꾸짖는다.

**장면 57 ——**

춘절. 소상해주가 앞 광장에서 사자춤을 추며 폭죽을 터트리는 전통 행사가 한창이다. 폭죽이 터지며 화약 연기가 자욱하게 퍼지고, 용맹한 기운이 광장을 충만하게 채운다.

---

■  음력설.

시대적 분위기에 억눌려 오랫동안 꿈틀대고만 있던 기운이 마침내, 곧 폭발할 것만 같다.

## 장면 58 ——

오후. 큰형은 첩의 집에서 악몽을 꾸고 소스라치며 잠을 깬다. 놀라서 멍한 가운데, 멀리서 폭죽 소리가 총성처럼 들려온다. 자리에서 일어난 큰형이 베란다에 가서 바라본 항구는 온통 적막하기만 하다.

부엌에서 음식을 하던 첩이 어찌 된 영문인지 큰형을 대신해 뜨거운 물과 다구를 준비한다. 큰형이 차분하게 차를 우리면서 꿈에서 어머니를 본 이야기를 한다. 다섯 살이었을 적 설을 쇨 때가 떠올랐다면서. 어머니는 전당포에 맡기라며 아버지에게 금붙이를 들려 보내면서도, 도박에 빠진 그가 염려되어 아들인 큰형을 딸려 보냈다. 하지만 아버지는 역시나 도중에 그를 전신주에 묶어놓고는 돈을 갖고 도박을 하러 가버렸다. 이야기를 듣던 첩도 웃음을 터트린다.

## 장면 58A ——

어린 시절을 떠올린 큰형은 쓸쓸하면서도 온화해진다. 화면은 어머니가 세상을 떠나면서 그에게 아버지는 안심할 수 없으니 이 집안을 잘 돌봐달라 당부하는 장면으로 바뀐다. 둘째는 문제가 없고, 셋째는 성정이 경박해서 사고 치기 십상이니 가장 걱정이고, 넷째는 기술이 있어 장차 먹고살기 어렵지 않을 테니 사진관을 열면 된다는 내용이다.

### 장면 58B ——

첩형이 갑자기 돌아오더니 폭동이 일어났다고 말한다. 타이베이에서 난리가 났는데, 밀수 단속대가 밀수 담배를 단속하다가 사람을 패 죽였고, 이게 공분을 사서 싸움으로 번지면서 사람들이 외성인만 보면 팬다는 소문이다.

### 장면 59 ——

타이진병원. 두 명의 부상자가 도망쳐 들어온다. 한 명은 겁에 질려 있고, 다른 한 명은 머리를 감싸 쥐고 울부짖고 있다. 그런 그의 옷 앞섶이 피로 물들어 있다. 콴메이와 간호사들은 정신없이 분주하다. 병원 밖에서는 또 다른 부상자가 도망치려다 뭇매를 맞고, 원장이 큰 소리로 사람들을 제지하고 그를 부축해 병원으로 들어간다.

콴룽과 원칭이 콴메이를 찾아온다. 허융캉이 실종되어 린 선생님이 콴룽에게 타이베이로 가달라고 부탁했고, 원칭도 카메라를 짊어지고 동행한다면서.

## 장면 60 ——

기적 소리를 길게 울리며 질주하는 기차. 객실 안은 무서울 만큼 고요하다.

기차의 속도가 서서히 완만해진다. 승객 몇 명이 차에 기대 밖을 내다보는데 저 멀리 누군가가 도망치고 몇 무더기 밀수 담배가 불타고 있다. 선로 옆에서는 몇몇이 기차를 쫓아 손을 흔들며 소리친다. 기차가 멈춘다. 폭도들에 의해 저지된 것이다.

콴룽이 기차에서 내려 상황을 살핀다. 누군가가 기차에서 뛰어내리고, 마주친 폭도들에게 쫓기다가 죽임을 당한다. 기차 안은 술렁이기 시작하고, 품에 아기를 안은 젊은 아낙이 남은 손으로 어린 여자아이를 잡아 끌며 허둥지둥 도망치려 한다. 원칭이 젊은 아낙을 끌어당겨 자기 옆자리에 앉히고 소리 내면 안 된다고 손짓으로 신호한다.

손에 낫을 쥔 폭도들이 객차 저편에서 이편으로 곧장 오더니, 보이는 사람마다 타이완어와 일본어로 묻는다. "어디 사람이냐!"

상대가 대답을 못 하면 그 자리에서 바로 때려 죽인다. 원칭은 그들이 다가와 채 묻기도 전에 벌떡 일어서더니 타이완어로 이름과 주소를 밝히고 옆의 아낙과 어린아이가 자신의 아내와 딸이라고 말한다. 그의 이상하리만큼 큰 성량, 괴상한 억양의 타이완어에 어리둥절해진 폭도들이 일본어로 타이베이에 뭐하러 가는지를 묻지만 원칭은 그 말을 듣지 못하고 멍하니 있는다. 때마침 돌아온 콴룽이 폭도들을 밀어내며 외친다. "이 사람은 귀머거리요!"

폭도들이 지나간 뒤 원칭은 의자에 주저앉고, 떨리는 온몸을 주체하지 못한다.

### 장면 61 ——

원칭 일행은 골목 안에 있는 허융캉의 일본식 가옥을 찾는다. 문을 한참 두드린 뒤에야 타이완어로 대답하며 문을 열어주는 이는 나이 어린 식모 아잉이다. 집 안으로 들어서자 허융캉의 아내와 아들이 천장에서 내려온다.

린 선생님에 대해 묻자 허융캉을 찾으러 가서 아직 돌아오지 않았다고 한다. 콴룽이 국어로 기차에서 우연히 만난 모녀를 소개하고, 허융캉의 아내와 젊은 아낙도 유창하진 않은 국어로 대화를 나누기 시작한다. 젊은 아낙은 남편이 장교고 위안산圓山■

---

■  타이베이 북쪽에 위치한 산.

에 살지만 거기까지 뚫고 갈 방도가 없어 콴룽을 따라 하룻밤 피신하게 됐다고 밝힌다.

허유캉의 아내는 부엌에 들어가서 식모 아잉과 식사를 준비하고 장교 부인도 그들을 거든다. 대화 도중 허유캉의 아내가 훌쩍이기 시작한다. 아잉이 설명하기를 여자사범학교 부속소학교의 1학년인 딸이 아직 귀가하지 않았는데, 평소 허 선생님이 마중을 나갔다고 한다. 이 집에 몇 번 방문한 덕에 딸을 아는 콴룽이 일단 학교에 가서 아이를 데려오기로 하고, 원칭은 남아서 집을 지키기로 한다. 남자가 있으니 어쨌든 다들 안심이다.

**장면 62 ——**

허유캉의 아내와 아들, 장교 부인 모녀, 아잉, 원칭이 식탁에 둘러앉아 함께 밥을 먹는다. 원칭은 세심하게 전등갓에 종이를 둘러 불빛을 약하게 한다. 어린아이가 말하다가 목소리가 커지자 어른이 바로 목소리를 죽이라고 야단친다.

정전이 되고 아잉이 양초를 찾아 막 불을 붙인 순간, 밖에서 고함이 들려온다. "아산阿山▪을 숨겨준 자는 죽인다! 집을 불태워버린다!" 여자들은 잔뜩 긴장하고, 원칭이 촛불을 들고 현관

---

▪ 타이완 본성인이 외성인을 부르는 호칭.

에 가서 상황을 살피는데 바람에 촛불이 꺼져버린다. 칠흑 같은 어둠 속에서 기관총 소리가 울리고, 누군가가 골목 안으로 뛰어들어온다. 쿵 하는 소리가 울린다. 헌병 경찰이 골목 안으로 쫓아온 모양이다.

동틀 무렵. 원칭은 거실 소파에서 곤히 잠들어 있고 몸에는 담요가 덮여 있다. 아잉은 부엌에서 죽을 쑤는 중이다. 갑자기 대문 두드리는 소리가 울리고, 콴룽이 딸을 데리고 돌아온다. 허융캉의 아내는 딸과 얼싸안고 울음을 터트린다.

콴룽이 서툰 국어로 설명한다. 어젯밤 학교에 갔지만 계엄령으로 감히 돌아올 수 없었고, 학교 안에 있는 또 다른 외성인 학생 다섯 명을 선생님 한 분이 돌보면서 모두가 교실 안에서 밤새 추위에 떨었다고…….

라디오 방송이 외화면 음향으로 들려오기 시작한다. 천이가 계엄 해제 및 사건의 수습을 선포하고, 민중들에게 침착해질 것을 호소한다(3월 1일 오후 5시).


### 장면 63 ──

찬바람이 불고 궂은비가 내리는 진과스. 콴메이는 인단트렌[*]

---

[*] 1910년대 이후, 전통 염료 대신 중국에서 널리 쓰인 푸른색 수입 염료.

으로 물들인 치파오를 입은 여인이 집에 돌아가서 옷가지와 보온병 등속을 챙기는 데 동행한다. 콴메이는 우산을 받쳐 들고 문 앞에서 여인을 기다리며 차갑고 습한 잿빛 산을 멍하니 바라본다. 외화면 음향으로 들리는 라디오 방송 소리가 다음 장면까지 쭉 이어진다.

## 장면 64 ——

타이진병원. 대여섯 명이 복도로 나 있는 원장실 창가에 모여 있고, 더러는 창틀에 팔꿈치를 괴고 라디오 방송에 귀를 기울이고 있다. 피로한 원장은 잠든 것처럼 눈을 질끈 감고 회전의자에 앉아 있다.

콴메이가 여인과 함께 돌아온다. 부상자들은 조용히 깊은 잠에 빠져 있고, 어린 소년은 창유리에 입김을 불어가며 낙서하며 놀고 있다. 여인은 복도 끝에서 보온병에 뜨거운 물을 채운다. 또 다른 여인이 큰 소리로 불평한다. 기쿠모토菊元▪의 물건도 전부 꺼내서 불태우고 모직물까지 죄다 태워버리다니 아까워 죽겠네. 차라리 나더러 입으라고 주면 좋으련만……

라디오 방송 도중 갑자기 누군가가 끼어들었는지, 채널을 돌

---

▪ 1932년 시게타 에이지가 타이베이에서 개업한 타이완 최초의 근대적 백화점으로, 1945년 일본 패망 뒤 국민당 정부에 접수되어 타이완중화국화공사로 재개업했다.

렸는지, 아니면 민중이 라디오 방송국을 점거했는지, 타이완 성ᵃ 사람 모두가 호응하여 이 사건을 온 성 각지로 확대해달라며 격렬히 외치고⋯⋯. 폭발음이 울리면서 방송은 중단되고 누군가의 고함과 총소리가 들린다.

**장면 65 ──**

차가운 비가 계속 내린다. 콴메이가 촛불 아래서 쓰고 있는 일기가 외화면 음향으로 들린다. 여전히 비가 내린다. 벌써 나흘이나 지났는데 오빠와 원칭이 돌아오지 않아 걱정이다. 어제는 어떤 사람이 타이베이에서 와서 라디오 방송국이 전부 점거당했다고 말했고, 오늘은 원장님이 라디오를 치우고 더 이상 듣지 못하게 했다. 부상당한 사람들은 여전히 연달아 실려온다.

**장면 65A ──**

이튿날. 날이 개고, 원칭이 돌아온다. 콴메이는 그의 모습을 보고 멍해진다.

초췌한 모습으로 돌아온 원칭의 두 눈동자는 열 때문에 불타는 것처럼 번들거린다. 그가 콴메이에게 필담으로 알린다. 허융캉은 무사해. 친구 집에 숨어 있어. 다행히 양복 옷깃에 달고 있던 신문사 배지 덕분에 구타를 당하진 않았어. 린 선생님과 다른 사람들은 매일 공회당에 가서 회의하며 논쟁하고 있어. 콴룽이 내게 먼저 돌아가라고 했어……

콴메이가 건네받은 쪽지를 읽는 동안, 쿵 소리가 나더니 원칭이 정신을 잃고 맥없이 쓰러진다.

간호장이 원칭에게 주사를 놓았을 땐 그는 이미 잠든 상태다.


**장면 66 ──**

날씨가 맑게 개자 콴메이는 책을 들고 원칭의 문병을 온다. 사진관을 지키던 사환이 그녀를 보고는 뒷방으로 안내한다.

몸이 약해진 것만 빼면 거의 다 회복한 원칭은 목욕 중이고, 건장한 아낙이 그의 등을 밀어주고 있다. 콴메이는 바깥 공터로 나와 그를 기다린다.

원칭이 목욕을 중단하고 나오고, 콴메이는 그에게 책을 건넨다. 고리키의 『어머니』 일본어판. 콴룽의 책이다. 원칭은 책을 펼치고, 콴룽이 책장 위에 적어둔 글귀를 본다. '마음껏 날아올라 떠나. 나도 뒤따라갈게. 모두 똑같아.'

콴메이가 필담으로 얘기한다. 오빠가 예전에 내게 들려준 얘기예요. 메이지 시대, 한 소녀가 폭포에서 뛰어내려 자살했어요. 유서에는 세상이 싫거나 실의 때문이 아니라고, 자신의 꽃 같은 청춘을 어떻게 하면 좋을지 몰라, 그럼 꽃처럼 날아가버리자고 적혀 있었대요. 당시 젊은이들은 이 소녀의 죽음과 유서에 큰 감동을 받았죠. 그때가 메이지유신의 시대였기 때문이었겠죠…….

글을 쓰면서 입으로 말하는 콴메이 자신도 감정이 북받치기 시작한다. 신기한 기색으로 그녀의 설명을 듣던 원칭도 스스로의 감정을 주체하지 못한다. 두 사람은 감정이 고스란히 드러나는 서로의 시선을 피하지 않는다.

### 장면 67 ——

한밤중의 병원 기숙사. 콴메이가 빨래를 하는데 사진관의 사환이 찾아와서 콴룽이 부상을 입고 돌아왔다고 알린다.

### 장면 68 ——

사진관 안. 수염이 덥수룩한 콴룽의 얼굴은 걱정과 두려움으로 가득 차 있다. 아마 발 뼈가 부러졌으리라. 그는 재빨리 도망쳐서 다행이라고 말한다. 소문으로는 군대가 어제 지룽에 상륙하고 곧장 타이베이로 돌격(3월 8일 밤)해서 수많은 사람이 죽었다고 한다. 린 선생님은 실종됐으며 처리위원회▪의 다수가 체포

---

▪ 2·28사건 처리위원회. 2·28사건의 수습 대책 및 정부에 대한 개혁안을 천이와 교섭하기 위해 타이완 지식인들이 조직한 위원회.

됐고, 그들과 관계 있는 사람은 전부 연루될 수 있으니 그는 일단 시골에 은신할 계획이라고 말한다.

### 장면 69 ——

쓰자오팅. 콴메이는 오빠와 석탄을 운반하는 경편차[1]를 타고 본가로 돌아온다. 행인이 거의 없는 거리는 침묵에 잠겨 있다.

### 장면 69A ——

땅거미 질 무렵 본가에 도착한 콴룽과 콴메이는 옆문으로 집에 들어간다. 어머니는 언뜻 이들을 봤다가 깜짝 놀라고 얼른 부축해서 방으로 들인다. 우씨네는 이 일대에선 큰 진료소이고, 아직 형수와 아이들 몇 명이 남아 있는 상태다.

온 식구가 몹시 놀라 당황한다. 낮에 헌병 경찰이 집에 왔던 데다 마을 사람도 몇 명 잡혀갔기 때문이다. 콴룽의 부친은 콴룽을 고향 집 사당에 피신시키고, 콴메이는 진과스로 돌아가지 못하게 막고 집에 머무르게 한다. 자신이 원장에게 편지를 쓸 테니 옷가지는 나중에 찾으러 가라면서.

---

[1] 간이 철길을 달리는 수레 형태의 탈것.

## 장면 70 ——

콴메이가 병원에 돌아왔을 때는 이미 삼 주가 지난 뒤다. 원장이 바쁜 걸 보고 우선 옷가지를 수습하러 기숙사로 돌아온 그녀는 아쉐가 보낸 편지를 발견한다.

아쉐의 편지가 외화면 음향으로 들린다. "콴메이 언니, 어제 어우바상歐巴桑*한테서 막냇삼촌이 헌병 경찰에 잡혀갔다는 연락이 왔어요. 아버지가 언니를 찾으러 갔는데 고향에 돌아갔다고 했대요. 사람들 말로는 국민소학교의 린 선생님과 관계가 있기 때문이래요. 전 너무 울어서 눈이 퉁퉁 부었어요. 할아버지는 귀머거리까지 잡아가다니 대체 이런 법이 어디 있냐고 하고요. 아버지가 수소문해봤지만 소식은 없고, 지룽에서도 수많은 사람이 잡혀갔어요. 언니가 언제 병원으로 돌아올지는 모르겠지만, 우리 집에 들러주세요."

외화면 음향이 들리는 화면. 큰형은 건장한 아낙과 사진관 앞에서 얘기를 나누고 사환이 열쇠로 문을 연다. 큰형이 안으로 들어선다. 방 안 광경은 마치 한창 진행 중이던 일상이 갑자기 멈춰버린 듯한 모습이다.

---

■　아주머니를 뜻하는 일본어 '오바상おばさん'을 음역한 말.

**장면 71** ——

감옥 안. 높이 뚫린 작은 철창을 통해 참새가 쩍쩍 지저귀는 소리가 들려온다. 원칭은 그 작은 하늘 조각을 올려다보고 묵묵히 깊은 슬픔에 잠긴다.

감옥 안에 남은 건 그와 두 명의 중년 사내. 천장에 비치는 햇살이 더 가파르게 높아지고, 시각이 어느새 정오에 가까워졌음을 깨달은 원칭은 말없이 눈물을 흘린다.

문이 열리고 병사가 이름을 부르자 두 중년 사내가 그를 바라본다. 원칭은 조용히 눈물을 훔치고 일어나 걸어 나간다.

감방 복도를 지나면 소리 없는 세상, 모든 게 무성無聲이다. 겹겹의 철문을 통과하고 어두운 감방을 빠져나와 별안간 당도하는 곳은 눈부신 빛 속, 온통 새하얀 빛이다.

**장면 72** ——

소상해주가. 거실에서 모두가 점심을 먹고 있다. 폐인이 된 셋째 형은 혼자 구석에 앉아 죽을 먹고, 셋째 형수는 밥그릇을 들고 어린 아들을 쫓아다니며 밥을 먹인다.

린아루는 아쉐가 밥과 반찬을 챙기고 방으로 들어가 원칭에게 주는 걸 보고도 아무런 내색도 하지 않는다.

**장면 72A** ——

원칭의 어둑한 방. 탁자 위에는 음식이 놓여 있다. 그는 흙으로 만든 인형의 실루엣처럼 창 앞에 서 있고, 정오의 창밖은 하얗게 반짝인다.

**장면 72B** ——

원칭은 감옥에서 나와 감방 동료의 유품을 그의 집에 가져갔을 때를 떠올리고, 그의 처자식들과 헝겊 허리띠 안에 감춰진 피로 쓴 유서를 생각한다. "너희는 존엄을 지키며 살거라. 아버지가 무죄라는 것을 믿고."

**장면 73** ——

단오절 전날 밤. 부엌에선 안개처럼 김이 무럭무럭 피어오른다. 큰형수는 둘째 형수와 하녀들을 데리고 쫑즈粽子를 싸고, 쪄낸 쫑즈를 복도 아래에 거느라 분주하다. 어린 소녀인 메이징도 쫑즈를 싸고 있다.

콴메이가 보따리 하나를 들고 지친 기색으로 도착한다. 큰형수가 나와서 인사하고, 아쉐는 콴메이에게 막냇삼촌이 어제 외출해서 여태 돌아오지 않았다고 알린다. 셋째 형수는 갓 쪄낸 쫑즈를 꺼내 콴메이에게 대접한다.

**장면 74 ——**

콴메이는 둘째 형수에게 이끌려 당분간 진료소에 머물게 되고, 둘째 형수가 이부자리를 봐준다. 콴메이는 깊은 밤 등불 아래서 차분하게 옷을 수선하는 둘째 형수의 모습을 조용히 앉아서 바라본다. 식탁에선 아쿤과 여동생들이 숙제를 하고 있다. 아쿤은 벌써 중학생이 되어 있다.

**장면 74A ——**

콴메이는 집을 떠나오기 전에 마주했던 어머니의 만류와 아버지의 분노를 떠올린다. 이들은 린원칭을 인정하지 않았고, 심지어는 오빠가 집을 나가서 지금 이 지경이 된 게 원칭 탓이라며 그를 원망했다.

**장면 75 ——**

점심 때가 가까워진다. 둘째 형수는 부엌에서 분주히 움직이고, 콴메이는 채소를 다듬다가 조용히 눈물을 흘린다.

아쉐가 원칭을 데리고 들어온다. 얼굴을 본 게 마치 까마득한 과거의 일인 것 같다. 둘째 형수가 슬그머니 아쉐를 부엌으로 불러들인다.

자리에 앉은 두 사람은 어색하게 마주한다. 콴메이가 필담으로 묻는다.

"몸은 괜찮아요?"

"제 편지는 받았어요?"

"오빠가 실종됐어요!"

원칭은 그저 무겁게 그녀를 응시할 뿐이다.

"전 집을 나왔어요……."

콴메이는 얼굴을 붉히고

"집에 혼담이 들어왔어요……."

원칭은 미동도 없이 침묵에 잠긴다. 콴메이는 그를 만나기 위해 집을 나온 것이다. 벽시계가 울린다. 열두 시다. 원칭이 필담으로 말한다.

"콴룽을 만났어. 어디에서였는지는 밝힐 수 없어. 감옥 안에서 어떤 사람이 내게 전갈을 부탁했는데……."

### 장면 75A ──

감옥에서 풀려난 뒤 원칭은 약속을 지키기 위해 쓰자오팅의 어느 한약방에 가서 쉬빙쿤이라는 사람을 만난다. 두 사람은 가마를 타고 시즈산汐止山▪의 광명사로 향하고, 농가에서 라오

---

▪ 타이베이 교외 동북부에 위치한 산.

홍을 만나 그에게 '우물'이라는 두 글자를 전한다.

깊은 우물 속에서 라오훙과 사람들이 무기 상자를 건져 올린다.

### 장면 75B ——

원칭은 이곳에서 콴룽도 목격한다. 콴룽은 농가 앞의 곡식 말리는 마당에서 한 무리의 청년들과 함께 웃통을 드러낸 채, 볏짚으로 만든 허수아비를 상대로 쉰 목소리를 내지르며 총검 찌르기 훈련을 하고 있다.

### 장면 75C ——

"헤어질 때, 콴룽이 나보고 다신 여기에 오지 말라고 했어. 자기 집 식구들에게도 알리지 말고, 자기가 죽었다고 생각하래."

원칭은 펜을 멈추고 북받치는 감정에 숙연해진다. 콴메이는 어느새 눈물로 옷깃을 적시고 있다.

### 장면 76 ——

소상해주가 앞 광장에선 징과 북소리를 요란하게 울리며 신께 감사를 올리는 포대희가 떠들썩하게 진행되고 있다. 명절 분위기가 한창이다.

원칭은 어둑한 방 안에서 복잡하게 뒤엉킨 세상사 온갖 문제에 망연자실해 있다. 아쉐가 쫑즈를 갖다주는데, 큰형도 뒤따라 들어오더니 그에게 앞으로 어쩔 셈인지를 묻는다. 당연히 사진관을 근처에 열어야 집에서도 가까우니 도와줄 수 있지. 콴메이 일은 말인데, 남의 집 딸이 우리 집까지 널 찾아왔는데 아직도 무슨 뜻인지 모르겠냐. 네가 그쪽에 대답을 해줘야지.

**장면 77 ——**

6월. 타이진병원의 오후는 고요하면서도 나른한 느낌이다. 원장은 원칭이 쓴 편지를 읽고 있고, 원칭과 콴메이는 조용히 서서 기다리고 있다. 둘이 원장에게 중매를 서달라 청하러 온 것이다.

**장면 78 ——**

폭죽이 터지고 연기가 자욱한 가운데 소상해주가에선 잔치가 벌어진다. 콴메이의 부모와 천 원장도 방문해 린아루, 큰형과 거실에서 자리를 함께한다. 시들어버린 셋째 형도 새 옷으로 갈아입고 기쁜 분위기에 물든 기색이다. 콴메이는 신방에서 평온한 행복을 느낀다.

온 가족이 거실 앞에 모여 사진을 찍는다. 사진사는 원칭의 제자인 사환. 플래시가 번쩍 터지며 눈부신 섬광을 내뿜는다.


**장면 79** ——

결혼 후, 원칭은 콴메이를 데리고 주편 시장 옆에 작은 사진 관을 연다. 집 뒤에서 빨래를 널고 있는 콴메이의 등 뒤로 멀리 산이 보인다.

정오. 젊은 부부는 밥을 먹는다. 평범한 나날이지만 신혼이다.


**장면 79A** ——

오후. 천둥소리가 어렴풋이 들리고 원칭은 꿈을 꾸다가 소스 라치게 놀라 깨어난다. 그의 온 얼굴은 식은땀으로 범벅이 되 어 있다. 빨래를 걷고 방으로 들어온 콴메이가 심상찮은 그의 상태를 발견한다. 원칭은 큰형이 피투성이가 되어 도망치는 꿈 을 꿨다.


**장면 80** ——

베이터우 도박장. 큰형은 도박을 하고 있다.

그를 따라온 첩형이 복도에서 진취안, 빌리와 마주치고, 빌리 에게 셋째 형을 팔아먹었다고 빈정댔다가 진취안에게 따귀를 맞으면서 격렬한 싸움이 벌어진다.

큰형이 뛰쳐나와 빌리에게 중상을 입힌다. 복도를 사이에 둔 방 안에서 한 무리 사람들이 쏟아져 나온다. 상하이 사내 아산, 아청과 낯선 손님 몇 명으로 이루어진 새로운 결합 세력이다. 큰형은 격노하고, 오랫동안 쌓여온 분노는 한번 터져버리자 걷잡을 수 없어진다. 격렬한 싸움 도중 총성이 울리고, 큰형은 아무런 감각도 느끼지 못하고 아산을 때려눕힌다. 진취안은 필사적으로 싸우고, 아산과 아청은 도망친다. 뒤를 쫓던 큰형이 돌연 힘없이 쓰러지고, 그의 가슴팍에선 선혈이 콸콸 쏟아진다.

### 장면 81 ──

소상해주가에서 법회가 진행되고, 큰형수와 아쉐, 여동생들이 영전에 무릎을 꿇는다.

방 안에선 아쿤이 복대를 감는 할아버지를 거들고 있다. 지팡이 칼을 빼든 린아루가 복수를 하러 문을 나서려는 찰나, 할머니가 그를 발견하고 저지한다. 원칭이 달려와 부친을 껴안아 붙들고, 린아루는 버둥거리며 욕설을 퍼붓는다.

### 장면 82 ──

6월. 태풍이 다가오면서 온 하늘에 타는 것처럼 붉은 구름이 드리운다. 큰형은 바다에 면한 언덕에 묻힌다. 도사가 방울을 흔들며 독경하고, 지전은 재가 되어 흩날린다.


### 장면 83 ——

원칭이 큰형수를 모시고 부둣가 상사에 있는 첩의 거처를 방문한다. 상사 건물은 다른 사람에게 넘기고, 어찌 됐든 광밍이 린씨 집안의 장손이니 그를 데리고 집에 들어와 살라고 첩을 설득하기 위함이다. 첩은 도리질하며 흐느끼기만 하고 광밍은 대나무 침대 안에 서서 호기심 어린 까만 눈동자를 반짝이며 눈길을 보내고 있다.


### 장면 84 ——

콴메이는 타이진병원에서 아들을 낳는다. 정전 탓에 밝혀둔 촛불 아래서 원칭은 기쁨에 겨운 눈물을 흘린다.


### 장면 85 ——

어느 날 밤. 비가 내리기 시작하고 누군가가 다급히 문을 두드리는 소리에 잠에서 깬 콴메이가 문을 연다.

쓰자오팅의 산 속에 있던 쉬빙쿤이 콴룽의 편지를 가져온 것이다. 라오훙이 배신해서 광명사의 농가가 습격을 당했고, 원칭이 연루될 수도 있으니 도망치라고 적힌 편지다.

**장면 86 ——**

이른 아침 비 내리는 기차역. 원칭의 세 식구가 있다. 아이는 품에 안고, 바닥에는 커다란 여행 가방 두 개를 내려놓았다. 역 앞에 있는 울타리 밖은 회색 빗줄기가 쏟아지는 해안선이다. 철 썩이는 파도 소리. 이들이 어디로 도망갈 수 있겠는가?

**장면 87 ——**

그래서 이들은 다시 돌아온다.

사진관 안. 커튼과 벽난로, 꽃병이 그려진 배경 앞에서 원칭은 카메라 삼각대를 조정하고, 말쑥하게 차려입은 자기 세 식구의 가족사진을 촬영한다.

**장면 88 ——**

가족사진이 우편으로 소상해주가의 아쉐에게 도착한다. 콴메이의 편지가 외화면 음향으로 앞의 두 장면부터 이 장면까지 계속 이어진다.

"……어디로 가야 할지 알 수가 없어서 우린 떠나지 않았어. 난 타이베이에 가서 오빠를 수소문해봤지만 아무런 소식도 없어. 아푸는 젖니가 나기 시작했고 늘 잘 웃는데 표정이 네 막냇삼촌을 쏙 빼닮았어. 네 막냇삼촌은 전보다 더 말이 없어졌고 일할 때 말고는 아푸와 놀아주고 같이 산책을 해……."

　외화면 음향 장면에 사람들이 소상해주가에서 악기를 연주하며 노래하고, 기녀들이 사색패▪를 치는 모습이 흐릿하게 비친다. 첩형도 그 속에 섞여 있다. 셋째 형은 쉼 없이 제사상의 떡을 먹고, 광밍은 마당에서 목마를 타고 논다. 린아루는 등나무 의자에 앉아 졸고 있다.

　본채 거실의 스테인드글라스 너머로 짙은 색채의 세계가 비친다. 빛과 그림자가 겹치고 명암을 가릴 수 없는 그곳에서 삶은 계속된다.

　화면 위로 자막이 떠오른다. 1949년 12월, 대륙의 정권이 바뀌고 국민당 정부는 타이완으로 이주하여 임시 수도를 타이베이로 정한다.

---

▪ 네 가지 색의 패로 하는 노름.

# 각본


우녠전

**프롤로그 A** 지룽항.

△ 검은 화면 속에서 라디오 채널을 조정하는 소리가 서서히 커지고, 쇼와 천황이 패전 조서를 낭독하는 목소리가 들어온다. (방송의 첫 부분부터 삽입하지 않고 중간의 어느 대목부터 삽입)

△ 화면 서서히 페이드인. 지룽항 항만청사 뒤의 철도 구역으로, 항만을 볼 수 있는 지점이다. 한여름 오후. 소나기구름이 짙게 깔리고, 사람은 아무도 없는 상황에서 모든 게 정지된 가운데 오직 항구의 물결만이 일렁이며 반짝인다. 자막: 1945년 8월 15일, 쇼와 천황이 무조건항복을 선언하고 일본의 타이완 지배 51년을 종결했다.

**프롤로그 B** 원숭 첩의 거처. 땅거미가 지고 밤이 가까워질 때.

△ 몸부림치는 첩의 얼굴은 땀으로 젖고, 산파와 분만을 거드는

중년 아낙의 거대한 그림자가 그녀의 몸 위로 드리운다. 산파가 그녀에게 쉼 없이 말한다.

"조금만 더 힘줘…… 얼른…… 그래야 애가 나오지…… 얼른……."

힘을 주는 첩의 신음에 고통스러운 비명이 섞인다.

△ 일렁이는 촛불 너머로 문가에 서 있는 열세 살 아쉐가 보인다. 아쉐는 신기하면서도 놀란 눈초리로 몸부림치는 첩의 모습을 바라보고 있다.

△ 거실 저쪽에는 원슝, 첩형, 첩의 아버지, 세 남자가 무력하게 앉아 있다. 탁자 위 거꾸로 엎어둔 컵에 촛불이 밝혀져 있고, 아쉐가 종종걸음으로 곁을 지나자 모두가 그녀를 바라본다.

△ 원슝은 초조함을 못 참겠다는 듯 내의 자락을 걷어 올리고 펄럭이며 부채질을 한다.

원슝: (구시렁거리며) 빌어먹을! 하필이면 이런 때 정전이야.

첩의 아버지: (마찬가지로 구시렁거리며 대꾸한다. 일본어) 어쩔 수 없잖나!

△ 아쉐가 사발을 들고 종종걸음으로 또 다시 이들을 지나친다.

△ 아쉐가 방으로 들어간다. 첩은 여전히 비명을 지르며 안간힘을 쓰고 있다. 아쉐가 소금을 집어 화로에 뿌린다. 화로에서 푸른 불꽃이 튄다.

산파: (나직한 목소리로 재촉하며) 좀 더 힘줘…… 이제 머리가 보이
네…….

△ 아쉐가 고개를 내밀어 슬쩍 바라봤다가, 이내 또 다시 소금을
한 움큼 쥐고 화로에 뿌린다.

△ 전등이 켜진다. 거실의 세 남자가 반색하며 전등을 쳐다본다.

△ 이와 동시에 산방에서도 아기의 우렁찬 울음소리가 들려온다.

△ 원숭이 퍼뜩 기쁜 미소를 보이고 본능적으로 자리에서 일어나
산방으로 향한다.

첩의 아버지: (원숭을 말리며) 사내가 들어가는 건 금물이야! 산방에
들어가면 재수가 없다고! 부정 탈라!

△ 침실 안. 산파가 아기를 씻기고 있다. 땀범벅 된 얼굴에 지친 기
색이면서도 어머니 특유의 미소를 지으며 아기를 바라보는 첩
을 옆의 아낙이 살짝 부축해 일으킨다.

△ 아기를 바라보던 아쉐는 고개를 들어 첩과 미소를 교환하고,
벅찬 마음을 참지 못하고 밖으로 뛰쳐나온다.

원숭: (웃는 얼굴로 나오는 아쉐를 보고 긴장한 기색으로 묻는다) 어떻게
됐어! 사내아이야, 계집아이야?

아쉐: (일본어) 남동생이에요!

첩형: (원숭을 향해 웃으며) 이야…… 잘됐네, 잘됐어……. 이제 제가 외
삼촌이 다 됐네요.

△ 원숭이 술잔을 들고 베란다로 나온다. 기쁨을 감추지 못하는 표정이다. 아쉐도 그를 따라 베란다로 나온다. 원숭이 술잔을 딸에게 내민다. 아쉐는 권하는 대로 순순히 한 모금을 마시고 귀여운 표정을 짓는다.

△ 원숭은 고개를 젖혀 술잔을 단숨에 비우고 베란다 밖으로 펼쳐진, 비 그친 뒤의 지룽을 바라본다.

△ 비안개 사이로 불빛이 반짝이는 항구 도시 원경.

△ 타이틀 자막: 비정성시悲情城市.


**장면 1** 소상해주가 바깥. 낮.

△ '소상해주가' 간판이 서서히 올라간다.

△ '성수회' 완장을 찬 원숭이 의기양양한 기색으로 한 무리 사내들과 가게 앞에 서서 간판의 위치를 지시한다. 사내들 중 한두 명 역시 그와 똑같은 완장을 차고 있다.

△ 가게 입구는 온통 떠들썩한 분위기다. 손수레가 '축 개업, 샤오찬터우哨船頭 의형제 일동'이라 적힌 수많은 화환을 실어 나른다.

△ 누군가가 국기를 들고 원숭에게 다가온다.

이웃 사람: 슝아, 뭐가 뭔지 모르겠네. 이 국기는 어느 쪽으로 거는 거야? (한참 깃발을 위로 걸었다 거꾸로 걸었다 하면서) 이쪽이

야, 아님 이쪽이야?

△ 원숭이 깃발을 받아 들고 살펴본다.

이웃 사람: ('진지하게' 미심쩍은 표정으로 주변인들을 향해 불평하며) 일본 놈들 깃발은 오른쪽으로 거나 왼쪽으로 거나 거꾸로 거나 다 똑같은데 이 새 깃발은 젠장! 뭐가 맞나 모르겠네!

△ 원숭이 깃발을 살펴보다가 고개를 들고, 다림질한 노인용 중국 전통 의복을 들고 집으로 들어가는 아쒜를 쳐다본다.

원숭: 아쒜, 네 넷째 삼촌은 아직이야?

아쒜: 아직 안 왔어요.

원숭: (아, 하는 소리를 내고 다시 깃발을 바라보며) 우리 넷째는 책을 많이 읽어서 똑똑한데, 내가 어디 책을 읽어봤어야지.

△ 아쒜가 멀찍이서 처음 보는 낯선 깃발을 바라본다. 한 무리의 사내들이 사뭇 진지하게 깃발을 이리저리 살피고 있다. 그중 누군가가 하는 말이 아쒜의 귀에 들린다.

"빨간색이 위쪽이야…… 그런 말 못 들어봤어? 해가 떠오르니 온 세상이 빨갛다…… 파란색이 태양인 게 뻔하지!"

누군가가 대꾸한다.

"흠, 일리 있는 소리네……."

**장면 2** 소상해주가 안. 앞 장면과 같은 시간.

    △ 아쉐가 옷을 들고 들어섰을 때, 어머니는 멍하니 아궁이 앞에 앉아 남몰래 눈물을 훔치고 있다.

아쉐: (어머니를 보고 외친다) 카짱母將■······.

    △ 어머니는 정신을 차리고 몸을 일으킨다.

어머니: (감정을 감추며) 할아버지 씻으시게 뜨거운 물 가져가.

아쉐: (어머니를 바라보고) 네.

    △ 또 다른 방 안. 옷 갈아입고 화장하는 젊은 여자들로 방 안은 북적이고, 마침 할머니는 한 여자에게 실 면도를 해주고 있다.

아쉐: (방 안으로 들어와서 힐끔 살피고) 할머니, 할아버지가 등 밀어달래요.

    △ 이 말을 들은 젊은 여자들은 큰 소리로 웃음을 터트리고, 누군가가 웃으며 말한다.

    "어머, 어우바상은 운도 좋지. 개업하자마자 손님이네."

할머니: (동작을 멈추고) 누가 간대! 노친네가! 난 쉴 짬도 없는데, 자기는 편하려고 들어!

    △ 욕실 안. 할아버지는 반쯤 눈을 감은 채 반바지 차림으로 작은 걸상에 앉아 있고, 할머니가 등을 밀어주고 있다.

---

■ 엄마란 뜻의 일본어 '카짱母ちゃん'을 음역한 말.

할아버지: (무심하게) 허, 원숭이 그 갓난쟁이는 왜 안 데려왔지?

할머니: 밖에서 낳은 애를 집에 들여? 며느리더러 분통 터져 죽으라는 거요?

할아버지: 가소롭긴. 큰 아가나 작은 아가나 다를 게 뭐 있다고. 큰 아가가 낳은 건 아들도 아닌데.

할머니: (이 틈에 조금은 자기 연민에 빠진 어조로) 그야 모르지……. 난 아이를 안 낳아봤으니 알 리가 있겠수. 만약 애를 낳았다면 틀림없이 당신들이 날 길가의 개처럼 푸대접하지는 못하게 했겠지.

할아버지: (꾸짖지만 악의는 없다) 무슨 헛소리야.

할머니: (욕을 먹고 오히려 마음이 편해진다. 계속해서 등을 밀다가 잠시 뜸 들인 끝에 말한다) 참, 당신한테 이름 지어달라고 안 했수? 생각은 해봤수?

할아버지: (실눈을 뜨고 중얼거리다가 당연하다는 듯 대답한다) 갓난쟁이는 광복 날에 태어났고, 세상에 나온 순간 전기가 들어와서 불이 켜졌으니…… 광밍이라고 부르면 딱 맞지, 더 생각할 게 뭐 있나.


**장면 3** 소상해주가 안과 밖. 황혼 녘.

△ 소상해주가와 이웃한 가게 앞에는 청천백일기*가 전부 거꾸로

걸려 있다. 향불이 타오르고 폭죽 소리가 울린다.

△ '소상해주가' 간판이 새것답게 눈부시게 빛나고 있다. 밑에는 꽃바구니와 화환들이 줄지어 놓여 있다.

△ 소상해주가 앞. 린아루 일가족과 술집 기녀들이 모두 모여 사진을 찍는다. 다들 기쁘게 웃으며 자리를 잡는데, 아쉐는 어머니가 사람들에게 떠밀려 아버지와 나란히 서는 순간 애써 '질투'를 누르고 있음을 알아챈다. 마지막으로 할머니가 할아버지를 부축해 나온다. 그는 아쉐가 가져온 빳빳하게 다림질한 중국 의복을 입고 있다.

△ 한참을 꾸물거리던 사진사가 마침내 검은 천 안으로 몸을 감추자 다들 움직임을 멈추고 어색하게 웃으며 플래시가 번쩍이길 기다린다.

△ 아쉐 목소리의 O.S.▪▪가 아래의 화면들 위로 차례로 드리워진다.

△ 할아버지는 노인들과 술을 마시며 화권劃拳▪▪▪ 놀이를 하고, 할머니는 한쪽에서 무릎을 꿇고 술 시중을 들며 노인들에게 술을 권하고 있다.

---

▪  타이완의 국기.
▪▪  외화면 음향.
▪▪▪  술자리에서 흥을 돋우기 위해 두 사람이 동시에 손가락을 내밀면서 숫자를 말하는 놀이.

△ 심심한 아쿤은 여기저기를 돌아다닌다.

△ 아쿤은 다른 방에서 원슝과 머리에 붕대를 감은 일본인 경찰, 그리고 몇 사람이 뭔가를 의논하며 종이에 도장을 찍는 모습을 목격한다. 원슝이 아쿤을 쫓아낸다.

△ 또 다른 방에는 원슝의 아내와 아쉐, 둘째 형수, 아쿤과 그의 여동생이 조용히 앉아 있다. 둘째 형수가 원슝의 아내를 위로하는 듯한 모습이다.

△ 아쿤은 할아버지가 술 마시고 있는 방의 입구로 다가가 내부를 힐끔 구경하며 주머니에 있는 동전을 무료하게 만지작거리고, 동전을 꺼내 위로 던지고 이마로 받는 놀이를 반복한다.

△ 술기운이 오른 할아버지가 아쿤을 보고 외친다. "야, 눈은 감지 말아야지. 가르쳐줘도 못 하네. 내가 시범을 보여주마……."

△ 노인들이 떠들썩하게 놀리고, 할아버지는 부축하려는 할머니를 뿌리치고 휘청거리는 걸음으로 다가와 동전을 던진다. 과연 그는 눈을 감지 않고, 아쿤은 존경해 마지않는 눈으로 그런 그를 바라본다.

△ 밤이 깊어지자 원슝의 아내와 아쉐는 문가에서 삼륜차에 오르는 둘째 형수와 아쿤 일행을 배웅한다.

△ 깊은 밤. 할아버지는 옷매무새가 흐트러진 채 겁에 질린 얼굴로 자신의 그림자와 싸운다. 할머니가 잡아당겨도 소용없다.

시끄러운 소리에 놀라 잠을 깬 원슝과 그의 아내도 황급히 달려온다. 원슝이 그를 껴안고 잠잠해지기를 기다렸다가 침대에 눕힌다. 할아버지는 원슝을 멀뚱히 쳐다보다가 눈을 감고 다시 잠에 빠져든다.

아쉐: (O.S.) 넷째 삼촌, 어젯밤엔 산에서 쓸쓸하게 지내는 삼촌도 어쩌면 지룽의 폭죽 소리를 들었겠죠. 그중 대부분은 분명 우리 집에서 난 소리일 거예요. 일부는 광복의 환희로 터트린 폭죽이고, 일부는 할아버지가 '소상해주가'를 개업하시면서 터트린 폭죽이죠. 하지만 할아버지는 별로 기쁘지 않으신지, 아들이 넷이나 있는데 집에 있는 건 아버지뿐이라고 말씀하셨어요. 아버지는 요즘 친구분들과 '성수회'에 참가해서 일본 경찰 대신 질서를 유지시키느라 아주 바빠요. 일본 경찰도 불쌍해요. 수많은 사람이 그 사람들의 숙소를 에워싸기도 하고, 야마모토씨는 얻어맞기까지 했어요. 아버지가 구하러 갔을 때 야마모토씨의 부인과 아이들 모두 현관에서 무릎을 꿇고 사람들에게 말했어요. "죄송합니다. 용서해 주세요⋯⋯." 어젯밤, 야마모토씨가 왔고 연거푸 술을 마셨어요. 집을 아버지에게 양도하겠다며 계속 이렇게 말했대요. "가지고 돌아갈 수도 없어. 가지고 돌아갈 수도 없다고⋯⋯." 둘째 숙모도 아쿤을 데리고 돌아왔는데, 출정 간 둘째 숙부를 걱정하고 아쿤의 경솔한 성격도 걱정해요. 아쿤은 아직

어려서 어머니의 슬픈 마음을 이해하지 못하고 여전히 할아버지와 밤새 소란을 피우고요. 나중에 할아버지는 취하셨고, 한밤중 꿈에서 돌아가신 할머니를 또 만나셨는지 할머니의 혼령과 맹렬히 싸우기 시작했고, 싸우다 지친 후에야 다시 깊이 잠드셨어요. 여느 때처럼요. 하지만 이런 날 어머니의 쓸쓸한 마음은 아무도 살펴주지 않네요.

**장면 4** 아쉐의 방 입구. 아침.

△ 앞 장면에서의 O.S. 일부가 이 장면에도 드리운다. 화면 속 아쉐는 창가의 탁자에 앉아 편지를 쓰고 있다. 역광으로 비치는 아침 햇살이 소녀의 차분하고 온화한 얼굴의 윤곽을 드러낸다.

△ 원숭의 아내가 '유키'■라고 부르는 목소리가 O.S.로 들린다. 아쉐는 고개를 돌려 안으로 들어오는 어머니를 바라본다. 어머니의 손에는 보자기로 정교하게 싼 네모반듯한 선물이 들려 있다.

큰형수: (침착한 어조로) 뒤상多桑■■이 기다리고 있단다……. (선물을 아쉐에게 건네며) 이거 가져가서 작은어머니 드리고, 내친김에 그 사람한테 몸조리하는 동안 부족한 것 있거든 말하라고 해. 그 집엔 도와줄 아낙도 없을 테니.

---

■ 눈 설雪 자를 쓴 아쉐의 이름을 일본어로 부른 것.
■■ 아버지란 뜻의 일본어 '토우상父さん'을 음역한 말.

△ 아쉐는 물건을 건네받고 어머니를 쳐다본다.


**장면 5** 고사교高砂橋. 아침.

　　△ 부녀가 탄 인력거가 아침 안개 자욱한 고사교를 지난다. 아쉐
　　는 선물 위에 어색하게 손을 얹고 있다.

아쉐: (O.S.) 고사교의 작은어머니가 아버지에게 사내아이를 낳아주
　　고, 할아버지는 사내 손주가 하나 더 생겼다고 기뻐하고 그 아
　　이에게 린광밍이라는 이름을 지어주셨어요.


**장면 6** 소상해주가 내부의 잡다한 광경. 아침.

　　△ 책상 위. 아쉐가 쓰다 만 편지 옆으로 펜이 놓여 있다. 편지는
　　일본어로 적혀 있다.

　　△ 할아버지는 복도 바닥에서 권법을 수련하며 운동 중이고, 원숭
　　의 아내는 멀찍이서 묵묵하면서도 성실하게 몸을 굽혀 바닥을
　　닦고 있다.

아쉐: (O.S.) 넷째 삼촌, 이런 때 제가 사내애라면 얼마나 좋을까요.
　　삼촌처럼 책도 많이 읽고, 하고 싶은 일을 하진 못하더라도 적
　　어도 어머니가 조금은 자랑스러운 마음을 품게 할 순 있을 텐
　　데……

**장면 7** 첩의 거처. 아침.

△ 첩은 아기를 안고 '장명백세'가 새겨진 장명쇄를 바라보고 있
다. 아쉐가 또 다른 함을 연다. 안에는 아기 옷과 모자가 들어
있는데, 모든 물건에 붉은색 '만卍' 자가 바느질로 세심하게 덧
대어져 있다. 감동한 첩이 웃는다.

△ 거실에서는 원숭, 첩형, 커 상, 그리고 일본인 한 명이 한창 의
논 중이다. 첩형이 원숭에게 나서서 일본 해군을 설득해보라며
적극적으로 부추긴다.

"배 세 척에 알루미늄이랑 고무 싣고 홍콩 가서 팔면 얼마
벌 수 있는지 아세요? 그렇잖아요? 지금 어수선한 틈을 타
서…… 안 팔면…… 결국 국민당 정부 차지가 되잖아요?"

첩형이 쉬지 않고 말하며 커 상을 쳐다본다.

"게다가 부두는 커 상의 구역이라 배와 사람 모으기에도 편한
데, 눈앞까지 굴러들어온 돈을 사양하는 법이 어딨어요? 그렇
잖아요!"

원숭이 커 상을 쳐다보며 고민하는데, 문득 일본어 동요가 희
미하게 들려온다.

△ 베란다에 있는 아쉐가 아기를 안고 어르며, 어렴풋하게 보이는
항구의 배들을 바라보며 조용히 노래를 부르고 있다.

**장면 8** 진과스 사진관 안과 밖. 낮.

△ 앞 장면의 희미한 노랫소리가 들리는 가운데 장면 8 페이드인. 일본 옷을 입은 일가족의 표정이 처량하고 쓸쓸해 보인다. 강렬한 빛이 번쩍 터지고, 일본인 사내가 몸을 일으켜 원칭을 향해 공손히 인사하고 원칭도 그에게 인사한다.

△ 외투를 집어 든 원칭이 급히 달리면서 옷을 걸치는데, 때마침 우편낭을 짊어진 우체부가 다가온다.

△ 원칭을 본 우체부가 서둘러 편지 한 통을 그에게 건넨다.


**장면 9** 해변의 기차역. 앞 장면과 같은 낮.

△ 증기기관차가 역으로 들어오며 천천히 멈춰 선다. 기차에서 내리는 사람이 많지는 않다. 생기에 찬 콴메이가 기차에서 내리고, 차장이 그녀에게 짐을 건네준다. 콴메이는 그를 향해 공손히 감사 인사를 한다.

△ 콴메이는 플랫폼에서 천천히 역을 빠져나가는 기차를 잠시 바라본다.

△ 원칭이 멀리서 달려온다. 다급하게 펜을 꺼낸 그가 펜 뚜껑을 입에 물고 종이를 꺼내 쪽지를 써서 콴메이에게 건넨다. 그는 쉼 없이 숨을 헐떡이고 있다.

△ 콴메이는 허둥대는 그의 모습을 가만히 지켜보며 쪽지를 읽는

다. 쪽지에는 이렇게 적혀 있다.

"오빠가 일이 생겨서 나더러 데리러 가달라고 부탁했어. 난 린
원칭이야."

콴메이가 뭔가 쓰고 싶다는 듯한 기색을 보이자 원칭이 다급
히 펜을 건넨다. 그제야 그는 자신이 계속해서 펜 뚜껑을 입
에 물고 있었음을 깨닫는다.

△ 콴메이가 종이 위에 글자를 적는다.

"오빠가 당신 이야기를 여러 번 했어요. 수고를 끼쳐 너무 미
안하고, 고마워요." (일본어)

△ 원칭은 콴메이가 인사하는 모습을 보며 재빨리 손을 뻗어 짐을
든다.


**장면 10** 진과스국민소학교 안. 앞 장면에 이어서.

△ 산속의 소박한 소학교 수업 시간. 풍금 소리와 아이들의 노랫
소리, 그리고 타이완어로 "상서로운 구름 찬란히 빛나고 길조
가 맴도네. 해와 달은 밝게 비추고, 영원히 그 빛 지지 않으리"
를 읽는 목소리가 희미하게 들린다.

△ 저학년 교실 안에서는 오가와 시즈코가 아이들이 부르는 일본
동요를 풍금으로 반주하고 있다. 그녀는 미소를 머금고 아이들
의 천진한 표정을 바라보다가 저도 모르게 갈피를 잡을 수 없

는 묘한 감정에 빠져든다. 곡이 끝났건만 그녀는 계속 웃으며 멍하니 앉아만 있다.

△ 아이들이 의아한 기색으로 그녀를 바라보고 있다.

△ 오가와 시즈코는 잠시 뒤에야 황급히 정신을 차리고 황망히 사과한다.

"미안, 너희들이 아주 잘 불러주었는데 선생님이 그만……."

그러고는 당황함을 감추려는 듯 전주 부분을 연주하면서 말한다.

"다 같이 다시 한번 부르는 거야……."

△ 우콴룽 선생님의 교실 안. 칠판에는 '중국 국가, 상서로운 구름 찬란히 빛나고……'가 적혀 있고, 글자 옆에는 히라가나로 발음이 표시돼 있다. 그가 교편으로 한 글자, 한 글자를 가리키며 학생들에게 읽는 방법을 가르친다.

콴룽: (읽기를 마치고 교단으로 돌아와서 대단히 엄숙한 어조로) 이건 우리 중국의 국가니까 어쨌든 모두 꼭 기억해야 해. 앞으로는 모두가 부를 수 있어야 할 뿐 아니라 우리의 자손들까지 전부 부를 수 있어야만 하니까. 알았지? (여전히 가볍게 웃으면서 겸연쩍은 기색으로) 이 노래는 아주 오래 전에 선생님이 한 중국 잡지에서 보고 몰래 베껴 써놓곤 쭉 감추고 있었는데, 이젠 두려울 게 없지.

△ 일부 학생은 그를 따라 웃지만 몇몇 학생은 슬그머니 문밖을 바

라본다.

△ 콴룽이 뒤를 돌아보니 원칭과 콴메이가 저편에 서 있다.

콴룽: (문가로 다가가 일본어로 누이동생을 부른다) 히로미■.

△ 뒤에서 학생들이 왁자지껄하게 웃는다.

"우와, 선생님 애인인가 봐!"


**장면 11** 타이진병원 안과 밖. 앞 장면에 이어서.

△ 타이진병원의 외관.

△ 기숙사 안. 콴메이가 한 간호사의 안내하에 방의 창문을 열자 지룽섬 일대의 바다가 바라다보인다. 간호사가 물러간 뒤, 콴메이는 짐을 풀고 정리하려고 했으나 창밖 풍경에 매료되어 또다시 창가로 다가간다.

△ 진료실 안에선 콴룽이 원장인 천 상과 대화를 나누는 중이다. 천 상의 차림새와 진료실 안의 어수선한 분위기, 잡다한 책(다량의 문예 서적과 비의학 서적, 잡지)을 통해, 그가 사상적으로 비교적 개방적이었던 타이완 초기의 지식인이었음을 짐작할 수 있다.

천 상: (농담인 듯하면서도 진지한 어조로) 자네가 콴메이를 여기로 데려

---

■ 콴메이 이름의 일본어 발음.

오면 자네 부친이 안심할 수 있겠나?

콴룽: 아버지가 원장님마저 안심할 수 없다고 하면 콴메이는 갈 데가 없을걸요. (생긋 웃고) 오빠인 제가 걔한테 나쁜 물을 들였는지, 졸업하고 나서 집 안에 머물지 않고 사회로 나와서 활동하고 싶어하더군요.

천 상: (잠시 침묵하다가 밖을 바라보며 중얼거린다) 시대가 변하고, 세상도 변했으니 사람의 시야도 넓게 열려야지. 남자, 여자 똑같이 모여서.


**장면 12** 진과스 사진관. 황혼 녘.

△ 멀리 태평양 기슭이 바라보이는 진과스 계곡. 어스름이 짙어지고 밤안개가 살며시 피어오른다.

△ 사진관 안. 콴룽과 시즈코는 작업대 위에 놓인, 아직 테두리를 자르지 않은 사진들을 본다. 사진 속 일본 가족 대부분은 우수에 잠긴 표정이다.

콴룽은 시즈코의 표정이 어딘가 심상치 않음을 눈치챘다.

콴룽: (나직한 일본어) 왜 그래요?

△ 시즈코는 그를 향해 살짝 웃고 고개를 젓는다.

△ 원칭은 카메라와 도구를 옮기고 작은 탁자를 가져오느라 한창 분주하다.

△ 콴메이는 벽에 붙어 있는 초상 사진들을 신기한 듯 보고 있다. 전부 젊은 병사들의 사진이다. 몸을 돌린 순간, 행주를 쥔 원칭이 탁자를 닦으려는 것을 보고 급히 그에게 다가가지만 원칭은 양보하지 않는다. 어색하게 옆에 서 있는 그녀의 귓가에 콴룽의 말이 들린다.

"원칭이 하게 내버려둬. 그도 그러는 게 오히려 더 편할 거야."

△ 콴메이가 돌아보자 원칭은 콴룽이 무슨 말을 하는지 다 안다는 듯 그녀를 향해 웃는다.

콴메이: (콴룽에게 다가가 벽에 걸린 사진을 가리키며 낮은 목소리로 묻는다) 린 상이 출정하는 사람들의 사진을 전부 남겨둔 거예요?

콴룽: 그렇겠지. 원칭은 사진이 만물의 가장 아름다운 찰나를 보존하기 때문에 감동적이라고 했어. 그가 이 사람들의 생명을 남겨둘 순 없지만, 사진을 남김으로써 적어도 그들의 청춘의 얼굴은 남길 수 있는 거지.

△ 콴룽은 미소를 띠고 담담한 어조로 말했지만, 시즈코와 콴메이는 그로부터 각자 다른 감정을 느낀 듯하다. 원칭도 이들이 자기 얘기를 하고 있음을 아는 모양인지, 콴메이가 자신을 쳐다보자 수줍게 웃는다.

△ 시즈코는 뭔가를 감추려는 사람처럼, 부엌에서 그릇과 젓가락을 들고 나오는 아낙을 맞이한다.

△ 콴룽은 시즈코 쪽을 바라보고, 콴메이는 둘의 감정을 예리하게
눈치챈다. 콴메이가 콴룽을 쳐다보는 순간, 콴룽은 그녀의 시
선을 피한다.

## 장면 13 지룽부두. 낮.

△ 차가운 비가 내리는 지룽부두는 사람들로 붐빈다. 하늘, 바다,
사람들의 옷차림과 번들거리는 우산의 표면까지, 모든 게 다 무
거운 잿빛이다.

△ 기차가 항구 저편에서 천천히 달려온다.

△ 원칭과 아쿤, 수수하게 단장한 둘째 형수와 딸, 아쉐, 큰형, 셋
째 형수가 사람들 틈에 흩어져서 무언가를 바라보고 있다.

△ 타이완 병사들이 차례로 내린다. 무표정한 얼굴로 더러는 초혼
기招魂旗▪ 같은 흰 천을 들고 있고, 더러는 서로를 부축하고 있
고, 더러는 친구의 유골을 들고 있는 그들이 마치 귀신처럼 쏟
아져 나온다.

△ 사람들 틈바구니에서 누군가가 깜짝 놀란 목소리로 돌아온 이
의 이름을 부르며 뛰쳐나가지만, 나머지 사람들은 조금도 놀라
지 않고 그저 멍하니 시선을 줄 뿐이다. 린씨 집안 일가족도 마

---

▪ 망자의 혼을 부르는 깃발.

찬가지다.

**장면 14** 소상해주가 안과 밖. 낮.

△ 화창한 오후. 소상해주가 밖에 자전거와 인력거가 어지러이 서
있다. 삼삼오오 무리 지은 대륙의 군인들이 바나나를 먹으며
지나가다 멈춰 서서 이 광경을 보고 강한 사투리 억양의 국어
로 이야기를 나눈다.

△ 소상해주가 내부 응접실. 할아버지, 큰형, 첩형과 형제들이 누
렇게 뜨고 바짝 마른 사내 하나를 에워싸고 있고, 할머니와 큰
형수는 모두에게 족발 국수▪를 나눠주느라 분주하나 왠지 모
르게 자못 무거운 분위기다.

할아버지: (돌아온 병사를 바라보며) 좀 먹게. 변변한 건 없네만 다들 좀
먹으라고. (병사도 그를 쳐다보지만 움직이진 않는다) 조만간 원
룽이 분명 돌아오겠지. 그 아이가 돌아오고, 셋째도 돌아오
거든 살찐 돼지를 잡아서 모두에게 또 한턱 내겠네. 지금은
그저 자네에게 성의만 표하는 걸세.

병사: 한턱이라뇨. 원룽 상이 돌아오면 제가 식구들을 데려와서 절을
해야죠. 저는 8월 말이 되도록 일본이 벌써 항복한 줄도 모르고

---

▪ 짭짤하게 조린 족발을 고명으로 얹은 국수. 타이완을 대표하는 요깃거리이자 액
막이 음식이기도 하다.

산속에 숨어서 감히 나오지도 못했죠. 말라리아에 지독하게 걸려서 먹는 족족 토하고 설사를 했는데, 원룽 상이 제게 약초를 달여 먹이고 계속 돌봐주지 않았더라면 전 진작에 필리핀에서 죽었을 거예요. 진작 알았으면 좋았을 것. 미군이 산에 올라와서 수색하는데 다들 우릴 죽이러 온 줄 알고 도망칠 수 있는 사람은 죄다 도망쳤죠. 전 도망가지 못했는데 원룽 상은 그런 저를 구덩이에 숨겨주고 나서야 도망쳤어요. 도망 못 간 놈이 오히려 집에 먼저 도착할 줄 누가 알았겠어요!

△ 병사의 목소리가 셋째 형수와 둘째 형수가 마주앉아 있는 뒷방까지 들려온다. 둘째 형수는 흐느낌을 금치 못하고, 그런 그녀의 곁을 지키는 셋째 형수에게도 할아버지의 말이 들려온다.

"운명인 게지, 부귀영화는 하늘에 달려 있고 생사는 운명에 달려 있으니……."

△ 밖에서 포대희의 징 소리와 폭죽 소리가 아득히 들려온다.


**장면 15** 소小광장. 앞 장면과 같은 시각.

△ 소광장에서는 한창 포대희가 벌어지고 있다. 무대 들보에는 '축왕진훠 군 무사 귀향'이라 적힌 붉은 종이가 붙어 있다.

△ 마침 무대에서 상연되는 극은 부부가 다시 만나 포옹하는 감동적인 이야기다.

△ 무대 아래에서는 아쿤과 여동생이 팥 전병을 먹으며 넋을 잃고 구경하고 있다.

△ 별안간 근처에서 두 발의 총성이 울리고, 모두가 고개를 돌린다. 한 무리의 사람들이 극장 옆문에서 비틀대며 뛰쳐나오는 모습이 보인다.

△ 아쿤은 재빨리 여동생을 감싼다.

△ 무대 위에서 공연하던 인형 장인도 동작을 멈추고 빼꼼 고개를 내민다.

주민 갑: (뛰쳐나온 이에게 묻는다) 뭐야, 무대 안에 무슨 일인데?

관중 갑: (나직한 목소리로 욕하며) 니미, 양심도 없지. 도둑놈들 같으니! 아산 놈 병사가 표도 없이 들어와서 보겠다기에 문지기가 표를 달라고 손을 내밀었더니, 그놈들이 무슨 말을 구시렁거리면서 억지로 들어오려고 하지 뭐야. 그래서 문지기가 그놈들을 잡아당기다가 권총이 빠지면서 '탕'. 정말이지 끔찍했다니까!

주민 을: 이게 두 번째야. 이대로 그냥 놔뒀다간 두고 보라지. 그놈들이 조만간 사달을 낼 걸.


**장면 16** 타이진병원 기숙사. 낮.

△ 타이진병원 기숙사에선 칸막이 판자를 뜯어 임시 병동으로 개

조하고 부상병들은 그곳에 누워 있다. 그럼에도 전체 환경은 깨끗하면서 엄숙하고 피비린내도 없다. 콴메이와 간호사들, 천 원장은 각각 여기저기서 환자를 진단하고 약을 바꿔주고 주사를 놓느라 분주하다.

△ 콴메이가 고개를 들자, 마침 황급히 들어오는 원칭의 모습이 보인다. 원칭은 콴메이를 향해 웃으면서 허리 굽혀 인사한다. 그의 등 뒤에서 누군가가 외친다.

"원칭!"

하지만 그는 듣지 못하고, 콴메이가 손가락으로 그를 가리킨다.

△ 원칭을 부르는 목소리를 듣고 몇 사람이 몸을 슬쩍 일으킨다. 몸을 돌린 원칭은 낯익은 친구들을 발견하고는 감격을 억누르지 못하고 잰걸음으로 달려가 그들과 다정하게 손잡고 서로를 다독인다. 누군가가 그에게 팔에 난 상처를 보여주며 소총 쏘는 시늉을 해 보이고, 또 다른 누군가도 윗도리를 걷어 올려 배를 보여주며 말한다.

"이 정도는 돼야지. 여길 좀 보라고……."

한 사내가 기관총을 난사하는 시늉을 하며 친근하게 말한다.

**장면 17** 산비탈. 황혼 녘.

△ 어스름이 깔려오는 태평양을 마주하고 한 노인이 벼랑 끝에 서

있다.

　△ 멀리 산비탈 능선 위로 몇 사람이 달리고 있다.

　△ 노인의 뒷모습. 시즈코가 외치는 소리가 들린다.

"어우뒈상歐多桑 ■!"

　　△ 멀리 벼랑까지 달려온 시즈코와 콴룽은 놀라서 멈춰 서고, 나
　　　머지 사람들은 이들 뒤에 있다. 노인은 뒤를 돌아보지 않지만
　　　우리는 그의 떨리는 뒷모습을 볼 수 있다.

시즈코: 뒈상! 시즈코가 부르고 있잖아요!

　△ 노인은 여전히 꿈쩍도 않는다.

　△ 사람들도 감히 움직일 엄두를 못 내고 그저 애처롭게 바라볼
　　　뿐이다. 이윽고 천 상과 콴메이, 원칭도 달려오고, 시즈코가 외
　　　치는 소리를 듣는다:

"뒈상! 시즈코는 뒈상이 없으면 안 돼요!"

　△ 콴룽이 노인을 향해 천천히 이동한다.

　△ 노인의 뒷모습.

시즈코: 설마 시즈코를 쳐다보기도 싫은 거예요? 뒈상…….

　△ 시즈코가 울부짖으며 무릎을 꿇는다.

　△ 노인은 멍하니 느릿하게 몸을 돌린다. 콴룽이 이 틈에 몸을 날

---

■　아버지를 뜻하는 일본어 '오토상お父さん'을 음역한 말.

려 그를 껴안고 땅바닥을 구른다.

**장면 18** 시즈코의 집. 밤.

△ 시즈코 집의 분위기가 무겁다. 모두가 묵묵히 오가와 영감의
자는 모습을 지켜보는 터라 천 상이 주사기와 소독약 통을 정
리하는 소리가 유난히 뚜렷하게 들린다.

천 상: 잠시 주무시게 하고, 지켜보다 혹 깨어나셨을 때도 여전히 정서
가 불안정하시거든 날 부르게.

△ 시즈코가 감사 인사를 올리고, 원칭은 천 상을 거들어 왕진 가
방을 든다. 문가에 이르러 천 상은 완곡히 배웅을 거절하고 혼
자 떠난다. 방 안에서는 오가와 영감의 숨소리만이 들린다.

시즈코: (부친의 얼굴을 바라보며 살며시 그의 손을 쓰다듬는다) 둬상은
절 오해하고 계실 거예요……. (조용히 말을 이으며) 며칠 전에
라디오에서 일본인들을 몇 조로 나누어 송환한다고 했거든
요. 비록 둬상은 이곳을 사랑하지만 결국 패전한 외국인이니
고국으로 돌아가야 한다고 하셨죠. 전 이곳이 제가 태어난 땅
이고, 어머니도 이곳에 묻혔고, 오빠도 이젠 없다고 말했어요.
멀리 떨어진 아오모리야말로 제게는 낯선 외국이라고……. 둬
상은 제 마음도 모르고……. (흐느끼면서 몸을 돌리고, 원칭과
콴룽을 향해 애써 웃어 보이며) 이곳에서 보낸 행복한 시간은 절

대 잊지 못할 거예요…….

△ 원칭은 그녀의 말을 듣지 못하고 콴룽을 바라본다.

△ 콴메이는 눈물을 글썽이며 시즈코와 오빠를 바라보면서 오빠
가 뭔가를 말해주기를 기대하지만 콴룽은 줄곧 침묵할 뿐이다.


**장면 19** 열차 안과 밖. 낮.

△ 날카로운 기적 소리를 울리며 남행 열차가 벌판을 질주한다.

△ 열차 안. 원칭의 무릎 위에 절반쯤 보다 만 책 한 권이 뒤집힌
채 놓여 있다. 디킨스의 『두 도시 이야기』 일역본이다. 그는 창
밖을 바라보며 생각에 잠겨 있다.

△ 그의 곁에 앉은 셋째 형수도 나름의 걱정거리가 있는 모양인지
무심결에 자신의 결혼반지를 어루만진다.


**장면 20** 가오슝의 어느 학교. 앞 장면에 이어서.

△ 모 학교 강당에 임시로 설치된 부상병 구호소. 질서 정연하고
차분한 타이진병원과 달리 어수선하고 북적대는 이곳에서는
곳곳에서 수소문하는 목소리와 흐느끼는 소리가 들리고 간호
사들도 분주히 뛰어다닌다.

△ 원칭과 셋째 형수는 한 무더기 환자들 틈바구니에서 셋째 형을
찾아 헤매고, 온몸을 붕대로 감고 있는 이에게도 다가가 들것

옆에 붙은 이름표를 뒤집어 본다.

△ 이윽고 둘이 뭔가를 발견한 듯 서둘러 달려간다.

△ 한쪽 벽에 따로 떨어져 있는 침대에 수염이 덥수룩한 사내 하나가 묶여 있다. 누렇게 뜨고 야윈 몰골로 깊이 잠든 사내의 얼굴에는 굵은 땀방울이 송글송글 맺혀 있다.

△ 셋째 형수는 터져 나오려는 울음을 손수건으로 막는다. 원칭은 그녀를 잠깐 쳐다보고는 그녀의 손을 잡아끌고 부상병을 대신해 편지를 쓰고 있는 간호사를 향해 잰걸음으로 다가간다.

△ 원칭이 다급히 주머니에서 편지를 꺼내 간호사에게 내보인다.

간호사: (편지를 보고 그들을 쳐다보며) 오셨군요.

셋째 형수: (울먹이며 격한 어조로) 어떻게 사람을 이런 식으로 대하나요. 개도 이렇게는 안 묶어두는데…….

△ 셋째 형 원량이 있는 쪽에서 갑자기 개 짖는 소리 같은 애처로운 비명이 터져 나온다.


**장면 21** 열차 안(회상). 낮.

△ 열차 안. 원량은 필사적으로 승객들 틈을 비집고 도망치고, 뒤쪽에선 누군가가 큰 소리로 "한간 잡아라! 한간 잡아라!"라고 외친다. 앞으로는 승객들에게 가로막히고 뒤로는 총을 멘 병사들이 몰려오자 원량은 무력하게 "난 타이완인이오! 난 타이완

인이오!"라 외친다. 몰려온 병사가 그의 얼굴을 향해 개머리판을 세차게 내리친다. 열차는 날카로운 기적 소리를 울리며 산속 터널로 진입하고, 화면은 새카맣게 변한다.

**장면 22** 산비탈. 낮.

△ 굳은비 내리는 산비탈. 허름한 가마에 실린 탈진한 원량의 손발이 끈으로 묶여 있다. 원칭과 셋째 형수가 그 뒤를 따르고, 큰형이 앞장서 걷는다.

**장면 23** 타이진병원. 낮.

△ 큰형은 진료실 안에 앉아 드물게 침묵을 지키고 있다. 그의 손가락 사이에서 타오르는 담배가 긴 담뱃재를 늘이고 있다.

△ 진료 차트를 쓰던 천 상이 작성을 마치고 큰형을 힐끔 보더니 재떨이를 내민다.

천 상: 울적해 말래도. 무사히 돌아온 것만 해도 복이지. 일단은 안정을 취하게 하고 지켜보자고.

큰형: (웅얼거리며) 넨장! 어머니 묏자리 풍수 때문인지 뭐 때문인지는 몰라도 일가족 사 형제 중 하나는 살았는지 죽었는지도 모르고, 하나는 귀머거리고, 하나는 별안간 악을 써대질 않나.

천 상: (고개를 들어 그를 바라본다) 어디 자네 어머니뿐인가. 타이완 풍

수 전체에 문제가 있는 거지. 애초에 반고盤古■가 천지를 개벽
시킬 때 타이완을 아무렇게나 중국 대륙에 붙이고 일본 땅에
붙이며 우릴 제쳐놨으니 남들이 잡아먹고 깔고 앉아도 아무도
불쌍히 여기지 않는 거지.

△ 큰형이 알겠다는 듯 웃는데, 갑자기 바깥에서 셋째 형이 울부
짖는 소리가 들리고 곧 셋째 형수의 비명소리가 이어진다.

△ 천 상과 큰형이 황급히 뛰어나간다.

△ 난장판이 된 병동 안. 결박을 풀어버린 셋째 형이 셋째 형수의
목을 조르고 있다. 원칭은 셋째 형을 붙잡으려다 수차례 나동
그라지고 셋째 형수는 벌게진 얼굴로 발버둥친다.

△ 뛰어들어온 큰형이 큰 소리로 외친다.

"량아, 너 미쳤어?"

다가가 셋째 형을 떼어놓으려고 하나 셋째 형의 기운이 이상
하리만치 센 탓에 큰형은 아예 그를 붙들지도 못한다.

△ 천 상이 콴메이에게 지시한다.

"진정제 준비해."

△ 큰형은 벌컥 화를 내고 커다란 눈을 부릅뜨며 셋째 형의 머리
를 있는 힘껏 때린다.

---

■ 중국의 천지 창조 신화에 등장하는 천지를 개벽시킨 태초의 거인.

"네가 웃어? 웃었어? 한번 더 웃기만 해, 혼쭐을 내줄 테니!"

큰형이 힘껏 그를 때려 기절시킨다.

△ 원칭이 급히 셋째 형수를 부축하고, 셋째 형수는 숨을 헐떡이며 기침하고는 입을 틀어막고 뛰쳐나간다.

△ 셋째 형수는 복도 배수구에 토하고, 원칭은 그녀의 등을 두들긴다.

△ 천 상과 콴메이가 셋째 형에게 주사를 놓는다. 큰형은 다시 셋째 형의 손발을 묶고, 입가의 멍과 핏자국을 손으로 거칠게 닦아주고는 그를 원망스레 바라보다 또 다시 닦아준다. 문득 그의 눈시울이 붉어지고, 그는 밖으로 뛰쳐나간다.

△ 복도 밖. 원칭은 여전히 숨을 헐떡이는 셋째 형수를 돌보고 있다.

△ 밖으로 나온 큰형은 한쪽에서 떨리는 손으로 담배에 불을 붙인다. 그의 눈에 눈물이 맺힌다. 담배를 손에 쥔 그가 하늘을 올려다보며 쉰 목소리로 한마디를 내뱉는다.

"염병할……."


**장면 24** 진과스소학교. 낮.

△ 진과스소학교 교실 밖. 복도에서 한 늙은 사환이 신호종을 향해 느릿느릿 걸어간다. 그는 한창 교실에서 흘러나오는 '국어'를 배우는 중이다. "난 중국인이니 중국말을 해야 한다"를 타

이완어로 소리내 읽는 우콴룽의 목소리가 들려온다.

△ 교실 안에선 콴룽이 칠판 위에 적힌, 주음부호를 덧붙인 '국國' 자를 가리키며 진지하고 엄숙하게 수업을 하고 있다. 종소리가 울린다.

△ 콴룽이 아이들을 따라 교실을 나오는데 누군가가 그를 "룽아" 라고 부르는 소리가 들린다.

△ 콴룽이 돌아보자 중산복▪ 차림의 린훙룽과 교장, 그리고 낯선 누군가(허융캉)가 보인다.

△ 린훙룽이 그를 바라보며 웃는다. 콴룽은 잠시 뒤에야 린 선생 님을 외치며 달려가고, 기쁨에 겨워 서로 부둥켜안는다.

콴룽: (중얼거리며) 안 돌아오실 줄 알았는데…… 평생 못 뵐 줄 알았 어요…….

교장: (웃으면서) 린 상은 돌아오기만 한 게 아니라 앞으로는 우리와 함께할 걸세. 이리로 파견돼서 교무주임을 맡게 됐거든.

△ 콴룽의 의아한 눈빛에 린훙룽이 긍정하는 기색으로 생긋 웃고, 그제야 허융캉을 손짓해 부른다.

훙룽: (국어) 자네에게 좋은 친구이자 학생인 이를 소개하지. 책벌레인 우콴룽이라네.

---

▪ 쑨원이 신해혁명에 성공한 뒤 개혁 정책의 일환으로 고안한 근대 예복.

콴룽: (서툰 국어로) 만나 뵙게 돼서 반갑습니다. 전 우콴룽입니다. 앞으로 많은 지도 부탁드립니다.

훙룽: (놀란 기색으로) 허어, 금세 베이징 말이 입에 붙었군. (소개하며) 이쪽은 허융캉, 내륙의 『대공보』 기자라네.

△ 콴룽과 허융캉이 악수한다.


**장면 25** 어느 술집. 밤.

△ 술집 안. 훙룽, 콴룽, 콴메이, 원칭, 허융캉, 교장 등이 모두 모여 있다. 이미 모두의 얼굴에는 술기운이 올라 있건만, 낯섦 때문인지 혹은 오랜만에 다시 만났다는 어색함 때문인지 여전히 조심스러운 분위기다. 교장이 쭉 다정한 어조로 훙룽에게 음식을 권한다.

"우류즈五柳枝[■]일세. 자넨 오랫동안 못 먹었겠지. 어서 들게. 들라고."

그가 허융캉에게도 먹으라고 권한다.

"허 선생, 우류지五六ㅓ[■■]라오. 잡숴보시오."

훙룽: (타이완어로 교장과 콴룽을 향해 묻는다) 일본이 항복하고 타이완

---

■  튀긴 농어에 홍, 흑, 청, 백, 황색의 채 썬 고명을 곁들인 타이완 요리.

■■  대륙에서도 한자로는 우류즈五柳枝라고 표기한다. 다만 이 대사에서는 일부러 성조가 다른 한자, 발음이 다른 주음부호를 사용함으로써 타이완어와 표준 중국어 간의 발음 차이를 드러내고 있다.

은 지금 어떤가요?

   △ 콴룽이 그를 쳐다보고 기묘한 웃음을 짓는다.

교장: (마지못한 듯 서툰 국어로) 아주 좋지. 드디어 조국의 품에 돌아와

   서 청천백일기를 보게 됐으니.

콴룽: (힐끔 교장을 쳐다본 뒤 쓸쓸한 미소를 지으며 타이완어로) 우리 편

   이니 솔직히 말할게요. 천이 같은 도둑놈까지 조국에 중용되다

   니, 전 조국에 대해 별 기대를 못 하겠어요!

   △ 훙룽은 약간 놀란 기색으로 듣고 있다.

콴메이: (나무라는 듯 일본어로) 오빠!

   △ 허융캉은 알아듣지 못하고, 훙룽과 콴룽을 바라보며 무슨 얘

   긴지 궁금해서 안달이 난다.

교장: (분위기를 수습하며) 자, 자, 얘기만 하지 말고 술을 마시자고.

   △ 원칭도 심상치 않은 분위기를 눈치채지만 덩달아 술잔을 치켜

   든다.

훙룽: (술을 마신 뒤, 방금 전의 감정을 숨기려는 듯 일부러 목소리를 높여

   콴룽에게 묻는다) 이봐, 장가는 들었나? (콴룽이 놀라서 멍해졌다가

   힘없이 웃으며 고개를 젓자) 애인도 없어? (일본어) 쓸모없는 녀석

   같으니!

콴룽: 제가 쓸모없다고요? 선생님은요? 부인은 어디 계시고요?

훙룽: (웃으면서) 충칭에 있지.

콴룽: 정말요? 왜 같이 돌아오시지 않고요?

홍룽: (여전히 웃으면서) 죽었어. 겨우 스물두 살에. (자신의 배를 가리키며) 애는 사 개월이었고. 공습 때 폭탄이 방공호 밖에 떨어졌는데, 안에 있던 수천 명이 놀라서 한꺼번에 뛰쳐나오는 바람에 밟혀 죽고 숨막혀 죽었지.

　　△ 콴룽과 콴메이의 표정이 갑자기 변한다. 원칭은 영문을 모르고 둘을 쳐다본다.

융캉: 아주 처참했죠. 그때 이분이 부인 찾으러 가서 시체 들어올리는 걸 저도 거들었는데, 그렇게 밤새 들어올리다가 손의 힘이 다 풀리고서야 겨우 찾았거든요. 얼굴은 짓밟혀서 뭉개졌는데 손은 그러고도 배를 감싸고 있었죠.

　　△ 방 안은 순식간에 조용해지고, 바깥에서 노랫소리가 들려온다.

콴룽: (침묵을 깨려는 듯) 아, 유망삼부곡이네요.

융캉: (놀라며) 당신들도 아는군요!

　　△ 콴룽이 바깥의 노랫소리에 맞춰 노래를 부르기 시작한다.

　　△ 융캉도 노래를 부르기 시작하고, 마지막에는 홍룽도 모두와 함께 노래하기 시작한다.

　　△ 노랫소리가 술집 밖 산간 도시 곳곳에까지 가닿을 듯 흘러간다.

**장면 26** 타이진병원. 밤.

　△ 노랫소리는 병실 안까지 들려오고, 셋째 형은 멍하니 병상에 앉아 있다. 그의 손발은 묶여 있지 않고, 셋째 형수가 그에게 밥을 먹이고 있다. 음식을 씹던 셋째 형이 천천히 동작을 멈춘다. 셋째 형수가 또 한 숟갈을 갖다 대는데 그가 살짝 피하고 고개를 돌려 창밖을 바라본다. 노랫소리가 높아지고, 마치 어떤 감정을 꾹 참는 듯 그의 손이 가늘게 떨린다. 셋째 형수가 의아한 기색으로 그를 바라본다.

셋째 형수: (작은 목소리로) 원량…….

　△ 창밖을 바라보는 셋째 형의 눈동자에 눈물이 반짝이고 이내 뺨을 타고 미끄러져 떨어진다.

셋째 형수: (그릇과 수저를 내려놓고 살며시 그의 어깨를 부축하며 놀란 기색으로 나직하게) 원량…….

　△ 셋째 형이 고개를 돌린다. 그의 얼굴이 온화하게 변한다. 무표정으로 셋째 형수를 바라보던 그가 손을 들어 올린다. 비로소 눈앞에 있는 이가 누구인지 알아본 그가 셋째 형수를 꼭 끌어안는다.


**장면 27** 길거리. 오후.

　△ 모처럼 맑게 갠 날. 오후의 햇살이 진과스의 산골짜기와 먼바

다 위로 내리쬔다. 쨍하게 맑고 상쾌하게 건조한 늦겨울 날씨다.

△ 일본 민요 페이드인. 갱도에서 나온 광부들이 드문드문 거리를 지나면서 가지런하게 정돈된 옷가지, 그릇, 가구, 낡은 괘종시계, 라디오 등 일본인들이 팔려고 길가에 내놓은 세간살이들을 구경한다. 이들 일본인들은 묵묵히 공손한 자세로 바닥에 앉거나 무릎을 꿇고, 구경하러 다가오거나 구경을 마치고 떠나는 이들에게 똑같이 허리 굽혀 절한다.

△ 광부들 틈에 섞여 주위를 구경하던 원칭이 어느 가판대 앞에서 고개를 들었다가 깜짝 놀란다.

△ 시즈코도 한쪽에 무릎을 꿇고 앉아 있다. 그녀 앞에 놓인 건 재봉틀 한 대뿐.

△ 시즈코는 지나가는 원칭을 보고 부끄러워하면서도 여전히 웃는 얼굴로 공손히 인사한다.

△ 원칭도 웃으면서 답인사를 한다. 그가 뭔가 말하고 싶은 기색으로 생각을 고르는 사이, 잠시 그를 쳐다본 시즈코가 천천히 고개를 떨군다.

△ 음악 소리를 따라 다른 물건들 사이에 놓여 돌아가고 있는 축음기가 보인다. 노동자 몇 명이 축음기 앞에 둘러서서 신기하게 구경하는 중이다.

△ "얼마요?"라고 누군가가 묻자 "하이!" 하고 일본인이 대답하고,

"자, 싸구려, 싸!"라며 어떤 노동자가 장단을 맞춘다.

**장면 28** 진과스소학교. 낮.

△ 어둑한 교무실 안. 교장 홀로 자리에 앉아 있다. 수업 시간에 학
생들이 국어 교과서를 소리 내 읽는 목소리와 풍금 소리, 「서풍
의 말西風的話」을 노래하는 소리가 들려온다.

△ 교장도 중국어 문장을 낭독하는 중이다. 그가 낭독하는 글은
위원장■의 「동포에게 승리를 고하는 글」■■이다. 그가 힘겹게
낭독을 하고 있는데 문 두드리는 소리와 함께 일본어로 교장
선생님을 부르는 목소리가 들린다.

△ 정성껏 단장한 듯한 시즈코가 길쭉한 상자 하나를 품에 안고,
한 손에는 보따리를 들고 문가에 서 있다.

시즈코: (일본어) 교장 선생님, 실례지만 우콴룽 선생님은 안 계신가
요?

교장: (일본어) 아침에서야 휴가를 신청하고는 무슨 기자 노조 창립식
에 참가한다며 친구랑 타이베이로 갔는데.

시즈코: (얼굴 위로 실망한 기색이 빠르게 스치나 이내 감정을 감추며 웃는

---

■　장제스를 가리킨다.
■■　1945년 9월 2일 일본이 공식 항복 문서에 서명한 뒤, 장제스가 1945년 9월 4일
에 발표한 글.

다) 아, 그렇군요.

교장: (불만스럽게 중얼거리며) 자기랑 관계도 없는데 대체 가서 뭘 하려는 건지 모르겠어.

△ 시즈코는 텅 빈 교정을 지나 운동장 한가운데에 다다르자 천천히 걸음을 멈추고 학교를 돌아본다. 그녀의 등 뒤로 흐린 하늘이 펼쳐지고 멀리서 묵직한 천둥소리가 들려온다.


**장면 29A** 타이진병원. 앞 장면에 이어서.

△ 창밖에는 돌풍이 불고 쾅 소리를 내며 창문이 열린다. 당장이라도 비가 내릴 것 같다.

△ 콴메이는 창문을 닫고 빗장을 걸고는 행여 잠을 깨울세라 조용히 물러간다. 그제야 우리 눈에 이곳이 셋째 형의 병실임이 보인다. 셋째 형은 편안히 잠들어 있고, 셋째 형수는 곁에 앉아 졸고 있다. 그녀의 손에는 여전히 코바늘과 털실이 쥐어진 채다.

△ 콴메이는 문가에서 이들을 잠깐 바라보고 밖으로 나와 조용히 문을 닫는다. 복도에서 누군가가 다가와 그녀를 콴메이 짱이라고 부른다.

△ 시즈코가 간호사 한 명과 먼발치에 서 있다.

**장면 29B** 기숙사. 앞 장면에 이어서.

　　△ 콴메이의 방 안. 시즈코와 콴메이가 다다미 바닥에 앉아 있다. 귓속을 가득 채울 만큼 거센 빗소리가 들린다. 시즈코가 길쭉한 상자를 연다. 안에는 최고급 죽검 한 자루가 담겨 있다.

시즈코: (나직한 목소리로) 이걸 콴룽 짱에게 전해줘요. 예전에는 아버지와 두 오빠가 가장 아끼던 것이었지만 지금은 두 오빠 모두 전사하고 아버지도 연로해져서 쓸모가 없어졌죠. 콴룽 짱이 마음에 들어 하면 좋겠어요.

　　△ 콴메이가 허리 굽혀 절하고 답한다: "오빠는 반드시 소중히 여길 거예요. 반드시요."

시즈코: (웃으면서 검을 한참 바라보다가 상자를 닫는다. 그러고는 보따리를 콴메이 앞으로 내민다) 이건 콴메이 짱에게 주는 거예요.

콴메이: (약간 놀란 기색으로) 저한테요?

　　△ 시즈코가 고개를 끄덕이며 열어보라고 눈짓한다.

　　△ 콴메이가 보따리를 풀자 기모노 한 벌이 나온다.

콴메이: 기모노? (살며시 어루만지며) 정말 아름다워요! (문득 부적절하다는 생각에 뚜껑을 닫는다) 시즈코 짱, 너무 귀한 거라 전 받을 수 없어요. 가장 아끼는 옷이었겠죠.

시즈코: 콴메이 짱, 부디 받아줘요. 훗날 먼 일본에서 제가 아끼는 옷을 콴메이 짱이 입은 아름다운 모습을 상상하면…… 얼마나

기쁠지.

　△ 콴메이는 그래도 사양하려고 하지만 미소 짓는 시즈코의 눈에
　　오히려 눈물이 가득 차오른 모습을 보고 만다.

콴메이: (조용히) 시즈코 짱…….

시즈코: (가볍게 아랫입술을 깨물고 여전히 웃으며) 여러 해 동안 당신 오
　　빠의 보살핌을 받고…… (감정을 억제할 수 없다는 듯 몸을 굽혀
　　절하고 얼굴을 감추고 흐느끼며) 정말 고마웠어요. 이별 뒤에도
　　부디 서로를 영원히 잊지 않길……. (하지만 몸을 일으키지 않
　　고 양손으로 얼굴을 감싼 채 가늘게 떨고 있다)

　△ 콴메이는 그녀를 어떻게 위로하면 좋을지 몰라 당황하고, 자신
　　도 그만 눈물이 핑 돈다.

시즈코: (갑자기 고개를 들고) 이만 갈게요. 콴메이 짱, 안녕히 계세요.

　△ 시즈코는 말을 마치자마자 급히 몸을 일으키고 다다미를 가로
　　지른다.

　△ 죽검과 기모노.

콴메이: (눈물을 훔치고 다급히 일어난다) 시즈코 짱, 잠깐만 기다려요.

　△ 시즈코는 이미 잰걸음으로 나가고, 콴메이는 다급히 장롱에서
　　우산을 꺼내 온다.

　△ 빗속에서 우산을 받쳐 들고 떠나가는 시즈코. 한 손은 여전히
　　얼굴을 가린 채다.

△ 빗물을 사이에 두고 문간에 서 있는 콴메이의 얼굴도 눈물로 범벅이 돼 있다. (일본 민요 「고향故鄕」 페이드인)

△ 시즈코가 또 다시 걸음을 멈추고 몸을 돌려 콴메이 쪽을 향해 허리 숙여 인사하고, 서서히 멀어져 간다.

△ 콴메이.

**장면 30** 콴메이의 기숙사. 밤.

△ 타이진병원의 작은 정원. 꽃과 나무에는 여전히 물기가 남아 있고 조명등을 단 기둥 위에선 밤나방이 등불 주위를 맴돌며 춤추듯 날고 있다. 「고향」의 음악이 계속 이어진다.

△ 콴메이가 전등 아래서 일기를 쓰는데, 나방 한 마리가 날아들어와 이따금씩 전등갓에 부딪친다.

콴메이: (O.S.는 이 장면부터 시작된다) ……그렇게 시즈코는 내 우산을 쓰고 떠났다. 순정의 여인, 외로운 뒷모습, 오후의 세찬 찬비―갑자기 이런 애절한 하이쿠 같은 쓰라린 기분이 든다―, 무정한 오빠. 오빠도 시즈코 언니를 좋아하는 걸 아는데 왜 용감하게 표현하지 않은 거야? 설마, 단지 우리가 교전했던 민족이라서? 아니면…… (콴메이가 펜을 멈추고 전등에 부딪치는 나방을 바라본다. 나방이 전등갓 위에서 멈추자 그녀는 나방을 살짝 떼어내고 뭔가를 생각하다가 또 다시 펜을 든다) 해 질 녘에 린원

칭이 또 찾아와 원장님과 책을 서로 바꿔 빌렸고, 둘이서 한참 필담을 나눴다. 동료인 메이쥐가 그의 웃음소리를 듣고 "정말 아까워. 저렇게 쾌활한 남자인데 그런 결함이 있다니"라고 말했다. 이런 대담한 말은 실은 내 마음이기도 한걸! (콴메이가 환하고도 수줍게 웃는다)

## 장면 31 사진관. 밤.

△ 원칭은 한창 사진을 자르느라 분주하고, 「고향」의 노랫소리가 울려 퍼지면서 누군가가 조용히 노래를 따라 부른다.

△ 축음기는 실내에 놓여 있고, 한 무리 사람들이 에워싸고 구경하며 노래를 듣고 있는 참이다.

△ 원칭이 고개를 들어 이 광경을 보고는 환하게 웃는다. 이때, 실내에 들어온 셋째 형수가 사람들을 향해 어색하게 웃고, 원칭이 다가가 그녀를 맞이한다.

△ 셋째 형수가 원칭을 잡아끌고 안쪽으로 데려가면서 바깥쪽 사람들의 눈치를 살핀다. 입 밖에 내기 곤란한 용건이 있는 낌새다.

△ 그녀가 한참 뜸을 들이자 원칭은 영문을 모르고 펜을 꺼낸다.

셋째 형수: (작은 목소리로) 나, 난 글도 모르는데 네가 펜을 꺼내봤자 무슨 소용이야? 네게 돈을 빌리고 싶어. (손짓으로 지폐를

흉내 내며) 돈, 알겠어?

△ 원칭은 무슨 말인지 이해하고 호주머니를 마구 뒤져 지폐를 꺼
내 셋째 형수에게 건넨다.

셋째 형수: (손짓으로 자신을 가리키고는 손을 휘휘 젓는다) 내가 빌리는
게 아니라 네 셋째 형(손짓으로 셋째 형을 가리키는 시늉을 하
고, 자신 곁에서 팔짱을 끼는 사람을 손짓으로 흉내 낸다)이 빌
리는 거야.

△ 원칭은 힘껏 고개를 끄덕인다. 여전히 웃는 낯이다.

△ 셋째 형수의 표정이 무겁게 가라앉는다. 그녀가 손짓으로 '셋
째 형'을 가리킨 뒤, 자신의 머리를 손으로 가리키더니 고개를
절레절레 저으며 말한다.

"네 셋째 형을 나도 정말 못 말리겠어."


**장면 32** 술집에 붙어 있는 아편굴. 앞 장면에 이어서.

△ 작은 술집의 허름한 문 앞. 셋째 형수는 문가까지 다다르고 잠
시 망설이다가 고개를 숙이고 안으로 들어간다.

△ 안으로 들어서자 방들이 한 줄로 늘어서 있고, 방문을 닫거나
연 채로 화권 놀이를 하는 목소리, 노랫소리, 남녀가 희롱하며
웃는 소리가 들려온다. 그녀는 그 자리에 멈춰 서서 어쩔 줄을
모른다. 기도▪ 같은 사내가 다가와 누굴 찾는지 묻자, 셋째 형

수가 대답한다: "제 남편요."

기도가 대꾸한다: "여기 있는 남자들 전부 남의 집 남편들인데, 당신 남편 이름은 뭐요?"

"린원량요."

"아, 그 반산 놈?"

사내가 안쪽을 가리킨다.

△ 셋째 형수는 사내를 향해 살짝 목례하고 안으로 향한다. 마침 어느 방에서 남녀 한 쌍이 거나하게 취해서 부둥켜안고 나오다가 셋째 형수와 부딪칠 뻔한다.

△ 셋째 형수는 그들을 어색하게 피하고 계속 안쪽으로 향한다. 그녀는 온통 갑갑한 기분이다.

△ 뒷방은 칸막이가 쳐져 있고 몹시 고요하다. 입구에는 휘장이 드리워져 있고 비스듬히 드러누운 몇 사람이 어렴풋하게 보인다. 셋째 형수가 안에 들어서자마자 셋째 형의 목소리가 들린다.

"중국에서 제일 장사를 잘하는 게 바로 상하이 놈들이야. 돈만 벌 수 있다면 못 파고드는 틈새가 없지. 두고 봐. 아산 놈들은 군인이 앞장서서 들어왔지만 돈 버는 쪽으로는 상하이 놈들이 앞장설 테니."

---

■ 유흥업소 출입문 지키는 일을 맡은 사람을 속되게 이르는 말.

△ 방 안. 셋째 형이 하품을 하며 훙허우와 잡담하는 중이다. 훙허우는 오히려 흥미진진하게 듣고 있다.

훙허우: 그럼 자네에게 기회가 왔군. 자넨 베이징 말도 할 줄 알고 상하이 말도 유창하니까.

△ 이때, 문가에 다다른 셋째 형수가 이들이 얘기하는 모습을 목도하고, 셋째 형을 힐끔 보고는 원망스러운 표정으로 그곳에 멈춰 선다.

훙허우: (그녀가 누군지 모르고 히죽거리며) 아이고, 새로 온 아가씨로군. 아직도 부끄러워 거기 숨은 것 좀 보게. 들어와. 우리 둘 중에 맘대로 골라봐. 난 거칠고, 이분은 점잖지.

△ 셋째 형수는 잔뜩 부아가 치민다.

셋째 형: (대수롭지도 않은 듯 웃으며) 내 마누라야.

△ 훙허우는 잠시 얼떨떨해하다 냉큼 일어선다.

훙허우: 아…… 어, (어색하게 웃으며) 형수님이었군요. 실례, 아, 제가 그만 착각을 하고, 아, (셋째 형수를 향해 허리 숙여 인사하고) 실례했군요…….

셋째 형: (여전히 드러누운 채 한가하게) 이 녀석 성은 장江이고, 어릴 적 친구야.

훙허우: 그냥 훙허우라고 부르면 돼요.

△ 셋째 형수는 말없이 안으로 들어오고, 훙허우는 두 사람을 힐

끔 보고는 눈치 빠르게 말한다:

"형수님 앉으세요. (셋째 형을 향해) 나중에 다시 찾아와서 얘기하지……."

그는 또 다시 셋째 형수에게 사과하고, 나가면서 휘장을 내린다.

셋째 형수: (찻상 위에 돈을 내던지고 냉랭하게) 윈칭한테 빌린 돈이에요. 우리가 무슨 상황인지 당신도 알잖아요. 당신이 이거 피우는 데 쓸 논밭도, 집도 없다고요.

△ 셋째 형은 듣고 있으면서도 아무 말도 없이 여전히 아편에 불을 붙이고 연기를 들이마신다. 셋째 형수는 그런 그의 모습을 지켜본다.

△ 셋째 형이 아편대를 그녀에게 건넨다.

셋째 형수: 웃기지도 않지!

△ 셋째 형도 굳이 권하지 않고 또 한 모금 들이마신다.

셋째 형: (느릿하면서도 낮게 깔린 목소리로) 이거야말로 명약이지. 두 모금만 빨아도 지옥이 바로 천당으로 변하니까.

△ 셋째 형이 또 다시 어떤 감정에 사로잡힌 듯 눈동자에 번들거리는 광채를 드러낸다. 그가 셋째 형수를 쳐다보는 눈초리는 대단히 부드럽고, 셋째 형수도 그에게 약간의 연민과 애틋한 감정이 인다.

△ 셋째 형이 아편대를 내려놓고 셋째 형수를 응시하며 몸을 일으
키자 셋째 형수는 고개를 숙인다. 셋째 형이 별안간 그녀를 아
편 피우는 평상 위로 힘껏 쓰러트리고, 격정적으로 어루만지고
입을 맞추며 중얼거린다.

"정말 오래됐지…… 정말 오래됐어……."

셋째 형수도 이때는 격정적으로 그에게 반응한다.

△ 휘장 너머로 보이는 격정적인 두 사람의 모습이 우리의 시선으
로부터 서서히 뒤로 멀어진다.


**장면 33** 작은 술집 안과 밖. 앞 장면에 이어서.

△ 앞쪽의 작은 술집에서는 여전히 남녀가 떠들썩거리고 있다.

△ 훙허우와 아쥐가 있는 작은 방 안에선 맹인 부부 한 쌍과 눈이
보이는 여자아이 하나가 애절한 남관南管▪ 한 곡조를 부르고
있다.

△ 훙허우와 아쥐는 듣는 둥 마는 둥 흘려들으며 여전히 심드렁하
게 술을 마실 뿐이다.

△ 셋째 형과 셋째 형수는 아편굴을 나와 골목을 지난다. 셋째 형
도 남관 소리를 들었는지 걸음을 멈추고 잠시 바라보는데, 마

---

▪ 푸젠성에서 유행한 우아한 고전음악.

침 안에서 그를 발견한 훙허우가 그를 외쳐 부르고는 친절하게 밖으로 마중을 나온다.

훙허우: 원량…… (셋째 형수를 보고 정중히 목례하고) 형수님. (원량을 향해) 실컷 피웠나? 들어와서 한잔해. 목을 축이자고.

△ 셋째 형이 웃고, 마음이 동하는 모양인지 셋째 형수를 힐끔 쳐다본다.

셋째 형수: 안 돼요. 이이는 병원에 돌아가야죠.

훙허우: 멀쩡한데 뭐 하러 병원에 돌아가요? 오래 누워 있어 봤자 더 괴롭기만 하죠. 좀 마시면 혈기도 아주 잘 통할 텐데, 안 그래요? (셋째 형을 잡아끌며) 들어와. 이야기꾼이 강담講談을 시작할 거야. 형수님도 같이요.

셋째 형: 난 잠깐만 앉아 있으면 돼. 아직 약 먹을 시간도 안 됐잖아.

셋째 형수: (비아냥대며) 당신이 안에서도 마시고 지금 또 마시겠다는데, 병원 약을 먹는들 뭔 소용이 있겠어요?

△ 셋째 형이 언짢게 그녀를 힐끔 쳐다본다.

△ 셋째 형수는 돌아보지도 않고 가버리고, 훙허우는 셋째 형을 잡아끌고 안으로 들어간다. 아쥐가 예의 바르게 자리에서 일어난다.

훙허우: (아쥐를 가리키며) 아쥐야. 내 오랜 여자지…… 히히……. (아쥐를 쳐다보며) 이봐, 우리 아량 형님에게 술잔 안 올릴 거야?

△ 아쥐가 원량에게 술을 따르고 그를 향해 잔을 치켜든다. 셋째 형과 그녀의 시선이 마주친다.

## 장면 34 주펀 계단 길 위. 앞 장면에 이어서.

△ 계단 길을 잠시 걷던 훙허우가 셋째 형을 보고 갑자기 웃기 시작한다.

훙허우: 이봐, 자넨 베이징 말이 유창하니 아산 놈들과 말이 통하겠지. 내가 사업할 게 있는데 자네에게 일을 맡기면 해보겠나?

셋째 형: 무슨 사업인데?

△ 훙허우가 주위를 둘러보고는 그를 가로등 아래로 끌고 가더니 품속에서 종이 한 장을 꺼낸다.

훙허우: 일단 물건부터 보여주지. 하지만 성공할지 못할지는 딴 얘기야. 아무에게도 말하면 안 돼.

셋째 형: (종잇장을 보며) 일본 돈이잖아. 뭘 하려고?

훙허우: (묘한 웃음을 지으며) 봐봐, 어디가 다른지. (셋째 형이 맞히지 못하고 지폐를 앞뒤로 뒤집어 보는데, 훙허우가 지폐를 가리키며) 도장 두 개가 빠졌잖아, 맞지? (셋째 형이 그제야 퍼뜩 깨달은 표정으로 훙허우를 쳐다본다)

△ 훙허우가 지폐를 집어넣고 셋째 형을 데리고 가로등 밑을 벗어난 뒤 또 다시 주위를 살피고는 걸으면서 얘기한다.

홍허우: 광복되기 얼마 전에 일본 놈들이 돈 찍어내는 공장을 분산시
키고, 우리 쪽에서도 찍어냈어. 갱도에 기계를 설치해서 거기
선 인쇄만 하고, 듣자 하니 도장은 딴 데서 찍었대. 자네도 알
잖나, 지금은 은행을 전부 아산 놈들이 접수한 거. 그놈들에
게 수고비만 잔뜩 찔러주면, 아무리 양이 많아도 이 일본 돈
을 진짜 돈으로 바꿔 줄 거야. 도장을 본뜨는 건 간단해. 아산
놈들을 움직일 수 있게 되면, 자네랑 나랑 반씩 나누는 거야.

셋째 형: 얼마나 있는데?

△ 홍허우가 그를 향해 애매하게 웃는다.


**장면 35** 광부 기숙사. 동틀 무렵.

△ 새벽빛이 막 비끼기 시작한 광부 기숙사. 벌써 밥 짓는 연기가
피어오른다.

△ 실내. 마룻바닥 위의 잡동사니들을 치운 홍허우가 마룻장을
뜯어내고 포대 두 자루를 꺼내 연다. 셋째 형이 포대에서 지폐
한 뭉치를 꺼내어 이리저리 헤집어본다.

홍허우의 모친: (O.S.) 허우—야!

△ 셋째 형은 깜짝 놀라고, 몹시 신경질적으로 겨드랑이 사이에서
총을 뽑는 동작을 취한다.

△ 문 옆 어둑한 곳에 산발한 백발의 노파가 서 있다.

홍허우: 놀랄 것 없네. 우리 어머니야.

홍허우의 모친: 허우야, 저녁밥은 먹었냐?

홍허우: 먹었어요.

　△ 홍허우의 모친이 대답을 듣고 중얼거리며 나간다.

　△ 셋째 형은 놀란 가슴이 진정되지 않는 듯 가쁜 숨을 몰아쉬고,
　　홍허우는 그런 그를 보며 당황해 어쩔 줄을 모른다.

　△ 홍허우의 모친은 불도 켜지 않고 탁자에 앉아 자신의 '저녁밥'
　　을 먹기 시작한다. 무말랭이를 와작와작 씹고 죽을 후룩후룩
　　마시면서.


**장면 36** 타이진병원. 오전.

　△ 타이진병원 병실. 첩형이 과일과 주전부리를 들고 말쑥한 차림
　　새로 저편에 서 있다.

　△ 셋째 형수는 병상 옆 의자에 앉아 고개를 숙이고 있고, 콴메이
　　와 간호사 한 명이 그녀 앞에 서 있다. 간호사는 꽤 긴장한 기
　　색이다. 주위에선 천 상과 간호사들이 국어를 소리 내 읽는 목
　　소리가 들려온다. 천 상이 어색한 발음으로 "어디가 불편하십
　　니까?"라고 물으면 간호사들이 일제히 "저는 머리가 아픕니다.
　　저는 배가 아픕니다"라고 대답한다.

　　"열은 없습니까?"

"약간 있습니다."

콴메이: 어젯밤 내내 아예 여기에 없었던 거예요?

　△ 셋째 형수가 고개를 젓는다.

콴메이: 몇 시에 나갔는데요?

셋째 형수: 저녁은 배불리 먹고 나갔어.

콴메이: 어디 가는지 알리진 않고요?

　△ 셋째 형수가 고개를 젓는다.

간호사: (약간 불평하는 어조로) 너도 안 물어봤잖아. 한밤중에 내가 약
　　　을 가져왔을 땐 그 사람이 변소에 갔다고 거짓말까지 하고.

콴메이: (간호사를 말린다) 조용히 해. 원장님이 아시면 혼날 거야. 내가
　　　이미 그분 동생에게 찾아달라고 부탁해놨어. (첩형을 향해) 실
　　　례할게요. 잠시만 기다려주세요.

첩형: (하하 웃으며) 괜찮아. 남자가 밤새 없었다는 건 건강하다는 뜻이
　　　니까. 헤헤……. (셋째 형수를 쳐다보며) 형수님, 안심해요. 량 상
　　　은 무사히 돌아올 거예요.

　△ 천 상은 여전히 간호사들과 함께 진료실에서 옅은 아침 햇살을
　　　받으며 국어를 힘겹게 읽어내고 있다. 콴메이와 좀 전의 간호사
　　　도 지금은 그곳에서 국어를 따라 읽는데, 창문 너머로 원칭과
　　　셋째 형이 지나가는 모습이 보인다.

　△ 병실 안. 첩형은 무료한 듯 담배를 입에 물고 가솔린 라이터 뚜

껑을 멋지게 열어 불 켜는 동작을 연습하고, 셋째 형수는 자신의 옷가지를 정리하고 있다.

△ 원칭과 셋째 형이 안으로 들어오고, 첩형은 셋째 형을 보자마자 담배를 바닥에 내던지고는 손가락으로 그를 가리키며 흥분한다:

"량아, 씨발—"

△ 셋째 형이 급히 다가오고, 두 사람은 손을 잡고 서로의 어깨를 두드린다. 첩형이 아래위로 그를 훑어본다.

첩형: 잘도 당당하네. 망할, 어젯밤엔 어디 가서 놀았길래 형수님과 간호사가 찾지도 못하게 애먹여.

△ 셋째 형이 아내를 쳐다본다. 셋째 형수는 그를 무시하고 계속해서 짐을 싼다.

셋째 형수: (재빨리 보따리를 꾸리고 셋째 형을 바라보며) 난 지룽에 돌아가서 애를 돌봐야겠어요.

△ 그녀가 이 말을 하면서 밖으로 나가고, 원칭은 심상치 않은 낌새를 느끼고 셋째 형을 쳐다보지만 아무런 반응이 없자 그녀를 뒤따라 나간다.

△ 셋째 형은 별 반응도 없이 고개를 돌려 첩형에 대고 웃는다.

셋째 형: 늘 이래서 난 아주 익숙하거든. 징병되기 전에 큰형이랑 지낼 때도 마누라가 맨날 이사 가겠다고 난리였지.

△ 셋째 형이 병상 곁으로 가더니 거기 놓여 있는 아침 식사를 집어 들고 후루룩 소리를 내며 먹기 시작한다.

첩형: 자넨 상하이의 두 형제를 알지? 하나는 아산이라고 하고, 하나는 빌라라고 하던데.

△ 셋째 형은 잠시 멍해진다.

셋째 형: 자네가 그 사람들을 어떻게 아는데?

첩형: (슬쩍 그를 밀며) 망할, 진짜로 아는 사이로군. 그럼 거래도 절반은 성사된 셈이지! 내 말 좀 들어봐, 세상 참 좁다니까. 며칠 전에 자네 큰형님이랑 베이터우에 투전을 하러 갔는데, 도박장 안에 있던 두 상하이 놈이 우리가 지룽에서 왔단 얘기를 듣고는 나한테 린원량을 아느냐고 묻지 않겠나. 자네 큰형님은 처음에는 살짝 긴장했지. 자네가 상하이에서 누군가와 원수를 져서 자네를 찾으러 온 건가 하고. 잠깐 그 사람들과 쓸데없는 이야기를 하다가 끝에 가서야 알게 됐지. 그자들이 거래에 줄을 대려고 자네를 찾아왔다는 걸……. (목소리를 낮추고) 그 두 형제는 상하이의 일부 고위 관리들과 사이가 나쁘지 않다면서, 타이완에 와서 설탕과 쌀을 가져갈 거라는군. 지금 그 두 물자를 전부 관에서 통제하는 통에 온 상하이에서 품귀 상태라고 하니 이윤이 꽤 남을 거야. 자네 큰형님은 이 두 사람이 자네랑 아는 사이고, 깨끗한 자들이라면 거래를 해도 괜찮겠대. (혼잣말처럼) 일본

인이 놔두고 간 물건을 자네 큰형님이 한몫 챙겼으니, 이 거래가 성사되면 겨울 끝날 때까지 먹을 걱정은 없겠지.

△ 셋째 형이 그를 쳐다보며 천천히 젓가락을 내려놓는다.

셋째 형: (생긋 웃고) 이참에 스스로 한 건 해볼 생각은 없어?

첩형: (그도 쓴웃음을 짓는다) 망할, 자네 큰형님 성질 알잖아. 우릴 영원히 애송이로 보는데, 어디 우리가 나서게 놔두겠나.

셋째 형: (웃고) 큰형 모르게 하면 안 되겠어?

△ 이 말을 들은 첩형이 의외로 흥분한다.

첩형: 자네, 무슨 꿍꿍이가 있는 거야?

셋째 형: 자세한 건 나중에 얘기할게. 일단 지룽에 가서 수소문 좀 해봐. 입이 무겁고, 도장을 팔 줄 안다거나 인쇄판을 만들 줄 아는 기술자가 있는지.

첩형: (흥분해서) 그건 문제없지. (과장스럽게 자신의 이마를 친다) 아, 망할. 내가 자네한테 액막이하라고 물건 하나를 가져왔는데 깜빡했군, 망할. (바지춤에서 금으로 된 회중시계를 풀고는 셋째 형의 손을 잡아당겨 손바닥 위에 올려놓는다) 아무 말 마. 액막이로 주는 것뿐이니까.

**장면 37** 소상해주가 안과 밖. 낮.

△인력거 세 대가 소상해주가를 향한다. 첫 번째 인력거에서는 셋

째 형과 아산이 즐겁게 대화하고 있고, 두 번째 인력거에는 첩
형과 빌리가 탔는데 첩형이 침을 튀기며 빌리에게 거리의 정경
을 소개하고 있다. 마지막 인력거에는 엄숙하고 무뚝뚝한 중년
사내가 앉아 있다.

△ 인력거가 입구에 다다르고 사람들이 내린다. 첩형이 돈을 치르
고 셋째 형은 상하이 말로 안으로 들어가길 청한다. 중년 사내
는 빌리와 아산의 뒤에서 주위를 살피며 안으로 들어간다.

△ 현관. 큰형과 커 상이 거기 서서 이들을 맞이한다. 빌리가 큰형
에게 친근하게 인사한다. 큰형은 빌리, 아산과 악수한 뒤 커 상
을 소개한다.

큰형: (타이완어) 이쪽은 내 의형제고, 성은 커씨요. 일본 시절에는 부
두 쪽 보정이었는데, 지금은 같은 직책이지만 이름만 다르다오.
지금은 이장이라고 한다오.

△ 셋째 형이 통역하고, 두 상하이 형제가 커 상과 악수한 뒤 중년
사내를 소개한다.

아산: 이쪽은 우릴 따라 타이완에 놀러온 친구요. 노형이라고 부르면
될 거요.

△ 큰형과 커 상도 중년 사내와 악수한다.

큰형: 안으로 들어갑시다.

△ 다다미가 깔린 방 안. 큰형과 커 상은 책상다리를 하고 앉아 있

고 셋째 형이 중간에서 이들과 아산, 빌리의 말을 통역한다. 중년 사내는 두 사람 뒤로 멀찍이 앉아 있고, 첩형은 커 상의 약간 뒤쪽에 앉아 있다.

**장면 38** 텐랴오항 유곽의 도박장. 황혼에서 밤으로 접어든다.

△ 텐랴오항 부두. 낡아빠진 돛과 거룻배가 보인다.

△ 유곽 주위는 어수선하고 퇴폐적인 분위기다. 한 무리 부랑자들이 땅바닥에 둘러앉아 바둑을 두거나 허풍을 떨고, 누군가는 노점에서 묵은 술을 마시기도 한다.

△ 첩형과 셋째 형이 도박장 안으로 들어선다. 타이완식 '무장武場'■이었던 이곳 내부에는 담배 연기가 자욱하고 투전, 주사위 노름 등이 벌어지고 있다.

첩형: (몇 사람과 인사를 나눈 뒤 노름판을 구경하던 이에게 묻는다) 뤄구아 못 봤어?

△ 그가 안쪽을 가리키고, 두 사람은 그쪽으로 향한다. 줄지어 나오는 작은 방들. 안내를 받으며 안으로 들어가는데 등 뒤에서 누군가가 "량아!"라고 부른다.

△ 셋째 형이 뒤를 돌아본다. 방 입구에서 누군가가 불쑥 나오더

---

■ 청대의 무과 시험장.

니 양손으로 문기둥을 짚고 싸늘하게 웃는다.

진취안: 자넨 아직도 안 죽었나? 왜? 날 못 알아보겠어?

셋째 형: 탄내가 나길래 진취안 자넨 줄 바로 알았지. 듣자하니 휘사오
　　　섬에 갇히고서도 안 죽고 반죽음이 돼서 돌아왔다면서.

　　△ 첩형은 둘의 대화를 듣고 다소 난처해진다.

첩형: 자네들 둘 다 아는 사이라 농담도 잘하는군. 이렇게 하세. 둘 다
　　　막 돌아왔으니 언제 날 잡아서 내가 한턱 내겠네.

아청: (O.S.) 그럴 필요가 어딨나.

　　△ 복도 저편 계단에서 큰형 원숭보다 나이가 좀 더 많은 사내 하
　　　나가 내려온다. 도박장 사람들이 그의 뒤를 따른다.

아청: 원량이 내 구역에 왔으니 내가 대접해야 맞지.

　　△ 아청이 말하면서 손을 뻗어 셋째 형과 악수하고 그의 등을 두
　　　드리고는 특실로 향한다.

아청: 살아 돌아올 수 있었으니 복인 게지. 자네 둘째 형은 어떤가, 소
　　　식은 있고?

셋째 형: 아뇨. 생사를 아는 사람도 없어요. (다 함께 방으로 들어간다)
　　　당신 동생은요?

아청: 죽었어. 루손섬에서 죽었지. 뼛가루 한 줌이 돌아왔는데 그 녀
　　　석 건지 아닌지도 알 수 없지.

　　△ 다들 자리에 앉고, 기녀들이 아편 도구를 들고 들어온다. 뤄구

아가 뒤따라왔다가 문가에서 아청을 보고는 감히 들어오지 못하고 멈춘다.

　△ 셋째 형이 그를 향해 고개를 끄덕인다.

아청: (눈치 빠르게 일어나서) 용무가 있거든 자네들끼리 누워서 얘기하게. 난 방해하지 않을 테니.

셋째 형: (자신도 덩달아 일어나며) 여기서 볼일 다 보면 제가 인사하러 찾아뵙죠.

　△ 아청이 밖으로 나가며 고개를 돌려 대나무 발을 내려준다.

　△ (점프 컷) 셋째 형이 황홀한 표정으로 아편대를 입에 물고 한쪽으로 기우뚱 시선을 보낸다.

　△ 뤄구아와 첩형, 둘 다 아편을 피우지 않는다. 뤄구아는 지폐 두 장을 들고 한창 비교하는 중이다.

　△ 셋째 형의 표정.

뤄구아: 도장을 만드는 건 간단해. 하지만 똑같은 색을 찾아야 하는데 시간이 너무 모자라겠어. 듣기로는 법폐나 국폐 같은 타이완 유통권으로 돈이 바뀐다는데, 그럼 이걸론 교환 못 해.

첩형: (득의양양하게) 자넨 만들기만 하면 돼. 은행의 내통자를 통하면 시간이야 조금 늦어져도 상관없어.

　△ 셋째 형이 이 말을 듣고 헛기침을 몇 번 하자 첩형이 눈치껏 입을 다문다.

**장면 39** 광부 기숙사 안과 밖. 동틀 무렵.

△ 광부 기숙사가 아침 햇살 속에서 윤곽을 드러내고, 몇 사람의 그림자가 기숙사로 향한다.

△ 방 안. 홍허우와 아쥐가 흐트러진 매무새로 침상에 누워 있다. 아쥐가 개 짖는 소리를 듣고 곧바로 눈을 뜬다. 죽은 듯 깊이 잠든 홍허우를 힐끔 보고는 벗어둔 옷을 끌어당기려는 찰나, 한 무리 사내들이 어느새 쳐들어온다. 우두머리는 진취안이다. 홍허우가 겨우 몸을 일으키는데 자루가 그의 머리에 씌워지고 한바탕 심한 구타가 쏟아진다.

△ 진취안이 아쥐를 한쪽으로 끌고 간다.

진취안: 어디 숨겼는지 알고 있지?

아쥐: 어떻게 된 건지는 내가 따져야죠. (급히 옷을 걸치고 중얼중얼 욕하며) 이렇게 우르르 몰려오다니 짜증나 죽겠네. 내 벗은 몸을 봤잖아요.

△ 진취안은 그녀를 상대하지 않고 홍허우 쪽으로 간다. 홍허우는 불분명한 소리로 비명을 지르고 옆집에선 개가 짖는다.

△ 홍허우의 노모가 헝클어진 머리를 하고 잰걸음으로 다가온다.

홍허우의 모친: 허우야, 저녁밥은 먹었느냐?

△ 진취안은 어안이 벙벙해지고, 누군가가 그녀의 머리에도 자루를 덮어씌운다. 그녀가 꽥꽥 소리를 지른다.

"후레자식, 이게 무슨 짓이야?"

누군가가 그녀를 나무 몽둥이로 내리치지만 의외로 아무런 효력도 없고, 그녀는 계속해서 소리를 지른다.

"이 후레자식이 평소 안 하던 짓을 다하고 이런 식으로 날 쳐……."

진취안이 다가가서 손으로 그녀의 얼굴을 내리치자 그제야 그녀가 축 늘어진다.

△ 진취안이 자루 입구를 꽉 조이고, 말없이 훙허우를 쳐다본다.

진취안: 일본 놈들 지폐를 어디에 숨겼어? 말해!

△ 훙허우는 고개를 젓는다.

△ 진취안이 젠장, 하며 구시렁거리더니 패거리들과 함께 그를 부엌의 물독 옆으로 끌고 간다.

△ 아쥐는 문기둥에 몸을 숨기고 동정을 살피면서 옷매무새를 가다듬는다.

진취안: (자루를 벗기고) 불 거야 말 거야? (훙허우는 여전히 고개를 가로 젓는다)

△ 진취안이 거칠게 훙허우의 머리를 물독 안으로 내리누르고, 훙허우는 마구 발버둥을 친다.

△ 아쥐는 순식간에 자취를 감춘다.

△ 진취안은 물거품이 올라오고 버둥대던 힘도 약해진 걸 보고서

야 그의 머리를 들어올린다. 진취안이 머리를 건져 올리는 찰나,
홍허우가 처참한 비명을 내지른다. 화면은 새하얗게 변한다.

**장면 40** 광부 기숙사 안과 밖. 황혼 녘.

△ 서서히 황혼에 접어드는 광부 기숙사. 밥 짓는 연기가 모락모락
피어오른다.

△ 광부들 모두 집 밖에 쪼그려 앉아 잡담하며 담배를 피우고 있
다. 화제는 죄다 시국과 관련된 것들이고, 누군가가 한창 대화
에 열을 올리는 중이다:

"천지가 어떻게 변하건 간에 우리한테 먹을 것과 입을 것을 주
고, 자식들의 앞날만 보장해준다면 난 누구든 지지할 거야. 그
때처럼 먹을 것, 입을 것도 없고, 번드르르한 말만 신문에 적
히고, 벽에 그려지고, 전신주에 붙기나 해봤자, 빌어먹을, 평생
이 꼴을 못 면하겠지……."

하지만 그는 갑자기 조용해지고, 저쪽에서 다가오는 셋째 형
과 첩형을 바라본다.

△ 여자와 아이들도 그들이 홍허우의 집으로 들어가는 모습을 주
시한다.

△ 방 안은 온통 어질러져 있다. 마룻장은 쪼개져서 들려 있고, 심
지어 벽의 판자까지 뜯긴 상태다.

첩형: 집에 누구 없어요?

홍허우의 모친: (O.S.) 누구슈?

△ 이들은 그제서야 목소리를 따라 구석에 쌓여 있는 누더기처럼
그곳에 허물어져 있는 홍허우의 모친을 발견한다. 그녀가 머리
에 두른 붕대에는 핏자국이 배어 있고, 앞에는 이웃 사람들이
보낸 음식들이 놓여 있다.

홍허우의 모친: (힘없이) 와서 앉아. 넌 저녁밥은 먹었느냐?

첩형: 어우바상, 집 안이 어쩌다가 이렇게 된 거예요?

홍허우의 모친: 내가 어찌 알아. 귀신이 쳐들어와선…….

△ 셋째 형이 앞으로 나와 돈을 숨겨뒀던 마루를 살핀다. 마루 밑
은 아무것도 없이 텅 비어 있다.

첩형: (그래도 포기하지 않고) 이거 누가 이랬는지 아세요?

홍허우의 모친: 내가 어찌 알겠니. 귀신이 쳐들어온 게지.

셋째 형: 홍허우는요? 지금 어디 있어요?

홍허우의 모친: 병원에 있지. 귀신한테 정말로 맞았어. 넌 저녁밥은 먹
었고?

△ 둘은 서로를 힐끔 쳐다본다. 셋째 형이 몸을 돌려 재빨리 나가
고, 첩형이 뒤따라 나간다.

**장면 41** 거리. 황혼 녘.

△ 골목의 잡화점에서 셋째 형이 과일을 고르고 있다.

△ 한편, 가게 주인장과 첩형은 밖에 서서 먼 곳을 바라보는 중이다.

△ 저 멀리 한 무리의 사람들이 둘러서서 시끄럽게 북적인다. 몹시 흥분한 듯한 군중이 안쪽에 있는 사람과 입씨름을 벌이고 있다.

셋째 형: (과일을 다 고르고 주인장을 향해 신경질적인 어조로) 장사 안 할 거요?

△ 그제야 주인장이 돌아보는데, 바깥 사람들 틈바구니에서 총성이 나고 사람들이 도망친다.

△ 셋째 형도 나와서 내다보지만 사복 경찰 두 명이 왜소하고 야윈 사내를 끌고 가고, 그 뒤를 여인과 울부짖는 어린애가 쫓아가는 광경만 보일 뿐이다.

"경찰 대인, 한 번만 봐주세요. 이이는 막 군에서 돌아와서 먹고살 길이 없어서 담배를 판 거예요. 대인!"

△ 사복 경찰은 아랑곳하지 않고 막무가내로 사내를 잡아끌고 지프차에 오른다.

주인장: 몰래 담배 파는 사람을 잡았구먼.

△ 셋째 형은 사복 경찰이 차문을 붙든 여인의 손을 개머리판으

로 후려치고 훌쩍 떠나버리는 광경을 지켜본다.

첩형: (큰 소리로 욕하며) 씨발, 백성을 짐승으로 아나? 양심도 없지, 염병할!

셋째 형: (첩형을 향해 싸늘하면서도 나직한 어조로) 쫓아가서 놈들을 때려죽이고 그 사람을 데려오든지! (첩형은 깜짝 놀라 멍해지고) 못 하겠어? 그럼 입 다물고 네 앞가림이나 해.

△ 셋째 형은 주인장에게 무게를 재달라며 고른 과일을 건넨다.

△ 거리에서는 사람들이 차가 떠난 방향을 바라보며 서 있다. 말 없이 역광을 받으며 서 있는 사람들 뒤로 무력한 그림자가 드리운다.


**장면 42** 타이진병원. 앞 장면에 이어서.

△ 병원 앞 복도. 창백한 불빛 아래 현관과 복도에서 소독약 냄새가 풍기는 것만 같다.

△ 조제실 안. 콴메이는 약을 조제하는 작은 탁자에서 일기를 쓰는 중이다.

콴메이: (O.S.) 4월 2일. 최근 들어 물가가 폭등했다. 주방의 어우바상 말로는 쌀 한 근에 17위안까지 올라서 돈을 아끼려고 밥 대신 국수를 삶았는데, 상하이에서 온 밀가루라고 한다. 다들 밀가루 음식에 익숙지 않아 국수가 큰 솥 가득 남았지만 난 아주

많이 먹었다. 어제는 야간 근무로 너무 바빠서 오늘 보충해서 적는다. 4월 3일. 오늘은 오빠가 찾아와 내게 차비를 줘서 타이베이로 갔다. 참의원에 출마하는 친구를 도우러 린훙룽과 간다고 한다. 아직껏 지난달 월급이 안 나왔지만 오빠는 개의치 않는 것 같다. 오빠는 그렇게 많은 좋은 친구와 함께 있어서 행복한 거겠지. 린 선생님뿐만 아니라, 난 기자인 허 선생님도 마음에 든다. 아마 그분이 내 국어가 빨리 는다고 칭찬해줘서 마음에 든 거겠지. 어젯밤엔 린 선생님이 내게 읽으라고 한 책을 다 읽었다. 루쉰의 『아Q정전』이란 책이다. 점심 때는 오빠가 빌려준 책을 읽기 시작했다. 너무 두꺼워서 집중하지 않으면 졸음이 온다. 러시아의 고리키가 쓴 『어머니』란 책인데…….

△ 문밖에서 한 간호사가 콴메이를 부른다. 그녀는 일기를 숨기고 펜 뚜껑을 닫고는 밖으로 나간다. 문밖으로 나오자 뭔가를 들고 있는 셋째 형과 첩형이 있다.

콴메이: 린 상……(귀엽게 위아래로 그를 찬찬히 살피며) 지금은 이렇게 건강해졌으니 정말 기뻐요.

셋째 형: 이게 다 네 보살핌 덕분이지. 너희에겐 폐를 많이 끼쳤어.

△ 콴메이가 짐짓 '동의'한다는 것처럼 웃으면서 "네!" 하고 대답한다.

셋째 형: (자신도 웃고, 손에 들고 있던 물건을 그녀에게 건넨다) 약소하지만 고맙다고 인사하려고 가져왔어. (물건을 내려놓고 콴메이가 사양하기도 전에 바로 이어 말한다) 온 김에 한 사람을 찾고 싶은데, 요 며칠 새 홍허우란 사람이 입원하지 않았어?

콴메이: 네, 그런데 돌아가셨어요.

　△ 셋째 형과 첩형, 둘 다 완전히 멍해진다.

콴메이: 이웃 사람들이 데려왔을 땐 이미 혈압을 잴 수 없는 상태였어요. 아직 영안실에 있는데, 경찰이 당분간 건드리면 안 된다고, 아쥐라는 술집 여자를 찾아야 한대요. 린 상이 아는 분인가요?

셋째 형: 내 친구야. (호주머니에서 조그마한 헝겊 지갑을 꺼내 안에 든 돈을 모조리 내놓는다) 난 불편해서 여기엔 못 있어. 경찰이 장례를 치러도 좋다고 하거든 이 돈을 그의 노모께 보태시라고 전해줘. (첩형을 바라보며) 자네도 돈 가진 거 있지?

　△ 이 말에 첩형도 돈주머니를 꺼내고, 둥글게 말아서 묶어둔 지폐 뭉치를 풀어 돈을 세는데, 셋째 형이 낚아채서 두 장만 첩형에게 돌려주고 나머지는 전부 콴메이에게 건넨다.

셋째 형: 이것도…… 어머님께 전해줘. 부탁이야. (살짝 허리를 숙인다)

　△ 콴메이가 "하이"라고 대답한다.

**장면 43** 교원 기숙사. 밤.

△ 비좁은 기숙사 안. 사람들이 침대 위에까지 앉아 있다. 콴룽, 콴
메이, 린훙룽, 허융캉, 원칭, 그리고 다른 교사들 몇 명. 다들 별
로 기분이 좋지 않은 기색이다. 멀리서 묵직한 천둥소리가 들
려온다.

홍룽: 정부에서 임용한 선생인데 급료를 못 받다니, 이게 대체 농담이
야 진담이야? 우린 현縣 정부에 갔지만 오히려 훈계를 들었어.
(자리에서 일어나서 훈계하던 자를 흉내 낸다) 자네들은 선생이면서
선생이 원래 신성하고 고상한 직업임을 설마 잊은 건가. 국난이
눈앞에 닥쳤는데 함께 협력해서 고비를 넘길 순 없나?

△ 다들 어이없어서 웃는데, 원칭은 옆에서 허융캉의 카메라를 만
지작거리다 훙룽이 일어서자 그제야 의아한 기색으로 고개를
들고 쳐다본다.

△ 콴메이가 찻주전자를 들고 와 모두에게 차를 따라주고, 다른
한쪽에 앉아서 이들의 이야기를 듣는다.

콴룽: 전 더 비참해요. 타이완 전체에서 급료가 안 나오는 거면 그렇
다 쳐도 왜 다른 현에선 주는데 우린 안 줘요? 그자한테 물었더
니 현 당국에서는 급료를 빼돌려서 물자를 사재기하고 인플레
를 틈타 돈을 불린 다음에 돈을 줄 작정이라더군요. 말이 끝나
지도 않았는데 그자가 눈을 이렇게 크게 부릅떴고, 그자가 하

는 국어도 잘 못 알아들었어요. 제가 빨갱이니 아니니, 헛소문을 퍼트린다느니 하는 말만 들렸죠. 마지막 말은 오히려 똑똑히 알아들었어요. 그자 말이, 8년 항전[*]에서 그렇게 많은 사람이 희생해 겨우 타이완인을 구해줬더니, (잠시 말을 멈췄다가 한 자 한 자 또박또박 말하는 듯이) 너희는 아직도 그 은혜에 감사할 줄 모른댔죠. 그자가 이렇게 말했어요.

융캉: 그래도 대륙 사람 모두가 그렇게 말하는 건 아니야, 라오우.

△ 모두가 융캉을 쳐다보고 생긋 웃는다.

모 교사: 우리도 조국이 우리에게 새로운 희망을 가져다줬다고 믿어요. 하지만 곧 1년이 다 되어가는데 오히려 나빠졌잖아요. 매일 먹는 쌀만 해도 예전에는 타이완 쌀은 수출까지 했는데 지금은 오히려 부족해졌죠. 몇몇 공장은 광복 당시만 해도 물건을 생산했지만 당국에 접수된 뒤로는 기계까지 전부 빼앗겨버렸고요.

홍룽: 우린 이렇게 생각할 수밖에 없어. 그자들은 한몫 벌려고 타이완에 온 거지! 국민당 정부에서 또 다시 천이를 임명하고 그의 회사[**]가 이대로 가다간……. (고개를 들어 허융캉을 바라보며) 라

---

[*] 1937년 7월 7일 루거우차오사건을 계기로 발발해 1945년 9월 일본 항복에 이르러서야 끝난 중일전쟁을 이른다.

[**] 국공내전이 한창이었던 당시 천이 정부가 타이완의 물자를 거둬들이기 위해 설립한 타이완성 무역 회사를 이른다. 이 회사를 통해 국민당 정부는 타이완의 쌀을 건

오허, 자넨 글 쓸 준비를 해둬. 조만간 타이완에 큰일이 벌어질 테니, 그땐 자네가 증인이 돼야 해.

△ 장면은 갑자기 고요해지고 천둥소리에 섞여 벼락 치는 소리가 울리기 시작한다. 비가 퍼붓듯 세차게 쏟아지자 콴메이가 일어나 창문을 닫는다.

△ 원칭은 침묵하는 모두를 잠시 바라보고, 무슨 생각이 떠오른 듯 축음기로 다가가서 손잡이를 돌린다. 음악이 울려 퍼지기 시작하고, 그제야 모두가 원칭을 바라본다.

콴룽: (모두를 향해 생긋 웃고) 원칭이 자긴 들리지 않는다며 이걸 제게 줬죠. 또 제게 말하길, 평생 국어를 배울 기회가 없어 너무 아쉽대요. 하지만 요즘은 들리지 않고, 보이지 않는 게 더 행복하겠죠.

△ 다들 쓴웃음을 짓는다.

△ 원칭은 모두가 웃는 모습을 보자 자신도 기분이 좋아져서 자리에 앉고, 린훙룽이 입을 열고 흥얼거리는 모습을 바라본다. 콴메이가 세심하게 탁자 위의 종이와 펜을 들고 다가와 앉고, 종이에 글자를 써서 원칭에게 보여준다. 원칭은 이따금씩 종이를 보며 콴메이를 바라보고, 둘은 눈빛으로 대화를 나눈다.

---

어 중국으로 보냈고, 이 탓에 타이완의 물가가 폭등했다.

콴메이: (O.S.) 당신이 튼 음악은 「로렐라이」라고 하는 아주 유명한 노래예요. 독일의 오래된 전설에 따르면, 아주 옛날부터 라인강 변에는 로렐라이라고 하는 젊고 아름다운 여자 요괴가 살았대요. 그녀는 늘 강변의 바위 위에 앉아서 반짝이는 금발을 빗으며 노래하는데, 노랫소리가 너무 달콤하고 황홀해서 뱃사람들은 늘 그녀의 노랫소리에 홀려 방향을 잊는대요. 그렇게 배는 암초에 부딪쳐 가라앉고, 사람도 강물에 삼켜지죠. 하지만 다음 날에도 로렐라이는 여전히 그렇게 사람을 홀리는 노래를 부르고, 라인강은 변함없이 고요히 흐르죠…….

△ 어떤 아득하고 깊은 추억에 빠진 듯 원칭이 그녀를 멍하니 바라본다. 축음기 노랫소리는 서서히 희미해지고, 평안희의 징과 북, 현악기 소리가 점점 더 크게 들려온다.


**장면 43A** 무대. 낮.

△ 한껏 단장한 무대 위의 화단. 오색찬란한 머리 장식이 눈부시게 반짝인다.

△ 무대 앞. 어린 원칭은 길쭉한 널빤지 걸상 위에 서서 기름종이 우산을 받쳐 들고 넋 놓고 무대를 바라보고 있다.

원칭: (O.S.) 어린 시절, 나도 평안희 속의 화단과 그녀의 노랫가락에 홀린 적이 있었지. 왠지는 모르겠지만 나도 창극을 배워서 그

화단과 친해지고 싶었어.

## 장면 43B 사당. 낮.

△ '지성선사공자至聖先師孔子'라고 적힌 신위 아래서 원칭이 유자 껍질을 머리에 쓰고 흥겹게 창 하는 모습을 아이들에게 선보이는데, 갑자기 훈장이 유자 껍질 모자를 벗기고 그를 공자 신위 앞에 벌세운다.

원칭: (O.S.) 열 살 이전의 일이고 소리가 들리던 시절이었어. 난 여전히 기차 소리가 기억나. 기억 속 마지막 소리는 용안나무에서 떨어질 때 들은 나뭇가지가 '뚝' 부러지는 소리였어. 당시는 다리만 다친 줄 알았는데. 머리가 너무 아팠고 한동안은 걷지도 못했어.

△ 평안희 소리가 서서히 희미해지고, 또 다른 외국 민요가 서서히 또렷해진다.

## 장면 43C 교원 기숙사. 밤.

△ 축음기 음악과 쏴쏴 내리는 빗소리가 어우러지고, 여전히 뭔가를 얘기하는 사람들이 원경으로 잡힌다.

△ 원칭이 종이 위에 재빠르게 펜을 휘갈긴다.

원칭: (O.S.) 신기하게도 난 내가 귀머거리가 된 줄도 몰랐어. 나중에 아버지가 글로 써서 알려주셨지. 그래도 난 즐거웠어. 훈장님이

아무리 욕을 해도 들리지 않았고, 그분의 얼굴이 실룩이는 모
습을 보면서 무대 속의 삼화자三花子▪라 여길 수 있었거든. 그땐
아직 어릴 때라…….

△ 원칭은 여기까지 쓰고 스스로도 웃음을 참지 못하고 고개를
　들어 콴메이를 쳐다봤다가 멈칫한다.

△ 뜻밖에도 콴메이의 눈망울에는 어느새 눈물이 맺혀 있다. 비록
　미소를 머금고 있지만 애틋한 감정을 불러일으키는 모습이다.

△ 원칭은 그녀를 계속 바라본다.


**장면 44** 소상해주가 안과 밖. 황혼에서 밤으로 접어든다.

△ 소상해주가의 간판. 전구들이 차례로 명멸한다. 문 앞에는 삼
　륜차에서 내리는 손님과 줄지어 늘어선 손님 들이 있고, 안에
　서는 주객들이 흥청거리는 소리가 새어 나온다. 타이완어와 일
　본 노랫소리 사이에 어느새 외성인 억양으로 술을 권하는 목소
　리와 간드러진 가성의 노랫가락이 섞여 있다.

△ 술집 안의 거처. 아쿤이 뜰 안에서 한창 하늘을 향해 동판 던
　지는 연습을 하고 있다. 여자아이 하나가·난간 옆에 서서 동판
　을 따라 고개를 위아래로 살짝살짝 움직이며 이 광경을 구경

---

▪　전통극의 어릿광대 역.

하고 있다.

△ 아쿤은 한차례 실수로 동판을 놓쳤다가 주우면서 그 아이를 힐끔 보고, 더욱더 열심히 동판을 던지고 받는다.

△ 뒷방. 셋째 형은 황갈색 약즙을 푼 목욕통에 몸을 담그고 있다. 그 곁에서 할아버지가 목욕통 안의 물을 손으로 휘젓고 한 움큼 떠서 냄새를 맡는다.

할아버지: 이 녀석아, 머리는 안 담그고 투덜대긴!

셋째 형: 냄새가 고약하잖아요.

할아버지: 냄새가 고약해? 그럼 아편은 향기롭고? 잘 들어. 지금 약 냄새가 싫다고 안 끓으면 나중에 재산도 다 피워 없애게 될 거다. 자손들이 널 버리고 떠돌이가 돼봐야 알 테냐. 혹시나 길에서 죽어서 개가 물고 가면 그때야말로 고약한 냄새를 풍기고 체면까지 죄다 고약해지는 거야.

△ 절반 정도 말했을 뿐인데 셋째 형은 어느새 '도피'하듯 숨을 꾹 참고 머리를 담가버리고, 못 버틸 지경이 돼서야 고개를 내밀고 재차 호흡한다.

△ 셋째 형수가 또 다시 뜨거운 김이 모락모락 나는 약즙 통을 들고 들어온다.

할아버지: 붓거라! 약이 계속 펄펄 끓어야지. 계속 부어.

△ 셋째 형수는 시키는 대로 약즙을 붓는다.

셋째 형: (이때를 틈타 불만을 발산하듯 큰 소리로 외친다) 씨발! 조심해! 살가죽 벗겨질라!

할아버지: (노한 목소리로 꾸짖는다) 싹 벗겨지면 제일 좋지. 당산唐山▪에서 물들어 돌아온 못된 성깔까지 전부 벗겨지면 제일 좋지.

△ 셋째 형은 셋째 형수에게 눈을 흘기지만 더는 아무 말 못 한다. 셋째 형수는 통을 들고 나간다. 할아버지도 셋째 형을 힐끔 보고는 나간다.

△ 첩형은 부엌 바깥의 작은 탁자에서 밥을 먹는 중이다. 젓가락으로 한 조각을 집고서도 또 다른 조각에 눈독을 들이는 데다 음식에 있는 고기만 골라 먹는 먹음새가 꼴사납다. 하녀 한 명이 뜨거운 탕을 받쳐 들고 부엌에서 나온다.

하녀: (공손하게, 가녀린 목소리로) 술 드세요.

△ 첩형이 입 안 가득 음식을 넣은 채 고개를 끄덕이고, 그녀가 부엌으로 들어가는 모습을 바라본다.

△ 할아버지가 나오자 첩형이 반쯤 몸을 일으킨다.

첩형: (입 안의 음식 때문에 우물거리며) 어우지상歐几桑▪▪, 밥 드세요.

할아버지: 벌써 배부르게 먹었다. 누가 너희들처럼 아침도 저녁도 없이 아무 때나 밥 먹을라고.

---

▪　과거 타이완에서 중국을 지칭하던 말.
▪▪　아저씨를 뜻하는 일본어 '오지상おじさん'을 음역한 말.

첩형: (계속 먹다가 갑자기 묻는다) 어우지상, (부엌을 가리키며) 저 여자
　　는 누구예요. 어째 처음 보는데요?

할아버지: 시골 친척일세. 남편이 필리핀에서 전사했지. 내가 딸애 데
　　리고 와서 살면서 집안일을 거들라고 했다. (첩형이 '아' 하는
　　소리를 낸다) 어때, 혹 마음에 든다면 순순히 내 말 듣고 원
　　량과 붙어 다니면서 사리 분별 못하고 소란 떠는 것만 관둬
　　봐. 그럼 내가 중매를 서주지.

　　△ 할아버지는 말을 하면서 첩형의 '놀란' 얼굴에는 아랑곳하지도
　　않고 그대로 밖으로 나간다.

　　△ 첩형은 밥을 다 먹고 성냥개비를 입에 물고는 온갖 소리를 내며
　　잇새를 쭉쭉 빤다. 그는 뜰에 가서 두 다리 벌려 쪼그려 앉고는
　　아쿤이 동판을 던지는 모습을 구경하며 그 여자아이도 본다.

첩형: 애, 넌 이름이 뭐냐?

여자아이: 메이징美靜이요.

첩형: 메이징이라. 흠, 정말 딱 맞는 이름이네. 예쁘고 얌전한 게. (아쿤
　　을 향해 외치며) 이봐, 쿤아, 네 할아버지가 널 이렇게 아끼는 것
　　좀 봐. 중매쟁이까지 소문 듣고 와서 여기서 기다리잖아.

　　△ 이 말을 듣자마자 메이징은 부끄러워서 안으로 뛰어 들어가버
　　린다.

　　△ 첩형이 그 모습을 웃으면서 구경하고 고개를 돌린 순간, 한쪽

에서 아쿤이 살기 띤 표정으로 그를 노려보는 게 보인다.

△ 이윽고 아쿤이 갑자기 달려들더니 첩형을 거세게 발로 차고 때린다. 첩형은 처음에는 장난하듯 막다가 얻어맞은 데가 아파오자 약간 언짢은 표정으로 외친다:

"야, 그만 덤벼. 나 화낼 거야!"

아쿤은 아랑곳하지 않고 죽어라 달라붙어 그를 때리고, 나중에는 첩형도 화가 나서 큰 소리로 외친다:

"야, 너 이 자식, 내가 네 아비 대신 혼쭐을 내야……."

아쉐가 뛰어나와 싸움을 말리며 외친다:

"아쿤, 그만해. 네 어머니 더 이상 화나게 하지 말고."

할아버지가 언짢은 목소리로 버럭 호통칠 때까지 아쉐는 싸움을 말리지 못한다:

"아쿤!"

아쿤은 그제야 때리기를 멈춘다. 하지만 여전히 죽어라 첩형을 노려보고, 아쉐는 그런 그를 잡아끈다.

할아버지: (아쿤을 향해) 들어가!

△ 아쉐는 아쿤을 끌고 들어가면서 자신도 불만스러운 눈초리로 첩형을 향해 눈을 흘긴다.

할아버지: (여전히 한쪽에서 발길질에 부었네, 살갗이 벗겨졌네, 구시렁거리며 불평하는 첩형에 대고 말한다) 아쿤은 다 큰 사내대장부고

무슨 말이든 다 귀담아듣는 아이야. 자넨 스스로 절제하고, 그 아이 앞에서 근거 없이 함부로 주둥이를 놀리지 말게.

△ 방 안. 아쉐가 아쿤에게 무슨 말을 하는지는 몰라도 아쿤이 고개를 푹 숙이고 있다.

△ 메이징은 어둑한 구석에 쓸쓸히 앉아 있고, 술집의 흥청거리는 소리가 아스라이 들려온다.

**장면 45** 톈랴오항 유곽의 도박장. 밤.

△ 톈랴오항의 밤 정경.

△ 셋째 형과 첩형은 깔끔하게 차려입고 유곽을 가로지르고, 첩형은 이따금씩 사람들과 인사를 나누기도 한다. 경박하게 단장한 아쥐가 환한 얼굴로 다가오다가 셋째 형을 보자마자 고개를 숙이고 재빨리 지나친다. 셋째 형은 처음엔 눈치채지 못하다가 그녀가 스쳐 지나가고 나서야 뭔가가 떠오른 듯 돌아보나 이미 아쥐는 인파 속에 뒤섞인 뒤다.

△ 도박장 안. 둘이 함께 안으로 들어서자 도박장을 지키던 사내가 다가와 셋째 형에게 '안으로 들어가라'는 신호를 한다.

첩형: 이분은 완전히 끊었어. 이번엔 돈을 쓰러 온 게 아니라 돈을 벌러 왔단 말씀이지.

△ 셋째 형이 투전판 쪽으로 가서 구경하는데, 투전판이 돌아갈

무렵 빌리와 진취안이 아편 피우는 방으로 통하는 입구에서 나오는 모습이 보인다. 셋째 형은 어리둥절해진다.

△ 진취안과 빌리도 그를 목격한다. 진취안은 빌리와 악수한 뒤 안으로 들어가고, 빌리는 웃는 얼굴로 셋째 형에게 다가온다.

빌리: (안쪽을 가리키며 목소리를 낮추고 상하이어로 말한다) 저놈이 내가 촌뜨기인 줄 알고 나한테 아편을 선전하더군. 나한테 더 대단한 게 있는 줄도 모르고 말이지. 다음 물건은 9월 7일에 도착할 걸세.

△ 셋째 형이 눈빛을 반짝이며 빌리를 쳐다보고, 통로 저편도 바라본다.


**장면 46** 부둣가. 동틀 무렵.

△ 동틀 무렵의 부둣가. 태풍을 앞둔 흐린 날씨.

△ 저편에선 인부들이 낡은 화물선에서 밀가루 자루를 한 포대씩 짊어지고 내려놓는다. 첩형은 이따금씩 고개를 돌려 주위를 살피며 자기 집 방향을 쳐다본다.


**장면 47** 첩의 거처. 앞 장면에 이어서.

△ 첩의 방 안. 침대 위의 이불은 흐트러져 있고 원숭은 이제 막 일어난 듯 맨몸에 윗도리만 걸치고 있다. 배에는 털실로 짠 복

대를 두르고 가슴팍의 문신을 드러낸 채로 품에 아기를 안고 젖병으로 담황빛 미음을 먹이는 중이다.

**장면 48** 부둣가. 앞 장면에 이어서.

△ 빌리가 한 밀가루 포대에서 표시를 찾아낸다. 첩형이 그를 거들어 포대를 끌어내리고는 칼을 꺼내 찢고 안을 더듬더니 기름종이 꾸러미를 빼낸다. 첩형이 뒤를 돌아봤다가 깜짝 놀란다.

△ 저 멀리 아기를 안은 큰형이 베란다에 서서 이쪽을 바라보고 있다.

△ 첩형이 눈짓하자 빌리가 힐끔 돌아보고, 등을 돌려 기름종이 꾸러미를 옷 안에 쑤셔 넣고 잽싸게 떠난다.

△ 첩형이 그의 뒤를 따라 자동차 쪽으로 향한다.

큰형: (O.S.) 애송이 녀석, 기다려.

△ 첩형과 빌리가 놀라서 얼어붙는다. 큰형이 둘이 채 눈치채기도 전에 바로 옆까지 온 것이다. 그가 손을 내밀어 빌리의 가슴팍을 더듬더니 옷 안에 손을 넣고 기름종이 꾸러미를 꺼낸다.

△ 빌리가 앞쪽으로 한 발짝 떼는데, 큰형이 등 뒤에서 호신용 단도를 빼든다. 빌리는 얼이 빠진다.

첩형: (놀라서 나직하게 외친다) 제부!

△ 큰형은 아랑곳하지도 않고 단도로 기름종이 꾸러미를 가르고

내용물을 손에 묻혀 만져보고, 또 입안에 넣어 맛보고는 탁 뱉
어낸다.

빌리: (비위를 맞추는 웃음을 지으며) 린 선생—

큰형: (단도로 가리키며) 닥쳐. (첩형을 향해) 이놈한테 말해. 이놈 두목
인 아산더러 날 찾아오라고. 난 이놈과는 말하기 싫으니까.

△ 큰형은 말을 마치고 집으로 가버리고, 첩형과 빌리는 멍하니
그 자리에 남겨진다.


**장면 49** 첩의 거처 아래층에 위치한 상사. 앞 장면에 이어서.

△ 사무실 안. 큰형이 언짢은 표정으로 차를 우린다. 탁자에는 좀
전의 마약 꾸러미가 놓여 있다. 다른 한쪽에는 첩형이 앉아 있
고, 첩의 부친과 수심이 가득한 첩이 그를 마주하고 있다.

첩의 부친: (목소리를 죽이고) 죽으려면 혼자 죽을 것이지 그깟 돈을 벌
겠다고 겁도 없이 식구들을 끌어들여.

첩형: 식구들을 연루시키진 않을 거예요. 체포해봤자 저만 총살이겠
죠!

첩의 부친: (분통이 터져 그를 때린다. 때리다 손힘이 빠지면 발로 차며) 말
은 번드르르하게 해, 이 짐승 같은 놈. 총살당하면 끝인 줄
알아? 지옥에 떨어져서 염라대왕이 널 기름 솥에 빠트리
고 칼산을 넘게 할 거다. 사람 해치는 돈벌이를 하다니, 지

폐 한 장에 몇 사람 목숨이 달린 줄 알고? 밀가루는 원승
이 들여왔는데, 네가 그 물건을 안에 끼워 놓고 (또 다시 발
로 차며) 남을 연루시키지 않는다고 말해?

첩형: 물건 들여오는 방법은 제가 생각한 게 아니라고요.

첩의 부친: 네가 아니면 그 물건이 저절로 다리가 생겨서 스스로 밀
가루 안에 들어갔게. 죄다 원승의 화물인데, 말이 되는 소
릴 해.

첩형: (잠시 침묵하다가 나직이 말한다) 전부 원량과 빌리가 계획한 거예요.

△ 문밖에서 인기척이 나고 커 상이 들어온다. 그가 모두를 둘러
보고 원승에게 다가간다.

원승: (자리에 앉아 탁자 위의 마약을 가리키고 냉소하며) 곳간의 쥐새끼
가 쌀자루를 갉아먹었지!

△ 커 상이 다가와 꾸러미 안의 물건을 살핀 뒤 고개를 돌려 첩형
을 바라본다. 모두가 침묵하고, 밖에선 자동차가 도착하고 차
문을 여닫는 소리가 들린다.

△ 원승이 첩과 첩의 부친에게 눈짓한다. 두 사람은 위층으로 올
라간다.

△ 아산이 안으로 들어온다. 빌리는 '죄 지은' 표정으로 뒤를 따르
고, 중년 사내는 맨 뒤에서 따르며 안에 들어서자마자 한차례
좌우를 둘러본다.

△ 아산은 엄숙하게 원숭에게 다가가 악수하고, 탁자 위의 흰 가루를 발견하고는 만져본다. 그가 빌리를 향해 몸을 돌린다.

아산: (상하이어) 네 물건이라고?

△ 빌리가 고개를 끄덕이자마자 아산이 그의 뺨을 후려친다. 빌리는 휘청인다.

원숭: (나직하게 타이완어로) 됐어, 연극은 관두라고 해.

△ 커 상이 다가가서 아산을 막고, 중년 사내는 민첩하게 성큼 다가온다. 커 상이 그를 힐끔 쳐다본다.

아산: (상하이어) 내가 사죄하겠소. 우리 아우가 저지른 잘못은 내 반드시 처벌하겠소. (첩형을 힐끔 쳐다본다)

첩형: (큰형에게 통역한다) 미안하대요. 빌리는 돌아가서 꼭 똑바로 교육하겠대요.

원숭: 그건 그쪽 집안 사정이지. 저자한테 말해. 이 물건은 여기 놔두고, 나 원숭은 돈 되는 일은 뭐든지 하지만 남의 목숨 해치는 짓만은 절대 안 한다고. 앞으로 내가 주시하는데 한 번이라도 더 이런 일이 생기면 거래 취소라고. 두 번은 없다고.

△ 첩형이 아산에게 상하이어로 통역하고 아산은 바로 고개를 끄덕인다. 중년 사내와 빌리는 원숭과 커 상을 노려본다.

**장면 50A** 텐랴오항 도박장. 동틀 무렵. 앞 장면에 이어서.

△ 도박장 안. 셋째 형은 산만한 모습에 옷까지 약간 흐트러져 있다.

△ 패를 뒤집은 셋째 형이 패 하나를 내던지고 자기 앞의 돈을 딜러에게 던진다. 그러고는 손을 뻗어 호주머니를 뒤져보고 의자 등받이에 몸을 기대 뒤로 젖히더니 손으로 얼굴을 한 번 쓸고는 일순 망연자실한다.

△ 딜러가 패를 섞고 돌리려는 찰나, 그는 돈을 걸지 않고 일어나 옷을 챙겨 자리를 뜬다. 모두가 그를 바라본다.

△ 변소 안. 담배를 물고 소변을 보던 셋째 형의 눈이 갑자기 번뜩인다. 그날 밤 거리에서 스쳐 지나간 한 여인이 기억난 것이다.

**장면 50B** 기생집 안과 밖. 동틀 무렵. 앞 장면과 동일.

△ 밖에는 비가 내리고 있다. 셋째 형이 빗속을 뚫고 기생집에 들어서는데, 실내가 몹시 조용하다.

△ 마침 창부 하나가 문에 기대 쪼그리고 앉아 남자 손님의 신발을 신겨주는 중이다. 남자 손님은 셋째 형을 힐끔 보고 기생집을 떠난다. 그녀가 '날 원하느냐'는 눈빛으로 셋째 형을 흘끔거린다.

셋째 형: (냉정하게) 아줘는 어느 방에 있지?

△ 창부가 샘이 난 듯 그에게 눈을 흘기고 조금 멀리 떨어진 방을

가리킨다.

△ 셋째 형이 호주머니에 뒤죽박죽 섞여 있던 돈을 꺼내 그녀의
옷깃 안에 쑤셔 넣고 지나간다.

창부: 아쥐는 숙박 손님이랑 있어요.

△ 셋째 형은 무시하고 방까지 가서 문을 두드리고, 반응이 없자
또 다시 두드린다. 그래도 아무런 반응이 없자 문을 부수고 안
으로 들어간다.

△ 방 안의 사내가 "씨발, 뭐야?"라고 외치고, 아쥐의 표정도 싹 변
한다. 되는대로 옷을 움켜쥔 아쥐가 대충 몸을 가리고 잽싸게
밖으로 내뺀다.

△ 셋째 형이 뒤쫓아가서 그녀의 팔을 비틀고 꼼짝 못하게 붙든다.

셋째 형: 훙허우는 누가 죽였어? 그 일본 돈들은 누가 가져갔어!

아쥐: (일부러 크게 외치며) 난 몰라요. 훙허우인지 바이허우인지 알게
뭐예요!

셋째 형: 이게 발뺌하네! 몰라? (더욱더 힘껏 그녀의 팔을 비튼다)

아쥐: (아파서 소리를 지른다) 사람 살려! 살인 나겠네!

△ 방에 있던 사람들이 잇따라 고개를 내밀고 구경한다. 셋째 형
은 강제로 아쥐를 끌고 밖으로 향한다.

△ 기도 같은 사내 서너 명이 그에게 달려든다. 우두머리는 놀랍
게도 진취안이다.

진취안: 이봐, 여자를 놔줘.

　　△ 셋째 형은 그를 보고 어리둥절했다가 이윽고 모든 의문이 풀렸
　　다는 듯 웃는다.

셋째 형: 우리가 또 보는군. (아쥐를 진취안 쪽으로 떠민다)

　　△ 셋째 형이 옷매무새를 가다듬고 밖으로 나가려고 한다.

진취안: (언짢은 목소리로 외친다) 이대로 나가시겠다?

　　△ 진취안이 칼을 빼 들고 셋째 형에게 달려든다. 셋째 형은 양손
　　으로 칼날을 움켜쥐고, 쥔 손에서 피가 배어 나오기 시작한다.

　　△ 진취안이 놀라서 칼을 빼려고 해도 셋째 형은 여전히 이를 악
　　물고 꽉 움켜쥘 뿐이다.


**장면 51** 기생집 바깥 거리. 동틀 무렵. 앞 장면과 동일.

　　△ 빗속에서 인력거가 빗물을 튀기며 지나간다.

　　△ 인력거 안에는 첩형과 큰형이 앉아 있다. 톈랴오항 유곽에 도
　　착하자마자 첩형이 인력거에서 뛰어내려 빗속을 뚫고 기생집
　　안으로 달려간다.

　　△ 큰형도 인력거에서 뛰어내리고 처마 밑에서 담배에 불을 붙인다.

　　△ 적막한 기생집에서 별안간 사내 서너 명이 튀어나와 한 사람을
　　뒤쫓는다. 멀리서는 쫓기는 이가 둥근 걸상으로 공격을 막는
　　모습만 보일 뿐이다.

△ 심드렁하게 보고 있던 큰형은 별안간 멍해지고 담배를 내던진다.

△ 밝은 곳에서 셋째 형의 얼굴이 또렷하게 보인다. 온몸은 피투성이가 돼 있고 위기에 처한 참이다.

△ 큰형이 빗속으로 뛰어들고 그 사내들에게 달려든다.

△ 진취안은 큰형을 보고 어리둥절해지고, 큰형은 어느새 걸상을 빼앗아 들고 정면으로 그를 후려친다. 진취안은 담장 옆으로 나동그라지고, 또 다시 덤벼드는 사내들도 큰형에게 발길질을 당하고 자빠진다.

△ 셋째 형은 핏물이 낭자한 모습으로 빗속에 모로 쓰러져 있다.

△ 첩형이 기생집에서 뛰쳐나오고 큰 소리로 "제부!"라고 외친다.

△ 큰형과 싸우던 똘마니들이 누군가가 달려오는 모습을 보자마자 도망친다.

△ 큰형이 옷을 벗어 첩형에게 던지며 땅바닥의 셋째 형을 가리킨다.

△ 큰형이 담장 옆에 널브러진 진취안에게 다가간다.

△ 진취안은 힘겹게 몸을 일으켜 앉고, 눈앞에 벽처럼 버티고 서서 웃통의 문신을 드러내고 있는 큰형을 바라본다. 빗물이 탄탄한 근육 위로 미끄러져 떨어진다.

큰형: 일어나! 일어나서 덤벼봐!

△ 진취안이 그를 노려보며 일어서서는 칼을 꼭 쥐고 덤비려는데,

큰형은 숨을 몰아쉬며 끄떡도 않는다. 이때, 아청의 성난 고함이 들려온다.

"진취안—"

△ 아청이 슬리퍼와 잠옷 차림으로 우산을 받쳐 든 누군가의 경호를 받으며 현장에 모습을 드러낸다.

△ 한창 셋째 형의 상처를 감싸주던 첩형도 이 광경을 바라본다.

아청: (진취안을 손가락질하며 욕한다) 이 사람이 누군지 알고! 눈깔이 썩었나, 얌전히 들어가!

△ 진취안이 큰형을 흘깃 보고는 천천히 안으로 들어간다.

△ 아청이 큰형에게 다가온다.

아청: 슝아, 애송이 녀석이 자넬 몰라본 걸 내가 사죄하겠네. 안으로 들어와 옷을 갈아입게나.

△ 큰형이 힐끔 그를 쳐다보고 첩형이 있는 저쪽을 바라본다. 첩형은 어느새 셋째 형을 등에 업고 있고, 인력거가 달려오고 있다.

큰형: 미안하지만 우선 아우를 데리고 돌아가서 치료해야겠네. 다른 날 다시 오도록 하지.

△ 큰형은 인력거에 올라 셋째 형을 껴안는다. 퍼붓는 빗속에서 인력거가 멀어져간다.

△ 빗속의 아청은 무표정하게 바라보고 있다.

**장면 52** 소상해주가 거실 안. 낮.

△ 거실 밖 처마 밑에 내리던 비가 살짝 잦아들고, 처마 끝에 맺힌 물방울이 간헐적으로 떨어진다.

△ 상처에 붕대를 감은 셋째 형은 피곤한 듯 의자에 비스듬히 기대어 있고, 할머니가 그에게 뜨거운 인삼탕 한 사발을 먹이는 중이다. 큰형수와 셋째 형수는 피 묻은 옷을 수습하고 바닥의 핏물을 훔치고 있다.

△ 아쉐의 아우들이 문 옆에 모여 고개를 빼꼼 내밀고 거실 안을 엿본다.

△ 아쉐가 아버지의 등에 물약을 발랐는데, 큰형은 여전히 웃통을 벗은 채다. 아쉐가 아우들에게 들어오라고 손짓한다. 가만히 있던 아우들은 할아버지가 들어오는 모습을 보자마자 전부 안에 들어와 숨는다.

할아버지: (셋째 형에게 욕하며) 네가 이대로 쭉 말썽을 부리다간 우리 식구들 전부 너 때문에 죽겠다! 이 못된 놈! 달걀은 안 낳고 닭똥만 남한테 묻히는 꼴이니……. (중얼거리며 거실 안을 서성인다) 니미, 염병할! 이 아비 린아루의 아들을 감히 누가 죽이려 들다니, 니미! 이 아비는 톈랴오항 사람을 안 믿어. 심장에 철판을 깐 놈들이거든!

△ 할아버지가 셋째 형을 욕하자 실내의 모두가 침묵한다.

△ 흠뻑 젖은 첩형이 커 상과 살기등등한 사내 하나를 데리고 들어온다.

할아버지: 커가야, 가서 전해. 내가 톈랴오항에 간다고!

큰형: 뒤상…….

할머니: 임자, 당신이 가봤자 손해라오. 나이가 몇인데, 참 주제 파악도 잘해! 원숭이 가서 처리하게 하면 그만인데.

△ 큰형이 "뒤상"을 외쳐 부르고, 할아버지가 그를 힐끔 보고는 그제야 구시렁대며 할머니와 안으로 들어간다.

△ 커 상과 큰형, 경호원이 심각한 분위기로 뭔가 얘기를 나눈다.

△ 큰형수는 피 묻은 옷과 걸레를 든 채 문 옆에 있는 아이들에게 다가가서 꾸짖는다.

큰형수: 구경났니. 너희 꼬맹이들이 상관할 일이 아니야.


## 장면 53 고택. 낮.

△ 태풍이 부는 날씨. 비바람이 거센 탓에 행인이 뜸하다.

△ 고택 안도 정전된 모양인지 어두컴컴하다. 창밖에서 들어오는 빛이 바깥의 흔들리는 거목을 따라 일렁이며 방 안의 벽, 앉아 있는 모두의 몸과 얼굴 위로 흔들리는 그림자를 드리운다. 자리에 앉은 이는 아청, 큰형, 커 상, 아청의 수행원 한 명, 그리고 중재인인 쫜스쭈이다.

쫜스쭈이: (이 장면이 시작되고 얼마 되지 않아 O.S.로 목소리가 들린다) 태풍 부는 날인데…… 다들 나 쫜스쭈이의 체면을 생각해서 여기 와서 앉아 있어주니, 자네들 성의는 더 말할 것도 없겠군. 오랫동안 친구로 지냈으니 무슨 일이든 참작할 수 있겠지. 지금 시국은 이미 우리 모두에게 아주 불리해졌네. 혹 관청의 아산 놈들에게 불려가면 돈 잃는 건 아무것도 아니고 곧장 체면이 떨어지겠지. 어쩌면 자기 형제가 또 휘사오섬에 갇힐 수도 있고. 말로 잘 해결하자고! 아청, 자네 생각은 어떤가?

아청: 제 밑에 있는 애가 먼저 손을 올렸으니 크게 잘못했죠. 하지만 이게 다 주편의 홍허우한테 있던 그 일본 돈에서 비롯된 소란이죠. 진취안 말이, 그 돈은 홍허우가 자기 부하들의 돈을 꿀꺽한 거고, 진취안은 형제들 대신 따지러 갔다가 홍허우가 돈을 안 뱉어내는 바람에 그만 그 사달이…… 제가 보기엔 진취안의 말에 일리가 있어요. 홍허우가 남을 속인 거고, 저와 진취안은 절대 거짓말하는 게 아닙니다.

△ 쫜스쭈이가 큰형을 바라본다.

큰형: 홍허우가 벌써 죽어서 가버린 마당에 진취안이 뭐라고 말하건 못 믿죠. 증명할 방법도 없고요. 우리 아우가 죽임을 당할 뻔한 건 당한 거고, 전 한 번도 그놈도 죽여달라고는 안 했어요. (아청

을 힐끔 쳐다본다) 쫜스쭈이 어르신의 성의를 봐서라도 우리가 체
면을 살려드리고 아무리 할 말이 많더라도 그만 해야지. 내가
보기엔 그 돈은 공평하게 나눠야 해. 진취안이 하나, 내 아우가
하나, 나머지 하나는 홍허우의 노모께 생활비로 드리는 거지. 자
네 생각은 어떤가?

△ 아청은 생각에 잠긴 듯한 모습이다.

쫜스쭈이: 일리가 있군. 그렇게 하는 게 맞겠어.

아청: 돈이 진취안에게 있으니 제가 멋대로 정하는 건 너무 지나치죠.
하지만 녀석에게 이야기는 해보죠.

큰형: (슬쩍 웃음기를 띠고 그를 바라보며) 자네가 정색하고 말하면 그놈
이 감히 거역할 수 있을라고?

△ 아청은 큰형의 표정을 바라보며 속뜻을 알아챈다. 큰형은 방금
한 말처럼 부드러움 속에 강경함을 품고 있는 것이다.


**장면 54** 톈랴오항의 어느 골목에 인접한 일식집. 밤.

△ 여전히 거센 비바람 속, 골목길 처마 아래에 두 사람이 서 있는
듯하지만 누군지 똑똑히 알아볼 순 없다.

△ 지프차 한 대가 다가오고 불빛이 비친 뒤에야 그 둘이 빌리와
진취안임이 드러난다.

△ 지프차가 서자 빌리와 진취안이 급히 우산을 받쳐 들고 영접하

러 다가간다. 세 사람의 그림자가 차에서 내린다.

△ 일식집 안에 앉아 있던 아청이 말소리를 듣고 일어선다.

△ 빌리와 진취안이 입구에 엄숙하게 서서 안으로 청하는 손짓을 한다. 안으로 들어서는 이는 아산, 그리고 상고머리에 중산복 차림을 한 두 명의 사내다.

△ 아청이 웃으며 뜬금없이 거수경례를 올린다.

아산: (두 사내를 향해 상하이어로 말한다) 이쪽이 바로 아청입니다. 지룽 전체에서 누가 이상한 짓을 하나 알고 싶거든 이 사람에게 물으면 가장 확실하죠. 우리에게 충심이 지극합니다.

△ 두 사내가 아청을 쳐다보고는 축축한 구둣발 그대로 다다미 위에 올라와서 말한다:

"훌륭하군, 아주 훌륭해."

△ 아청이 잽싸게 말한다: "LOZO, LOZO.▪"

**장면 55** 소상해주가 안과 밖. 낮.

△ 태풍이 지나간 뒤의 정경. 하늘은 여전히 흐리고 일대는 만신창이가 돼 있다.

△ 소상해주가의 간판도 부서져서 인부들이 수리하는 중이다.

---

▪ 일본어로 권유를 나타내는 '도조どうぞ'를 서툴게 발음한 말. 여기서는 "어서 앉으세요"의 의미로 쓰였다.

△ 안채 거실. 아청, 진취안, 커 상, 큰형과 첩형이 이야기를 나누고 있고 탁자 위에는 과일 선물 상자가 놓여 있다. 아청이 또 다른 보따리를 풀더니 큰형 앞으로 내밀며 확인을 부탁한다. 큰형이 힐끔 본다.

△ 할아버지는 자신의 팔걸이의자에 앉아 조용히 담배를 피우고 있다.

△ 이윽고 모두가 자리에서 일어나고, 아청은 진취안을 데리고 공손하게 할아버지 앞에 선다.

아청: 어우지상, 귀찮게 찾아와서 정말 죄송해요. (진취안을 가리키며) 실은 이 녀석이 원량과 인사하려고 왔는데, 하필이면 마침 자리에 없네요.

할아버지: (말투는 온화하지만 속뜻은 날카롭다) 셋째가 돌아오고 쓰러져서 머리에 약간 고질병이 생겼으니 있으나 없으나 마찬가지지. 자네들이 폐인인 그 녀석을 불쌍히 봐줘야지. 나중에 밖에서 그 녀석이 무슨 잘못을 저지르거든 자네들이 내게 말해주게. 내가 그 녀석을 혼내줄 테니, 알겠지? 아예 내게 맡기는 걸세.

아청: (어색하게 웃는다) 그럼, 전 가볼게요.

할아버지: 알겠네. 이 늙은이를 중시한다면 한가할 때 와서 말벗이나 해주게나.

△ 커 상과 첩형이 이들을 배웅하러 나가고, 큰형은 거실 밖까지 배웅한 뒤 몸을 돌려 할아버지를 바라본다.

할아버지: 조짐이 나빠. 기꺼이 돈까지 갖고 찾아와 수습하다니, 저 애송이가 이런 도리를 어떻게 알고……. 조심해야 한다.

큰형: 명심할게요.

할아버지: 그리고 네 소실의 아우 말이다. 먹음새가 게걸스러워서 하나 먹으면서 다른 하나에도 눈독을 들이는데, 그런 사람은 탐욕스럽기 마련이지. 너무 정에 연연하면 안 돼……. 그놈이 그렇게 붙어 있다가 언젠가 널 배신할지도 몰라. 네가 그놈에게 머리 숙이게 될 수도 있고. 아, 손주 녀석 좀 안고 와서 보여줘. 어떻게 생겼나 보게…….

△ 이때, 밖에서 아이들이 왁자하게 떠드는 소리가 들려온다:

"넷째 삼촌, 사진 찍어줘요. 찰칵하고…….”

아쉐가 신이 나서 달려온다.

"할아버지, 넷째 삼촌이 돌아왔어요”

△ 과연, 원칭이 웃는 얼굴로 문가에 서 있고, 콴메이와 콴룽도 인사하러 왔다. 할아버지와 큰형은 이들을 진심으로 반갑게 맞이한다. 악수를 나눈 뒤 큰형은 그저 멍하니 웃기만 할 뿐이다.

아쉐: (아버지를 밀며) 뒤상!

큰형: (웃고) 미안하이. 난 유식한 사람만 보면 입 열기가 겁나서…….

콴룽: 그런 말씀 마세요.

　　△ 이윽고 콴룽이 태풍이 지나가고 피해 상황을 살피러 쓰자오팅에 돌아왔다가 주펀에 올라가기 전에 원칭과 들른 것이라고 얘기한다. 할아버지는 이 나이가 되도록 이렇게 큰 태풍은 처음 본다며 그의 본가는 어떤지 묻는다. 목소리가 후면으로 빠지고, 전경은 아쉐와 콴메이 두 소녀가 서로 미소 짓는 장면으로 전환된다.

콴메이: 네가 넷째 삼촌에게 자주 편지를 쓴다는 아쉐구나, 맞지?

아쉐: 글솜씨가 나쁘다고 넷째 삼촌이 연습해야 한대요. 책도 많이 읽어야 한대요. 그래야 눈썰미가 좋아진다면서. (귀엽게 웃기 시작한다)

콴메이: 너희들은 전부 삼촌 말을 잘 듣는구나. 어쩐지, 네 숙모님도 삼촌에게 편지로 애가 공부하게끔 타일러달라고 하시더니.

아쉐: 아쿤이에요. (할아버지 있는 쪽을 흘깃 보고 작은 목소리로) 걔는 중학교 안 가고 할아버지에게 무술을 배우고 싶대요.

　　△ 콴메이도 웃으면서 저쪽을 바라보고, 원칭도 그녀들이 있는 이쪽을 바라보며 다정히 웃는다.


**장면 56** 진료소. 해 질 녘.

　　△ 소박하고 청결한 진료소 안. 고개를 숙이고 앉아 있는 아쿤에

게 콴룽이 무언가를 얘기하고 있다. 원칭도 종이에 글자를 써서 아쿤에게 보여준다.

원칭: (O.S. 페이드인) 네 아빠는 할아버지가 가장 아끼는 아들이었어. 공부를 제일 잘했거든. 할아버지가 널 아끼는 것도 네가 아빠와 똑같을 거라고 생각하기 때문이지. 게다가 지금 넌 너희 집의 유일한 남자고, 네 엄마와 여동생이 장차 의지할 사람이야. 외국에 계신 아빠를 실망시켜선 안 돼.

△ 부엌에선 둘째 형수와 어린 딸이 조용하면서도 분주하게 움직인다. 채소 씻는 물소리만 낼 뿐이다.

△ 청진기, 진료 차트, 만년필, 탁자 위의 꽃, 그리고 매일 새로 분해해서 소독하는 듯한 함석 쟁반 위의 주사기 통까지. 진료소 안의 모든 물건은 정갈하게 정리돼 있다.

△ 아쉐와 콴메이는 진료소 안에서 이 광경을 바라보고 있다.

아쉐: (나직하게) 둘째 숙모는 매일 둘째 삼촌이 오늘은 돌아올 거라고 믿거든요……. 돌아오자마자 바로 환자를 볼 수 있게 하려는 거예요……. (이 대사는 앞의 정경 화면 위에 놓는다)

△ 콴메이는 조용히 진료소를 바라보며 이야기를 듣는 모습이다.

△ 서재에는 의학 서적 외에 문학작품도 많다. 보면대 위의 악보와 낡았지만 정교한 바이올린 케이스도 보인다. 서재 구석엔 눈썹을 치켜올리고 있는 베토벤 석고상이 놓여 있고, 벽에는 '무상

無常' 두 글자가 가로로 적힌 서예 작품과 둘째 형의 가족사진이 걸려 있다.

원칭: (O.S.가 앞에 나오는 화면에 드리워진다) 둘째 형수와는 우리 형제가 어릴 때부터 알던 사이였어. 내 사촌 누나거든. 어렸을 때, 난 시골의 외할머니 댁에서 지냈고 사촌 누나를 제일 좋아했어. 사촌 누나도 내가 장난치는 걸 싫어하지 않았고. 나중에 귀가 안 들리게 됐을 때도 사촌 누나가 나를 가장 잘 돌봐줬지. 사촌 누나가 둘째 형과 결혼하기로 결정했을 때, 난 흥분해서 잠도 못 잤어. 내가 가장 좋아하는 두 사람이 맺어지게 된 거니까……. 저건 내 둘째 형의 가족사진. 내가 찍은 거야. 출정하기 전, 가족 모두가 좋은 옷을 차려입었고 둘째 형은 아쿤과 아쿤의 여동생을 책장 옆에 세우고 둘의 키까지 책장에 새겼지. 눈앞에 있는 아이들의 모습을 영원히 기억할 거라면서…….

△ O.S.는 마지막 구절에 다다르고, 원칭이 서재 안에서 필담으로 콴메이와 콴룽에게 이야기하는 화면에서 끝난다.

△ '키'라는 글자까지 쓰고 원칭은 펜을 내려놓고 책장으로 다가가 콴메이와 콴룽에게 손가락으로 가리켜 보인다. 셋이 한창 그 흔적을 보고 있을 때, 앞치마를 두른 둘째 형수가 어느새 문가에 다가온다. 밥 먹으라고 부르려던 참이었으리라. 하지만 이때는 그녀도 할 말을 잊고, 멍하니 그 자리에 멈춰 선다.

**장면 57A** 지룽 거리. 이른 아침.

△ 어둑하고 고요한 지룽 거리. 빈 술병을 사들이는 고물상이 짐 칸 달린 삼륜차를 타고 당시 유행하던 "빈 병 팔 사람 어디 없소" 하는 노래를 부르며 미끄러지듯 지나간다.

**장면 57B** 소상해주가 안과 밖. 이른 아침.

△ 일찍 일어난 할아버지가 뜰에서 권법을 연습하고 기지개를 켜며 몸을 쭉 펴고 있는데 밖에서 누군가가 문을 두드리며 "린 어르신! 린 어르신!"이라고 외친다.

△ 하인이 겉옷을 걸치며 가서 문을 열어준다. 문이 열리자마자 총을 든 헌병 경찰들이 들이닥친다.

△ 할아버지도 밖으로 나왔다가 거의 부딪혀 넘어질 뻔한다.

할아버지: 무슨 짓이야! 막무가내로 예의도 안 지키다니!

△ 이장이 어쩔 수 없다는 듯 문 옆에 서 있다.

이장: (걱정스럽게) 원량을 잡아야 한다며 저보고 길을 안내하래요. 원량이 상하이에서 한간이었대요.

△ 실내. 헌병 경찰이 사방으로 마구 돌아다니며 방문을 힘껏 걷어차서 열어젖히고 솜이불을 들춘다. 기녀들은 시끄럽게 소리를 지르고, 놀란 아이들은 울음을 터트린다.

△ 젊은 병사 하나가 발로 방문을 차서 열었다가 마침 밖으로 나

오려던 아쉐를 보고는 문가에 멈춰 선다. 병사와 아쉐 둘 다 얼어붙는다. 둘 다 너무도 앳되고, 여린 얼굴이다. 둘의 눈이 잠시 마주치고, 병사는 안으로 고개를 들이밀고 힐끔 둘러보는 다른 이와 또 다시 밖으로 뛰쳐나간다.

△ 그때껏 깊은 잠에 빠져 있던 셋째 형은 시끄러운 소리에 놀라서 깨어나고, 할아버지가 밑에서 큰 소리로 외치는 소리를 듣는다:

"니미, 우리 원량이 한간이면 네놈은 대간豪奸■이지! 이장이 돼서 이웃을 돌봐야지, 귀신에 씌어 호랑이를 풀어놓고 사람을 물게 하다니, 염병할!"

셋째 형이 급히 침대에서 일어나 옷을 집어 드는데 이장이 일부러 큰 소리로 외치는 목소리가 들린다:

"저야 원량이 안 그런 줄 알죠. 하지만 지금은 해명도 소용없으니 제가 원량이라면 일단 가서 얘기할 거예요!"

△ 셋째 형은 멍하니 있다가 침대에서 뛰어내리고, 셋째 형수는 목에 걸고 있던 금 목걸이를 잡아당겨 끊고는 그의 손에 쥐여 준다.

△ 이장이 고개를 위로 쳐들고 외치는 목소리가 이어진다:

---

■ 타이완의 매국노.

"절대 남한테 도리를 따질 생각을 하면 안 돼요. 이런 시국에 도리가 통한다면, 개도 다리 네 개에 바지를 입을 수 있겠죠!"

△ 할아버지가 이장을 바라보다 그제야 고개를 돌려 실내를 둘러보는데, 한 무리 사람들이 뛰쳐나와 도움을 청하는 눈초리로 그를 바라보고 있다. 어린아이들은 울고 있다.

△ 집 밖에서 섬찟한 몇 발의 총성이 잇따라 들려온다.

△ 총소리에 다들 놀라서 얼이 빠진다. 주위는 쥐 죽은 듯 조용해지고 아이들도 울음을 뚝 그친다. 이윽고 또 다시 두 발의 총성이 울린다.

**장면 58** 첩의 거처. 이른 아침.

△ 큰형과 첩이 깊이 잠들어 있는데 별안간 문을 발로 차는 소리가 들린다. 원숭은 일어나서 침대 곁의 목검을 손에 잡히는 대로 집어 들고는 웃통을 드러낸 채 천천히 문 옆으로 다가간다. 첩도 일어나서 본능적으로 아기를 껴안고 보호한다. 문밖에서 발소리가 들리고 큰형이 목검을 쳐드는 찰나, 밖에서 첩형이 외친다.

"원숭, 얼른 일어나요!"

△ 큰형이 문을 연다. 첩형은 겁에 질린 표정이다.

첩형: 어서 도망쳐요. 텐랴오항 도박장에 소문이 도는데, 제부를 잡으

러 온대요.

△ 이때, 문밖에서 자동차 브레이크 소리, 병사가 차에서 뛰어내리며 외치는 소리가 들린다:

"문이 열려 있다. 돌진해!"

△ 큰형이 머뭇거리며 첩을 바라본다.

첩형: (큰 소리로) 어서 도망가라니까요!

△ 첩형이 큰형을 잡아끌고 뒤쪽 베란다로 달려가는데 올라오는 병사들이 이들을 목격한다.

△ 첩형과 큰형은 베란다 난간을 넘어 아래로 뛰어내린다. 옷도 안 걸치고 신발도 안 신은 큰형은 착지하는 순간 통증 때문에 거의 일어서지 못하고, 첩형이 뒤를 돌아보고 그런 그를 부축해서 달린다. 한두 발의 총성과 경기 들린 아기의 울음소리가 허공에 울린다.

**장면 59 커 상의 집. 낮.**

△ 커 상 집의 어둑한 방 안. 접골사가 큰형의 몸을 지압하는 중이다. 이를 악물고 있는 큰형의 이마에 땀방울이 맺힌다.

△ 첩형은 놀란 가슴을 쓸어내리고 우두커니 앉아 있다가 누군가가 들어오는 소리에 본능적으로 흠칫 몸을 떤다.

△ 들어온 건 커 상. 그가 큰형을 흘깃 바라보고 곁에 앉는다.

커 상: 량아는 잡혀갔어. 총을 맞아서 땅바닥이 피바다가 됐는데, 어
디로 잡혀갔고 어떻게 됐는지는 전혀 몰라…….

큰형: 왜 잡혀갔는지도 몰라?

커 상: 누가 자네 두 형제를 한간이라고 고발했다는군.

△ 잠시 어리둥절하던 큰형이 별안간 주먹으로 차탁을 힘껏 내리
친다.

커 상: 화내서 뭐 하게. 자네도 알잖나. 이 시국에 남을 모함하는 데는
이 방법이 제일 효과적이라는 거. 칼 안 쓰고도 사람을 죽일
수 있는데.

△ 큰형은 갑갑한 듯 숨을 몰아쉬고 아무 말도 하지 않는다. 접골
사가 그의 눈치를 살피고는 다시 지압을 시작한다.


**장면 60** 타이베이 어느 관리의 일본식 저택. 낮.

△ 어느 일본식 저택. 보초병 하나가 가랑이 사이에 총을 끼우고
벽에 기대서서 바나나를 먹고 있다.

△ 현관에는 바닷가재와 전복이 담긴 작은 대나무 바구니 하나가
놓여 있다. 곁에 붉은 종이 한 장이 붙어 있는 바구니에서 새는
물이 시멘트 바닥 위로 줄줄 흐른다.

△ 거실 안. 큰형과 커 상이 공손한 태도로 관리처럼 보이는 사내
한 명과 마주보고 있다.

관리: (타이완어) 이런 일은 날 찾아와도 소용없네. 내가 거기까지 갈 수도 없고. 군부에선 고발 내용이 사실이라고 말해. 특히 자네 아우가 상하이에서 일본인을 위해 어떻게 지하 공작원 노릇을 했고, 어떻게 상하이의 암흑가 조직과 어울렸는지 전부 증거를 갖고 있다더군. 자네도 마찬가지야. 자네가 일본인과 결탁하고 물자를 밀매했다고 말하는 자가 있어.

커 상: (붙임성 있게 웃으면서) 이 사람 아우가 상하이에 있었을 적 일은 말씀 안 드려도 아시잖아요, 부득이한 일이었단 것을요. 일본이 다스리던 시절인데, 일본인이 우리한테 시키는 일을 어떻게 감히 거절해요?

관리: 하긴. 그러니 우리도 지금 중앙에 타이완은 한간 전범 검거 숙청 조례에서 빼달라고 활동하고 있는 게지. 혹 성사되면, 자네 두 형제는 전혀 문제없을 거야. (큰형을 본다) 꾹 참고 있게나. 타이완 사람은 한때는 일본인이 됐다가 한때는 중국인이 되고 또 한때는 타이완인이 되니……. (생긋 웃고) 이러지도 저러지도 못하는 신세지! 무슨 일이 있건 자네는 나서지 말게. 자넨 수배 중이니 조심하지 않으면 딴 사람까지 다치게 될 걸세.

△ 관리가 당부하며 일어서고, 두 사람도 덩달아 몸을 일으킨다.

△ 둘은 현관에 앉아 신발을 신는다. 바로 곁에는 아까의 신선한 해산물 바구니가 놓여 있다.

**장면 61** 감옥 문밖. 낮.

△ 커 상이 죄수 한 명과 면회하고 있다. 곁에는 감시하는 보초병
이 서 있다.

△ 커 상이 감옥에서 나온다.

△ 멀리 나무 아래에 차 한 대가 서 있고, 차 안에서는 큰형이 걸
어오는 커 상을 바라보고 있다.

△ 커 상이 올라타자마자 차가 바로 출발한다.

커 상: 면회를 허락하지 않아서 마침 안에 있는 형제 하나를 만났는
데, 우리더러 얼른 량아를 빼내라고 하더군. 안 그럼 반병신이
될 거라면서.

△ 큰형이 비통하게 거리 쪽으로 고개를 돌린다. 가로변에 새로 추
가된 표어가 보인다. "지도자에게 충성을 바쳐 타이완을 건설
하자."

**장면 62** 베이터우 도박장. 밤.

△ 베이터우 도박장 안. 누군가의 시선이 어수선한 바깥쪽 도박장
을 가로지르더니, 기모노 차림을 한 여자의 안내에 따라 작은
방 안으로 들어간다.

△ 작은 방 안에선 훨씬 더 고급스러워 보이는 도박판이 벌어지고
있다. 마작판이다. 각자 여자를 끼고 앉아 있고, 아산이 카메라

를 등지고 있다.

△ 중년 사내는 구석의 소파에 앉아 『삼국연의』 같은 유의 옛날 서책을 읽는 중이다.

△ 한 탁자에 앉은 도박꾼들이 전부 고개를 들고 찾아온 이를 쳐다보는데, 중년 사내도 고개를 들어 같은 이를 쳐다보고는 민첩하게 일어난다.

△ 찾아온 이는 커 상이다. 그가 아산에게 다가가 뭔가를 속삭인다. 주머니에 손을 찌르고 있는데 총이 있을지도 모를 일이다.

△ 아산은 중년 사내에게 눈짓하고 경거망동하지 말라는 신호를 보낸다.

△ 복도. 걸어가고 있는 커 상과 아산 뒤로 중년 사내가 따라간다.

△ 어느 방에 이르자 커 상이 미닫이문을 연다. 정면에는 큰형이 앉아 있고, 곁에는 첩형이 앉아 있다.

큰형: 마작을 방해해서 미안하오(첩형이 상하이어로 통역한다). 같이 마작하는 이들이 오래 기다리지 않게 간단히 말하겠소(첩형이 통역한다). 원량이 지금 감방에 있소. 당신이 높은 관리와 사이가 좋다는 걸 알고 있소(첩형이 통역한다). 내 이렇게 부탁하겠소. 그 녀석이 설 쇠기 전에 나와서 가족들이 단란하게 모일 수 있도록 빼내어주시오……. (첩형이 그를 잠시 쳐다봤다가 통역하기 시작한다)

아산: (웃는다) 그렇게 말하니 꼭 남 같구려. 린형의 일은 내 일이니 내
　　반드시 최선을 다하겠소. 하지만 솔직히 말해 내 연줄은 정계
　　쪽이라 군부 연줄을 찾을 수 있다는 장담은 못 하겠소.

　　△ 첩형이 아산의 말을 통역한다.

큰형: 저놈한테 쓸데없는 소리 하면서 예의 차리지 말라고 해. 난 준비
　　하고 왔으니까.

　　△ 큰형은 이렇게 말하면서 첩형의 통역을 기다리지도 않고 탁자
　　밑에서 꾸러미 하나를 꺼내더니 탁자 위에 올려놓고는 열어 보
　　인다. 당초 그가 압수했던 마약이다.


**장면 63** 소상해주가 안채. 이른 아침.

　　△ 린씨 집안 저택의 이른 아침. 아쿤은 맷돌을 밀고 곁에선 메이
　　징이 쌀을 퍼서 맷돌 안에 흘려넣는다. 둘 다 말이 없고, 맷돌
　　돌아가는 소리만 들릴 뿐이다.

　　△ 큰형수는 메이징의 모친이 떡 반죽에 쓸 쌀가루 물이 담긴 자
　　루를 꾹 눌러 물기를 빼는 걸 거들고 있다.

　　△ 아쉐와 원칭은 아쉐의 방에서 이야기하는 중이다. 둘 다 꽤 엄
　　숙하게 대화하는데 큰형이 불쑥 들어온다.

큰형: 네가 넷째 삼촌에게 얘기해. 타이베이에서 셋째 삼촌을 데려가
　　라는 통지가 왔으니 얼른 출발하라고.

△ 원칭이 뭔가 끼적이더니 큰형을 향해 고개를 돌린다.

아쉐: 넷째 삼촌이 아버지는 같이 안 가냐고 물어요.

큰형: 난 아직 수배 중인데 어떻게 가.

△ 아쉐가 원칭이 끼적이는 글을 본다.

아쉐: (소리 내어 읽는다) 신정 때 타이완은 한간 전범 검거 숙청 조례에서 제외된다고 이미 선포됐으니 형님은 아무 일 없을 거예요.

큰형: 네가 이 녀석한테 말해. 법은 그놈들이 만들고 해석하는 데 달렸으니 그놈들 너무 믿지 말라고.


**장면 64** 소상해주가 안과 밖. 낮.

△ 삼륜차 한 대가 소상해주가에 도착하고 원칭이 먼저 차에서 뛰어내린다. 차 안에는 안색이 누렇게 뜨고 창백한 셋째 형이 있다.

△ 원칭과 운전수가 셋째 형을 부축해서 내리는데, 셋째 형수가 맨 먼저 달려오고 이어서 할아버지, 큰형 등 가족들이 달려온다.

△ 셋째 형은 문가에 있는 가족들을 바라보며 웃는지 안 웃는지 모를 미묘한 표정을 짓는다. 원칭은 그를 부축하고, 그가 일순 비틀거리자 재빨리 붙든다. 별안간 셋째 형의 입과 코에서 선혈이 콸콸 뿜어져 나온다.

△ 셋째 형수는 울음을 터트리고, 달려온 큰형이 셋째 형을 옆으

로 안아 들고는 재빨리 방 안으로 뛰어간다.

할아버지: (큰 소리로 외친다) 어서 약을 가져와!

△ 큰형은 셋째 형을 내려놓고는 그의 코와 입에 묻은 핏자국을 손으로 묵묵히 닦아낸다. 셋째 형은 눈도 깜빡이지 않고 그런 그를 응시한다.

큰형: (중얼거리며) 기운도 좋지. 집에 왔으니 겁내지 마라. 내 말 들려? 겁낼 것 없다고.

△ 셋째 형수는 얼굴을 가린 채 등을 돌리고, 그만 구슬프게 통곡하기 시작한다. 큰형수와 아쉐가 그녀를 부축하러 간다.

할아버지: (목청을 높이며 욕한다) 울어? 새해 벽두, 연말 끝자락에 내 앞에서 우는 거냐!

△ 할머니가 약을 가져와서 원칭에게 건네고, 얼른 할아버지를 부축해 한쪽에 앉힌다.

△ 큰형은 셋째 형의 머리를 받쳐 들고, 아들에게 미음을 먹일 때처럼 숟가락으로 그에게 탕약을 먹인다. 할아버지가 목멘 소리로 말한다:

"내가 그놈들을 죄다 없애버려야지…… 내가…… 염병할……"

모두가 침묵하고, 이윽고 귀청을 울리는 폭죽 소리가 울려 퍼지기 시작한다.

**장면 65** 소상해주가 바깥. 낮.

△ 춘절의 폭죽놀이와 사자춤. 온 천지를 뒤덮는 듯한 폭죽 연기
에 주위가 폭 잠기고, 사자의 몸체와 남자의 벗은 몸이 연기 속
에서 보일 듯 말 듯 용솟음친다. 허공과 지면에서 무수한 폭죽
이 사자를 향해 던져지고, 사자춤을 추는 사내와 사자의 머리
는 전연 겁내는 기색도 없이 폭죽을 맞는다.

**장면 66** 첩의 거처. 오후.

△ 겨울날 오후. 햇볕은 나른하게 항구를 비추고 정박한 작은 배
는 흔들거린다. 너울이 일었다 잦아들었다 하며 부두를 때리
고, 마치 온 세상이 졸고 있는 것 같다.

△ 큰형은 첩의 방에서 잠들어 있고, 아들도 그의 옆에서 자고 있
다. 멀리서 총성이 들린다. 폭죽 소리 같기도 한 그 소리에 그는
눈을 번쩍 뜨고 일어나 앉아 주위를 두리번거린다. 불안한 가
운데, 또 다시 총성이 들리는 것만 같다.

△ 그는 아들이 깰세라 침대에서 조심스레 내려온다.

△ 베란다. 큰형이 석양을 등지고 항구를 바라본다. 온 도시가 쥐
죽은 듯한 적막에 잠겨 있다.

△ 첩이 부엌 문가에서 그를 쳐다본다.

△ 큰형은 황금빛 햇살 아래 묵묵히 서 있다.

△ 첩이 다구를 내오고, 큰형은 차를 우린다.

첩: 왜 좀 더 자지 않고요?

큰형: 방금 우리 어머니 꿈을 꿨어. 아주 오래 전, 내가 어린아이였을 때인데 아마 설 무렵이었겠지? 대여섯 살 때였는데, 설을 쇠야 하는데 집에 아무것도 없어서 어머니가 아버지한테 금붙이를 주고 팔아 오라고 했거든. 당시 아버지는 노름에 미쳐 있었으니 어머니가 나더러 아버지를 따라가라고 했지. 중간쯤 가다 아버지가 나보고 돌아가라는데 난 싫다고 했고, 아버지는 그런 날 전신주에 묶어놓고 노름하러 가서 돈을 전부 걸었어. 하필이면 그날 끗발이 좋아서 아버지가 밤새 노름하는 통에 난 그대로 꼬박 하룻밤을 묶인 채 꾸벅꾸벅 졸았고……

△ 말을 마친 그가 차를 홀짝인다. 그의 표정이 쓸쓸하면서도 온화하게 바뀐다.


**장면 66A** 옛집. 낮.

△ 수척한 노파가 침대에 누워 있고, 스무 살 남짓한 큰형이 곁에 앉아 있다. 노파가 그의 손을 잡아끌며 나직이 말한다.

원숭의 모친: 내가 눈을 감거든 이 집은 네가 책임져야 해. 네 아비는 미덥지 않으니 말이다. 아우들을 잘 돌봐주렴, 알았지? 난 둘째 걱정은 안 해. 넷째는 장애는 있지만 손재주

가 좋으니 사진관을 열면 되겠지. 원량이 가장 걱정이구나. 그 아이는 경솔한 데다 성질도 못돼서 말썽이 끊이지 않을 게다. 그 아이가 무서워하는 사람은 너밖에 없으니 네가 꽉 잡고 있어야 돼, 알았지?

△ 큰형이 고개를 끄덕이고, 그의 모친은 안심한 듯 그를 보며 웃고는 몹시 지친 기색으로 눈을 감는다.


**장면 66B** 첩의 거처. 오후. (장면 66에 이어서)

△ 큰형은 찻잔을 받쳐 들고 앉아 눈을 반쯤 감고 여전히 깊은 추억 속에 잠겨 있다.

△ 첩형이 황급히 들어와서 그를 부른다:

"제부, 제부……."

△ 큰형은 눈을 뜨고 그를 바라본다.

첩형: (묘하게 흥분해 있다) 아이고, 천지가 또 뒤집혔네요. 어젯밤 타이베이의 다다오청에서 밀수 담배 단속원이 사람을 패 죽여서 난리가 나고 시위가 벌어졌대요. 오늘은 어떤 사람이 천이를 찾아가 따졌는데, 천이 그 도둑놈이 군인을 시켜서 기관총으로 소탕하게 했대요. 그러다 난리가 나서 타이베이에서부터 아산 놈만 보이면 팬다는데 지금은 여기서도 난리가 나고 경찰서까지 점거됐대요! 아산 놈들이 꽁지가 빠져라 도망치는데! 망할 놈들!

△ 그가 절반쯤 말했을 때, 첩이 아기를 안고 나와서 이야기를 듣는다.

큰형: (냉랭하게) 아, 남의 일에 왜 이리 신났어.

## 장면 67A 극장 앞. 낮.

△ 거리는 다소 혼란스럽다. 돌멩이와 술병이 길바닥에 나뒹굴고, 멀리선 차 한 대가 군중에게 뒤집혀 불이 붙고 쾅 소리를 내며 짙은 연기를 내뿜는다. 중산복 차림의 사내 하나가 골목에서 카메라를 향해 달려오고, 뒤에선 한 무리 사람들이 몽둥이, 칼 등을 들고 쫓아오며 외친다:

"또 도망쳐봐. 배짱이 있거든 어디 더 멀리 가보라지! 네놈 아비가 타이완 사람은 만만하지 않다고 안 가르쳐주던!"

△ 중산복 차림의 사내가 카메라 앞까지 달려온다. 총소리가 끊임없이 울리고, 아까의 무리들은 뒤를 돌아보고 뿔뿔이 흩어진다. 사람들이 떠나고 난 거리에는 움직임 없는 시체 한 구, 그리고 부상을 입고 심하게 기침하는 사람 한 명만 남겨져 있다.

## 장면 67B 타이진병원 문밖. 낮.

△ 병원 안. 외성인 하나가 겨우 놀란 가슴을 진정하고 앉아 있다. 윗도리만 걸친 채로 가슴에 비스듬히 붕대를 감은 그에게 간호

사가 주사를 놓는 중이다. 다른 한쪽에는 얼굴이 피투성이가 된 전형적인 타이완 촌부가 있는데, 천 상이 그에게 간단한 수술을 해주고 있다. 촌부는 고통으로 비명을 지르고, 곁에선 콴 메이가 천 상을 보조하며 지혈하고 있다.

△ 병원 문밖. 인단트렌 치파오 차림의 여인과 중년 사내 한 명이 한 무리 사람들에게 에워싸여 있다. 사내가 이미 부상을 입었 건만 사람들은 여전히 그를 잡아당기며 구타하고, 여인은 크게 겁에 질린 모양인지 한쪽에 주저앉아 자신의 머리칼을 마구 쥐 어뜯으며 울부짖는다.

천 상: (O.S.) 그만해요!

△ 피로에 지친 표정의 천 상이 현관으로 나와 종종걸음으로 사람 들 틈을 비집고 들어가는 모습이 보인다. 백의는 핏자국으로 얼룩덜룩하다.

천 상: 병원은 사람을 살리는 곳이지 죽이는 곳이 아니에요! 의사인 내 체면 좀 지켜줘요.

△ 천 상이 중년 사내를 부축하는데, 누군가가 그때에도 기회를 틈타 사내를 걷어찬다. 천 상이 고개를 돌려 발길질한 사람의 얼굴을 노려본다.

천 상: 이런 약한 사람 하나 발로 차서 죽인다고 우리가 비참하게 억 압받는 처지에서 벗어나지나요?

△ 천 상의 눈빛이 억눌린 울분을 고스란히 드러낸다.

△ 진료실 안. 콴메이는 여인에게 따뜻한 물을 마시게 하고 서툰 국어로 위로한다:

"여긴 아주 안전하니 더 이상 겁낼 필요 없어요."

△ 몸을 돌려 병실로 돌아가려던 찰나, 콴메이는 원칭과 콴룽이 천 상과 함께 걸어오는 모습을 목도한다. 콴룽은 천 상과 뭔가 얘기하는 중이고, 원칭은 카메라를 메고 있다.

콴룽: (콴메이를 향해 목소리를 낮추고) 원칭과 타이베이로 갈 거야.

콴메이: (불안한 어조로. 일본어) 오빠!

콴룽: (여전히 목소리를 낮춘다) 린 선생님이 사람을 시켜서 날 부르셨어. 허융캉이 실종됐대. 타이베이에 일손이 필요해.

△ 콴메이는 콴룽을 바라본다. 몹시 걱정스러운 기색이다.

콴룽: 혹 누가 묻거든 무조건 모른다고 해, 알았지?

△ 콴메이가 고개를 끄덕인다.

△ 떠나는 콴룽과 원칭, 두 사람의 뒷모습. 콴메이가 갑자기 오빠를 외쳐 부른다. 콴룽이 뒤를 돌아보나 원칭은 아무것도 듣지 못하고 계속 앞으로 걸어나간다.

콴메이: 원칭은 아무것도 안 들리니까 오빠가 잘 돌봐줘야 해요.

△ 콴룽이 고개를 끄덕이고 돌아서는 순간, 원칭도 걸음을 멈추고 그녀를 돌아본다.

△ 콴메이.

**장면 68** 기차 안과 밖. 낮.

△ 기적 소리를 길게 울리며 질주하는 기차.

△ 객차 안은 승객이 적어 무서울 만큼 고요한데, 별안간 기적 소리가 짧게 몇 차례 울리더니 기차에 브레이크가 걸리며 속도가 서서히 느려진다. 누군가가 밖을 내다보고, 콴룽과 원칭도 차창을 열고 밖을 살핀다.

△ 멀리서 누군가가 차에서 뛰어내려 도망가고, 또 다른 누군가가 그를 뒤쫓는다. 더 먼 곳에서는 검은 연기가 피어오르고 있다. 자동차 혹은 타이어를 불태우는 검은 연기다.

△ 원칭이 카메라를 치켜들고 사진을 찍으려는데 콴룽이 그를 저지하고, 자기가 열차에서 내려서 살펴보겠다고 손짓한다.

△ 콴룽이 기차에서 뛰어내리자 몇 사람이 몰려와 그를 포위하고는 무언가를 묻는다. 그러고는 갑자기 다시 흩어져서 달아나는 누군가를 쫓는다.

△ 옆 칸 객실에서 시끄러운 소리가 들리고, 누군가가 빠른 걸음으로 이쪽 객실을 가로지른다. 원칭은 젊은 아낙이 아기를 품에 안고 어린 여자애의 손을 잡아끌며 황급히 걸어오는 모습을 보고는 그녀를 자기 쪽으로 잡아당긴다. 젊은 아낙은 깜짝 놀

란다.

△ 원칭이 자기 옆의 빈 자리를 가리키며 그녀를 앉히고, 아기를 받아 안고는 손짓으로 조용히 하라고 신호한다.

△ 낫, 곡괭이, 일본도를 손에 쥔 폭도들이 들어와 마주치는 모든 이에게 타이완어나 일본어로 "어디 사람이오?"라고 묻는다. 질문을 받은 이는 겁에 질려 대답한다.

△ 폭도가 원칭 가까이에 와서 막 입을 열고 아낙에게 물으려는 찰나, 원칭이 벌떡 일어나더니 매우 큰 목소리로, 소리는 있지만 뜻은 없는 '말'을 외친다:

"난 린원칭, 지룽 사람이고, 이 사람은 내 아내요!"

폭도 갑: (일순 멍해졌다가 우악스럽게) 대체 어느 나라 말을 하는 거야? 어?

△ 원칭은 듣지 못하고 약간 당황한 기색으로 좌우를 둘러본다.

폭도 을: 아산 놈이군! 안 들려? 어디서 거짓말이야!

△ 그가 다가와 원칭을 끌고 가려는데 마침 달려온 콴룽이 폭도를 밀친다.

콴룽: 이 사람은 귀머거리요. 이 사람이 어떻게 듣겠소! (폭도는 여전히 원칭을 쳐다보고 있다) 이 사람의 부친은 지룽의 린아루 어르신이고, 형님은 린원숭이오. 이제 알겠소?

△ 폭도들이 그에게서 떨어지고 다른 사람에게 가서 또 다시 묻는다.

△ 원칭은 콴룽이 앉으라고 툭 치고 나서야 털썩 주저앉고 줄곧
　　몸을 떤다.

**장면 69** 허융캉의 집 안과 밖. 밤에서 이른 아침까지.

　　△ 타이베이의 어느 거리. 가로등은 어둡고 거리 위로는 돌멩이,
　　몽둥이, 연기가 올라오는 타다 남은 잿더미, 뒤집힌 차가 어수
　　선하게 널려 있다.

　　△ 콴룽, 원칭 그리고 좀 전의 세 모녀가 골목 안 그늘 속에 서 있
　　다. 문을 두드리고 한참 기다리고서야 타이완어로 묻는 여자의
　　목소리가 들린다:

　　　"누구세요?"

콴룽: 나야, 우 선생. 아잉 맞지?

　　△ 그제야 삐거덕 문이 열리고, 아잉이 그들에게 들어오라고 급히
　　손짓한다.

콴룽: 선생님은 돌아오셨어?

　　△ 아잉이 고개를 가로젓는다.

　　△ 현관에 들어서서 벽에 붙은 식탁 위로 의자를 올린 뒤, 아잉이
　　천장을 향해 조용히 누군가를 부른다.

아잉: (국어) 사모님, 우 선생님이에요.

　　△ 천장널이 위로 젖혀지고, 고개를 내민 허융캉의 아내가 주위를

살피고는 기어 내려온 뒤 아들을 부축해 밑으로 내린다. 그녀
의 두 눈은 한참 운 모양인지 벌겋게 부어 있다.

콴룽: 늦게 와서 미안해요. 린 선생님은요?

허융캉의 아내: 융캉을 찾으러 갔는데 쭉 소식이 없네요. 제 딸도 아
직 안 돌아왔어요.

콴룽: 어디에 갔길래요?

허융캉의 아내: 여자사범학교 부속소학교요. 수업은 끝났는데 마중
나갈 엄두가 안 났어요. 설마 어린애까지 때리고 죽이
진 않겠죠. (흐느끼기 시작한다)

콴룽: 제가 가서 찾아볼게요. (원칭을 끌어당기고) 이쪽은 저와 융캉의
친구인 린원칭이고, 이분은…….

아낙: (곧바로 국어로 말한다) 전 장姜씨고, 이분들이 열차에서 구해주
셨어요.

　△ 아낙이 허융캉의 아내와 얘기하기 시작한다. 죄다 상황이 어쩌
다 이 지경으로 변했나 하는 유의 얘기다. 한편, 콴룽은 종이를
꺼내 원칭과 필담하고 원칭은 연신 고개를 끄덕인다.

콴룽: (허융캉의 아내를 향해) 이 친구가 여러분 곁에 남고, 전 바로 학
교로 갈게요.

　△ 점프 컷. 원칭이 전등을 밑으로 내리고 등갓에 종이를 두른다.
다들 식탁에 둘러앉아 밥을 먹는데, 어린 남자아이가 전등을

보며 갑자기 목소리를 높이고 국어로 묻는다:

"엄마, 전등에 왜 옷을 입힌 거야?"

△ 허융캉의 아내가 쉿 하는 소리를 내고, 다들 소리를 죽이고 밥을 먹는다. 밥을 먹는데 전등이 꺼지고, 이번에는 여자아이가 엉엉 울기 시작한다.

아낙: (목소리를 낮추고) 울지 마. 타이완 사람 올라!

△ 여자아이는 울음을 뚝 그치고, 아잉이 초를 가져와서 불을 켠다. 밖에서 들리는 목소리가 점점 가까워진다.

남자 목소리: (O.S.) 누구든 여기서 감히 아산 놈을 숨겨주면, 내가 죽여버리고 집에도 불을 질러버릴 줄 알아!

△ 긴장한 아잉이 허융캉의 가족들을 잡아끌어 다시 천장으로 돌아가 숨게 한다.

△ 창밖으로 날이 서서히 밝아온다. 원칭은 소파에서 몸을 구부리고 자고 있고, 그의 몸 위로 담요가 덮여 있다. 문 두드리는 소리에 허융캉의 아내가 달려 나가고, 아잉도 부엌에서 뛰쳐나온다.

△ 아잉은 현관에서 허융캉의 아내를 붙들고, 혼자 문 옆으로 가서 묻는다:

"누구세요?"

"우 선생이야."

△ 아잉이 문을 연다. 콴룽이 어린 여자아이의 손을 잡고 있다. 허융캉의 아내는 딸을 부둥켜안고 울음을 터트린다.

△ 라디오의 O.S.가 시작된다. 천이가 계엄령 해제와 사건 처리 세부 사항을 발표한다.

**장면 70A** 진과스의 어느 일본식 가옥 바깥. 앞 장면과 같은 이른 아침.

△ 천이의 라디오 방송이 O.S로 들리는 가운데, 진과스의 산골 짜기에선 찬바람이 불고 궂은비가 내린다.

△ 집 바깥에서는 우산을 받쳐 든 콴메이가 멍하니 풍경을 응시하며 누군가를 기다리고 있다. 인단트렌 치파오를 입은 여인이 옷가지, 보온병, 세숫대야 등을 챙겨 집에서 나온다.

**장면 70B** 타이진병원. 오전.

△ 궂은비 속의 타이진병원. 천이의 라디오 방송이 O.S로 계속된다.

△ 천 상은 잠든 듯이 회전의자에 앉아 있다. 청진기는 여전히 목에 건 채다. 짧게 자란 수염이 그의 턱에 어두운 그림자를 드리우고 있다.

△ 그의 등 뒤에 놓인 라디오.

△ 창밖에선 환자 대여섯 명과 간호사가 주위에 옹기종기 모여 라

디오를 듣는 중이다. 천이의 O.S.는 여기서 멈춘다.

△ 병실 안. 부상자는 잠들어 있고 꼬마 하나가 유리창에 입김을 불며 낙서하고 있다.

△ 인단트렌 치파오를 입은 여인이 복도 끝에서 뜨거운 물을 담고 있고, 왔다 갔다 하며 걸레로 바닥을 닦는 청소부들은 큰 소리로 수다를 떤다.

청소부 갑: 이번엔 얼마나 싸워야 한대? 우리가 이길 수 있을까?

청소부 을: 당연하지. 우리가 아산 놈들보다 숫자도 더 많잖아.

청소부 갑: 그건 모르지. 우리가 일본 놈들보다 적었지만 그렇다고 다 잡혀가 죽지도 않았잖아……. 우리 남편이 그러는데, 기쿠모토백화점에 있던 물건까지 죄다 꺼내서 불태워버렸대. 세상에, 모직물로 만든 옷까지 태워버렸다니까!

청소부 을: 아이고, 아까워라! 미리 알았으면 가서 몇 벌 주워 오는 건데.

△ 인단트렌 치파오를 입은 여인이 뜨거운 물을 담은 보온병을 들고 두 청소부가 닦은 바닥을 밟고 지나간다. 두 청소부가 고개를 들어 그녀를 힐끔 쳐다보고는 걸레질로 그녀의 발자국을 지운 뒤 계속해서 바닥을 닦는다.

△ 라디오에서 지지직거리는 소리가 나더니 갑자기 타이완어 방송이 들린다:

"동포 여러분, 승리가 하루하루 우리에게 다가오고 있습니다. 우리 타이완인 중 돈 있는 자는 돈을 내고, 힘 있는 자는 힘을 내기만 한다면……."

△ 이 O.S. 속에서 두 청소부는 여전히 열심히 바닥을 닦는 중이다.

## 장면 71 타이진병원. 낮.

△ 비가 그치고 맑게 갠 날씨. 한 아낙이 솜이불을 병원 창가에 내놓고 햇볕에 말리며 막대로 툭툭 두드리고 있다.

△ 콴메이가 조제실에서 일하고 있는데 누군가가 창문을 두드린다. 그녀가 고개를 돌리자 머리칼은 헝클어지고 얼굴에는 수염이 덥수룩하게 자란 원칭이 보인다.

△ 콴메이가 문을 열어 그를 안으로 들이고, 종이를 가져와 자신이 먼저 글자를 쓴다.

콴메이: (O.S.) 타이베이는 어때요? 오빠는요?

△ 원칭이 펜을 건네받고 글자를 쓴다.

원칭: (O.S.) 오빠는 무사해. 그가 나보고 먼저 돌아가라고 했어. 허 선생님은 무사히 돌아오셨고…….

△ 원칭이 종이를 건네고 콴메이가 이제 막 읽으려는데 갑자기 쿵 소리가 들린다. 원칭이 창백한 안색으로 정신을 잃고 바닥에 쓰러진 것이다.

△ 콴메이가 그를 급히 부축한다.

△ 병상에 누운 원칭. 또 다른 간호사가 그에게 천천히 주사를 놓고 있다. 콴메이는 곁에서 걱정스럽게 그를 바라보고 있다.

원칭: (계속되는 O.S.) 그날 어수선하던 때, 허 선생님은 양복 옷깃에 신문사 배지를 달고 있던 덕에 구타를 면했고 이후에는 친구 집으로 피신했어. 타이베이는 너무 혼란해……. 네 오빠와 린 선생님은 잠도 안 자고 매일 공회당에 가서 회의를 여는데, 거기서도 사람들이 시끄럽게 싸워. 예전에 네 오빠가 실망하면서 말했지. 내가 듣지 못하는 게 오히려 축복이라고. 난 모르겠어, 정말 모르겠어…….


## 장면 72 언덕. 낮.

△ 화창한 날씨. 하늘과 바다도 온통 맑은 빛이다.

△ 이른 봄 햇볕이 가득 비치는 언덕 위. 허약한 원칭이 그곳에 멍하니 앉아 먼 곳을 바라보고 있다.

△ 수수한 평상복 차림의 콴메이가 손가방을 들고 계단을 걸어 올라온다.

△ 원칭이 그녀를 보고 놀라 얼떨떨해하며 일어선다. 햇볕을 받으며 비탈길을 올라온 탓인지, 활짝 웃는 콴메이의 볼은 빨갛게 상기돼 있다.

△ 콴메이는 스스럼없이 그의 곁에 앉고 손가방을 열어 책 한 권과 종이를 꺼내 글자를 쓰기 시작한다.

콴메이: (O.S.) 오늘 쉬는 날이라 사진관에 찾아갔는데, 견습생이 여기에 있다고 해서 왔어요. 병중에 무료할까 봐 책을 한 권 가져왔어요. 오빠가 제게 빌려준 책이에요.

△ 콴메이가 원칭에게 책을 건넨다. 원칭이 책 표지를 본다. 크로폿킨의 『상호부조론』의 일역본이다.

△ 원칭은 콴메이를 보며 생긋 웃고 속표지를 펼친다. 콴룽이 만년필로 쓴 일본어 글귀 한 줄이 보인다:

"같은 운명에 처한 벚꽃이여 마음껏 날아가거라. 나도 곧 뒤따라가리. 모두 똑같이."

콴메이: (종이와 펜을 집어 들고 글자를 쓴다. O.S.) 일본인은 벚꽃이 가진 '가장 찬란할 때 주저 없이 져버리는' 장엄함을 가장 사랑하고, 생명도 이래야 한다고 생각한대요. 오빠가 예전에 들려준 얘기인데, 메이지 시대에 한 소녀가 폭포에서 뛰어내려 자살했대요. 유서에는 세상이 싫어서도 실의에 빠져서도 아니라 자신의 꽃 같은 청춘을 어떻게 하면 좋을지 몰라서 꽃처럼 날아가버리자고 적혀 있었대요! 당시 수많은 젊은이가 그 소녀의 죽음과 유서에 감동했대요. 그 시절은 바로 메이지유신의 시대였고, 열정에 불타는 시대였던 거죠…….

△ 콴메이는 글을 쓰다가도 이따금씩 펜을 멈추고 원칭을 바라본다. 글을 쓰며 스스로도 감동해서 감정이 점차 북받쳐 오르기 시작한다. 원칭은 넋을 잃고 계속 그녀를 바라본다.

△ 마침내 두 사람은 조금도 회피하지 않고 서로를 물끄러미 응시한다.


**장면 73** 기숙사. 밤.

△ 등불 밑의 콴메이. 일기장이 책상 위에 펼쳐져 있긴 하지만 콴메이는 펜을 쥐기만 하고 멍하니 앉아 있다. 입가에는 옅은 미소를 띄운 채.

△ 한 간호사가 숨을 헐떡이는 사내아이를 데리고 와서 콴메이를 부른다.


**장면 74** 사진관 안과 밖. 앞 장면에 이어서.

△ 콴메이와 종전의 사내아이가 말없이, 빠른 걸음으로 사진관으로 향한다.

△ 사진관 문은 열려 있다. 사내아이가 문을 열자 등불 아래서 한창 필담을 나누던 콴룽과 원칭이 돌아본다.

콴메이: 오빠!

△ 콴룽의 얼굴에는 수염이 더부룩하고, 조잡하게 부목을 대고

광목천을 싸맨 다리에는 핏자국이 배어 있다.

△ 콴메이는 그의 얼굴과 다친 다리를 보며 왈칵 눈물을 쏟는다.

콴룽: (나직한 목소리로) 울지 마. 오빠 안 죽었고 정말 괜찮아. 천이가
보낸 군대가 바로 타이베이로 돌격해서 아주 많은 사람이 죽
었어.

콴메이: 아, 이제 어떡해요?

콴룽: 처리위원회 사람들이 이미 많이 잡혀갔고, 린 선생님은 실종됐
어. 나도 도망칠 순 없겠지. 일단 산에 들어가서 당분간 숨어 있
어야겠어.

콴메이: 이런 다리로 어떻게 가요. 최소한 다리가 나을 때까진 기다려
야죠.

콴룽: 여기서 머무를 순 없어. 혹시 붙잡히기라도 하면 너희 모두 큰일
날 거야.

△ 원칭은 둘이 무슨 얘기를 하는지 듣지 못하고 그저 둘을 바라
볼 뿐이다.


**장면 75** 경편차도. 땅거미가 지고 밤이 가까워진다.

△ 콴메이는 콴룽을 데리고 본가로 돌아간다. 두 사람은 말없이
경편차에 앉아 있고, 덜커덩거리는 바퀴 소리와 경편차 미는
사람의 거친 숨소리 속에서 고향은 서서히 밤의 어둠 속으로

빠져든다.

**장면 76** 우씨 집안 저택 안과 밖. 밤.

△ 우씨 집안 저택의 문어귀는 어두컴컴하고, 담장 너머 집 안은 노란색 등불을 밝히고 있다. 두 남매는 먼발치의 골목에서 한참 집을 바라본다. 콴메이가 콴룽을 부축하고 길을 우회해서 골목 안쪽의 옆문으로 간다.

△ 콴메이가 작은 소리로 한참 문을 두드리고, 마침내 개 짖는 소리와 함께 누군가가 다가온다. 문이 열리고, 중년 아낙이 잠시 어리둥절해하다가 둘을 안으로 들이며 문밖을 살피고는 이내 집 안을 향해 고개 돌려 외친다:

"마님―"

△ 식사하는 방. 방금 문을 열어줬던 아낙이 분주하게 두 남매의 그릇과 젓가락을 준비하고 있다.

△ 둘의 어머니는 옆에 앉아 중얼거리며 눈물을 닦고 있다.

우씨 집안의 모친: 너희 둘은 왜 이렇게 날 걱정시키는 거니! 헌병과 경찰이 하루에 한 번씩 찾아와서 문지방이 닳을 지경인데, 혹 우리 집에서 누구 하나 잡혀가기라도 하면 내가 놀라서…….

△ 집 안에 있던 형과 형수, 어린아이가 잇따라 안으로 들어오고,

말없이 콴룽과 콴메이를 계속 힐끔거린다.

우씨 집안의 모친: 어쩌다 우리가 이렇게 난처하게 된 거야?

△ 듣고 있던 콴룽이 뭔가를 본 듯 일어서려고 한다.

△ 우씨 집안의 부친. 전형적인 소도시 지식인답게 약간 뚱뚱한
몸집의, 쉰 살 남짓한 나이의 그가 식사하는 방 앞에 나타난 것
이다.

콴메이: 뒤상.

△ 아버지가 안으로 들어오고 콴룽의 얼굴과 다리를 보더니 별안
간 그의 뺨을 때린다.

△ 온 가족이 묵묵히 그 광경을 지켜본다.

우씨 집안의 부친: 이 집에 네 자리는 없다. 배불리 먹거든 짐을 싸거
라. 누군가가 널 나이랴오內寮의 소작인에게 데려가
줄 테니 거기서 피신해. 콴메이는 저 녀석 약을 챙
겨주고 집 밖으로는 한 발짝도 나갈 생각하지 마!

콴메이: 뒤상, 하지만 천 원장님께 말씀도 못 드렸고 옷도 안 가져왔는
데……

우씨 집안의 부친: (콴메이를 향해) 난 너희들의 생사가 걱정인데, 넌 고
작 옷 걱정뿐이냐?

△ 콴메이가 고개를 떨굴 때까지 그가 계속 노려본다.

**장면 77A** 타이진병원 기숙사. 낮.

△ 타이진병원. 끈적한 장마철. 어느새 두 달이 지난 뒤다.

△ 원장실 밖. 간호사 몇 명이 문 앞에서 기다리고 있다.

△ 창문 사이로 원장이 평상복 차림의 콴메이를 위로하는 모습이
보인다. 끝으로 그가 그녀의 어깨를 다독이고, 콴메이는 그에
게 허리 숙여 인사하고 밖으로 나온다.

△ 간호사들이 그녀에게 다가오고, 그녀와 함께 걸으며 뭔가를 묻
는다.

△ 기숙사. 콴메이가 문을 열고 잠시 안을 둘러본다. 옷장을 열어
트렁크를 꺼내고, 책상 위에 있는 편지 한 통을 발견하고는 황
급히 편지를 뜯어본다.

아쉐: (O.S.) 콴메이 언니, 어제 진과스에서 어떤 사람이 와서 막냇삼
촌이 잡혀갔다고 알려줬어요. 아빠가 산으로 올라가서 언니를
찾았지만 병원에선 언니가 집으로 돌아갔다고 했대요. 지룽에서
도 수많은 사람이 잡혀갔고요. 아빠가 다급하게 소식을 수소문
했지만 막냇삼촌을 발견하진 못하고 막냇삼촌이 소학교의 린 선
생님과 관계가 있다는 말만 들었대요. 할아버지는 귀머거리까지
잡아가다니 대체 하늘의 도리가 어디 있냐며 화내시고요. 언니
집 주소를 몰라서 여기로 보냈어요. 언니가 어서 돌아와서 빨리
이 편지를 볼 수 있으면 좋겠어요. 막냇삼촌을 생각하고 있자니

전 자꾸 눈물이 나요…….

△ O.S.가 계속되는 가운데 점프 컷으로 장면이 전환된다.

**장면 77B** 사진관 안과 밖. 낮.

△ 큰형과 어린 견습생이 이야기하고 있다. 견습생이 잠긴 문을 연다.

△ 큰형이 안으로 들어선다. 실내는 평범하게 전개되던 일상이 갑자기 중단된 듯한 모습이다. 탁자에는 책이 그대로 펼쳐져 있고 빨간 연필 한 자루가 놓여 있는 채다.

**장면 78** 감옥 안. 이른 아침에서 낮까지.

△ 감방 안에 난 작은 철창 밖의 하늘은 아직 해 뜨기 전의 어스름한 색이다.

△ 감방 안의 네 명은 모두 잠에서 깨 앉거나 누워 있다. 밖에서는 오며가며 순찰하는 병사의 걸음 소리가 들린다.

△ 한 점잖은 죄수가 작은 쪽지 한 장을 적고는 조심스럽게 접어서 넥타이 안에 쑤셔넣고, 원칭은 그 광경을 지켜본다.

△ 수많은 발소리가 멀리서 들려오는 가운데 열쇠 짤그랑대는 소리가 그 속에 섞여 있다. 네 사람은 숨죽이며 귀를 기울이고, 발소리가 감방 문 앞에서 멈춘다.

△ 네 사람이 서로를 마주 본다. 슬퍼하는 기색은 없고, 오히려 운
　　　명을 받아들인 평온한 기색이다.

　　△ 문이 열리고 군인 하나가 성큼 들어오더니 네 사람을 힐끔 쳐
　　　다보고는 수중의 공문서를 본다.

군인: 리잉제.

　　△ 좀 전에 쪽지를 쑤셔 넣었던 중년 사내가 일어선다. 듣지 못하
　　　는 원칭은 무슨 일인지 모르고, 나머지 두 명은 바로 일어나 그
　　　사내를 향해 손 내밀어 악수한다. 원칭도 손을 내민다.

　　△ 사내는 넥타이를 정돈하고 세 사람을 향해 깊이 허리 숙여 인
　　　사한다:

　　"사요나라."

　　△ 이윽고 사내가 나가고, 곧바로 감방 문이 육중하게 닫힌다. 원
　　　칭은 귀를 막고 고통스러운 듯 눈을 질끈 감는다.

　　△ 철창의 하늘빛.

　　△ 구석에서 원칭이 소리 없이 흘리는 눈물이 온 얼굴을 적신다.

　　△ 문이 또 다시 열리고 병사가 들어온다. 원칭이 그를 바라본다.

군인: 린원칭.

　　△ 두 중년 사내가 그를 쳐다본다. 자신을 부르는 것임을 알게 된
　　　그가 눈물을 훔치며 일어서고, 아까처럼 두 사내와 악수한다.

　　△ 감방 복도. 원칭이 병사들 사이에 끼어서 걷는 소리 없는 세계.

원칭은 철창 안에 갇힌 한 명, 한 명의 얼굴이 밖을 향해 소리치는 모습을 보고 있으나, 전부 소리는 없다. 철문이 하나씩 하나씩 열리고 닫힌다. 마지막 철문 하나가 열리는 순간, 정면으로 눈부신 햇볕이 그를 찌른다. 화면은 온통 새하얀 빛이다.

**장면 79A** 소상해주가 안. 낮.

△ 실내. 린씨 집안 일가족이 점심을 먹고 있다. 구석에 나른하게 앉은 셋째 형은 손가락으로 죽을 후비적거리고 있다.

△ 셋째 형수가 그릇을 손에 든 채 억지로 아들을 붙들어 앉히고 밥을 먹이는데, 말을 안 듣던 아이는 한 대 얻어맞자마자 울음을 터트린다.

△ 셋째 형은 무심하게 죽을 들이켠다.

△ 아쉐가 접시에 음식을 덜어 쟁반 위에 올려 놓고는 흰쌀밥 한 그릇과 함께 안으로 들고 간다. 할아버지는 이 광경을 지켜보면서도 아무 말이 없고, 여전히 한 입 한 입 느긋하게 밥을 먹는다.

△ 원칭의 어둑한 방. 탁자 위에는 음식이 놓여 있다. 그는 창 앞에 진흙 인형의 실루엣처럼 서 있다. 정오의 창밖은 햇볕으로 하얗게 반짝인다.

**장면 79B** 감방 동료의 집. 낮.

 △ 소리 없는 세계. 원칭이 다다미 바닥 위에 보자기를 풀어서 펼
   쳐 보인다. 안에 든 건 양복 한 벌과 셔츠, 넥타이이다. 그가 공손
   하게 한 아낙에게 보자기를 내민다. 아낙의 곁에는 깔끔한 교
   복 차림의 아이들 서너 명이 무릎을 꿇고 앉아 있다. 아낙이 옷
   을 펼쳐보고 애써 울음을 참으며 원칭을 향해 바닥에 머리가
   닿도록 절한다.

 △ 원칭이 손을 뻗어 넥타이를 집어 들고 안쪽에서 쪽지를 꺼내
   아낙에게 건넨다. 아낙은 천천히 쪽지를 펼쳐 보고는 옷 위에
   올려놓고, 큰딸을 부둥켜안고 흐느낀다.

 △ 쪽지. 일본어:

 "너희는 존엄을 지키며 살거라. 아버지는 감옥에서 죽는다만,
 믿어주렴. 아버지는 죄가 없단다."


**장면 80** 소상해주가 안. 해 질 녘.

 △ 단오절 전날 저녁의 부엌에는 수증기가 자욱하게 서리고, 큰형
   수는 셋째 형수 등을 지휘하며 쫑즈를 싸느라 분주하다.

 △ 하녀가 찜통에서 익은 쫑즈를 건져내 처마 밑에 걸자 물방울이
   똑똑 떨어져 내린다.

 △ 콴메이가 안쪽 거실로 들어섰을 때, 아쉐는 마침 집안의 어느

정도 큰 아이들을 전부 단속하며 일렬로 줄지어 앉히고 숙제를 하도록 시키고 있던 참이다.

콴메이: (작은 목소리로) 아쉐.

△ 아쉐는 고개를 돌리고, 콴메이가 중형 트렁크를 든 채 그곳에 서 있는 모습을 본다.

아쉐: 콴메이 언니!


**장면 81A** 진료소. 밤에서 이튿날 낮까지.

△ 콴메이와 둘째 형수는 등불 아래에 앉아 묵묵히 조금 먼 곳을 바라보고 있다. 식탁에선 교복 차림의 아쿤이 여동생과 숙제를 하는 중이다.

콴메이: (나직하게) 아쿤은 역시 착한 아이네요. 어머니를 실망시키지 않았군요.

둘째 형수: 네 오빠와 원칭이 뭐라고 말했는지는 모르겠지만 애가 충고를 들은 거지. (생긋 웃는다) 이런 시국에는 공부를 많이 하는 게 꼭 좋은 것도 아니야. 공부한 사람은 (손가락으로 머리를 가리키며) 생각이 많아서 네 오빠나 원칭처럼 걱정을 시키니.

△ 콴메이의 표정.

△ 진료소 응접실. 둘째 형수가 옷을 꿰매고 있다. 콴메이는 창밖

을 내다보고 있다. 여전히 하염없이 내리는 장맛비.

△ 대문이 열리고, 콴메이는 아쉐와 원칭이 한 우산을 쓰고 들어
오는 모습을 본다. 아쉐가 우산을 들고 있는데, 손에는 한 꿰미
쭝즈까지 들려 있다. 원칭은 옷의 절반이 젖어서 망연자실한
기색으로 아쉐를 따라 들어온다.

△ 창문을 사이에 두고 있던 콴메이는 순간 핑 도는 눈물을 손으
로 훔친다.

△ 실내로 들어온 원칭은 콴메이를 보고 멍하니 멈춰 선다.

△ 콴메이가 그를 향해 웃는다.

둘째 형수: (두 사람을 바라보고 있는 아쉐를 잡아당기며) 쭝즈 가지고 부
엌으로 들어가.

△ 아쉐와 둘째 형수는 부엌으로 들어가고 응접실에는 둘만 남
는다.

△ 콴메이가 잰걸음으로 탁자 옆으로 가서 펜과 종이를 가져온다.

콴메이: (O.S.) 몸은 괜찮아요? (원칭이 고개를 끄덕인다) 제 편지는 받았
어요? (원칭이 고개를 끄덕인다) 오빠가 실종됐어요! (원칭이 고
개를 끄덕인다) 알고 있었어요? (원칭은 반응이 없다)

△ 둘은 한참을 침묵한다. 콴메이가 다시 글자를 쓰기 시작한다.

콴메이: (O.S.) 전…… 집을 나왔어요……. (원칭이 종이를 봤다가 그녀
를 쳐다본다. 콴메이의 얼굴이 빨개진다) 집에 혼담이 들어왔어

요……

△ 원칭은 그녀를 바라보며 침묵하고, 둘은 서로를 한참 마주본다.

△ 이윽고 원칭이 종이와 펜을 집어 들고 글자를 쓴다.

원칭: (O.S.) 난 네 오빠를 만났지만 어디에서였는지는 말할 수 없어. 감옥에 있을 때, 어떤 사람이 내게 전갈을 부탁해서 찾아갔다가……

**장면 81B 잡다한 정경. 낮.**

△ 쌴샤 거리. 원칭은 한 한약방으로 들어가 종이에 "동충, 천 마리"라고 적는다. 한약방 주인이 그를 힐끔거린다.

△ 한약방 주인과 원칭이 가마를 타고 시즈산의 산길을 가고 있다.

△ 어느 농가에서 누군가가 나와 이들을 맞이한다. 까무잡잡하고 마른 중년 사내다. 한약방 주인의 소개 후, 원칭이 펜과 종이를 꺼낸다.

라오훙: (O.S.) 난 훙씨요. 다들 날 라오훙이라고 부른다오.

원칭: (종이와 펜을 받아 들고 글자를 쓴다. O.S.) 옥중에서 어떤 사람이 당신에게 딱 두 글자만 전해달래요. '우물'이요.

△ 젊은이들이 우물을 에워싸고 밧줄을 당기며 상자들을 하나씩 건져 올리고 있다.

△ 누군가가 상자를 옆으로 옮기고, 한약방 주인과 라오훙이 노

루발로 못을 비틀어 상자를 연다. 상자 안에 있는 건 한 자루씩 방수포로 싼 총이다.

△ 원칭은 지켜보고 있다.

△ 산속의 어느 너른 공터. 간간이 함성이 들려온다. 웃통을 드러낸 한 무리의 청년들이 죽창으로 짚단을 단단히 묶어 만든 허수아비를 찌르는 총검술을 연습하는 중이다.

△ 콴룽도 그 속에서 얼굴에 땀을 흘리며 날카로운 함성을 지르고 있다.

△ 원칭은 조금 먼 곳에 서서 이 광경을 지켜본다.

△ 원칭의 O.S.가 시작된다:

"헤어질 때, 네 오빠가 나보고 다신 여기 오지 말라고 했어. 그가 남긴 말을 넌 영원히 잊으면 안 돼……."


**장면 81C** 진료소 안. 낮.

△ 원칭의 O.S.가 이 장면으로 이어질 때, 그는 고개를 들고 감정을 억누르며 결별하는 표정으로 콴메이를 쳐다보고 다시 글자를 쓰기 시작한다.

원칭: (O.S.) 우리 가족에게 알리지 말고, 내가 이미 죽었다고 생각하게 해. 난 이미 조국의 아름다운 미래에 나를 바쳤어.

△ 원칭이 글쓰기를 마친다. 콴메이의 얼굴은 이미 눈물로 흠뻑

젖어 있다.

**장면 82** 소상해주가 안과 밖. 낮.

△ 휴업 상태의 소상해주가. 난리 이후 아직 회복하지 못하고 몹
시 쇠락한 분위기다. 악사와 한가한 기녀들은 탁자에 기대어
앉아 술을 마시며 무료하게 이 시절의 애수에 찬 노래를 부르
고 있다.

△ 노랫소리가 집 안까지 들려온다. 큰형은 원칭을 나무라는 중이
다. 아쉐가 옆에서 아버지의 말을 글로 적어서 원칭에게 보여
준다.

큰형: 아침에 어머니 묘에 절하러 갔는데, 쟈오※■를 던지는 족족 죄
다 꽝이야. 그야 아들 넷 중에 보이는 건 나 하나뿐이니 어머니
도 당연히 궁금하시겠지. 내가 한 명 한 명 다 말씀드렸는데, 네
애기할 때가 됐을 때 내가 말했다. 나도 개가 평생 이렇게 방 안
에만 틀어박혀 살려는 건지 도무지 모르겠다고. 난 개를 위해
근처에 사진관을 열어줄 생각이지만 개가 좋다고 할지는 모르겠
다고……. 남의 집 처자가 체면도 팽개치고 너 때문에 우리 집

___
■ 반달 모양으로 생긴 붉은 나무조각. 타이완의 민간신앙에서는 두 개의 조각을 던
져 양과 음을 상징하는 면이 하나씩 나와야 신에게 비는 소원이 이루어지거나 문제에
대한 해답을 들을 수 있다고 믿는다.

에까지 왔는데, 이렇게 분명한 뜻을 대체 아는 거야, 모르는 거
야? 내가 어머니한테 이렇게 말씀드려야 넌 만족하겠냐?

△ 큰형은 말을 마치고 바로 나가버린다.

△ 홀에선 악사가 여전히 애수에 찬 노래를 부르고 있다. 큰형이
　지나가다가 갑자기 감정이 격해져서 언짢은 목소리로 말한다:
　"노래 부르지 마. 노래는 해서 뭐하게!"

△ 악사와 기녀들이 그의 말을 못 듣고 여전히 노래하자 큰형이 달
　려들어 악사의 호금을 빼앗아 내동댕이쳐버린다.

큰형: (고함을 지른다) 노래하지 말라는 거 안 들리냐고! 씨발!

△ 큰형은 욕을 마치고는 그대로 가버리고, 악사와 기녀는 멍하니
　얼어붙는다.


**장면 83** 베이터우 도박장. 밤.

△ 자욱한 담배 연기 속, 큰형은 방 안에서 투전 노름을 하는 중이
　다. 그는 한 번 졌고, 다시 패를 낼 때는 칩을 모조리 앞으로 밀
　어놓고 패를 한 번 만지작거리고는 보지도 않고 그 자리에서 바
　로 패를 뒤집는다.

△ 모두가 패를 내던지고, 첩형이 사람들의 칩을 전부 쓸어 담는
　다. 큰형은 칩을 한 움큼 집어 자신의 호주머니에 쑤셔넣는다.

△ 첩형은 기뻐서 어쩔 줄 몰라 하며 위아래로 칩을 던지며 복도

를 지나고, 마침 맞은편에서 다가오는 여종업원이 들고 있는
두부를 보고는 입맛을 다시며 그쪽으로 걸어간다.

△ 방 안에서 익숙한 두 얼굴이 나온다. 빌리와 진취안이다.

첩형: (상하이어) 빌리 아닌가. 자네도 여기 있었군. 돈을 땄겠지!

빌리: (상하이어) 따긴 무슨, 돈을 잃었으니 나왔지.

첩형: 웃기시네. 빌리 자네의 돈은 전부 주머니 속에 들어가기만 하고
나오진 않잖나? 누가 감히 자네 주머니에서 돈을 꺼내겠나, 배
짱도 크게! 웅? 이놈을 고발해. 한간이라고 고발하는 거야! 린원
량처럼 모조리 게워내게 하고, 목숨까지 반쯤 게워내게 하는 거
지!

△ 진취안이 따귀를 갈긴다:

"뭔 헛소리야!"

△ 첩형이 진취안에게 달려든다:

"네놈들 짓이지, 아산의 비위를 맞추려고!"

복도에서 싸움이 벌어진다. 빌리는 몰래 브라우닝 권총을 꺼
내고 첩형을 향해 한 발 쏜 뒤 도망치려고 한다. 큰형이 방에
서 뛰쳐나오고, 빌리가 채 감추지 못하고 손에 쥐고 있는 권
총을 보고는 모든 상황을 파악한다. 빌리가 미처 반응하기도
전에 큰형이 돌진하고, 업어치기로 단숨에 빌리를 쓰러트리고
는 미친 듯이 그를 벽으로 몰아 마구 팬다.

큰형: 싸우려면 이렇게 해야지. 정정당당하게. 알았나. 정정당당하게
　　 말이야!

　　 △ 상황이 몹시 혼란해지자 각 방에서 사람들이 쏟아져 나온다.
　　　 누군가가 고함치는 소리가 들린다:
　　　 "슝아!"
　　 △ 큰형이 돌아본다. 아청, 아산, 중년 사내 등이 보인다.

아청: 눈 뜨고 잘 봐야지. 여긴 베이터우지 지룽이 아닐세.

큰형: 참 잘됐군. 약속을 해도 이렇게 모일 순 없을 텐데! 우리끼리 깨
　　 끗하게 빚을 청산하자고. 지금 하나씩 덤비든가 아님 한꺼번에
　　 덤비든가! (다리를 더듬어 단도를 꺼낸다) 오늘은 이 몸의 끗발이
　　 좋으니까, 한꺼번에 덤벼!

　　 △ 큰형이 아산에게 덤비며 외친다:
　　　 "일단 이 교활한 놈부터 해치워야겠군!"
　　　 중년 사내가 경호하며 나서지만 큰형은 발길질로 그를 밀친
　　　 다. 아산이 도망치려는데, 큰형이 그의 목을 꽉 잡고 단도로
　　　 등허리를 찌른다. 아산은 괴성을 지르며 쓰러진다. 큰형이 겹
　　　 겹이 포위된 상태에서 진취안과 아청, 두 사람을 상대한다.

　　 △ 중년 사내는 한쪽에 고요히 서서 몰래 뾰족한 송곳 한 자루를
　　　 꺼내 손에 바꿔 쥐고, 큰형이 이쪽으로 밀려오자 그의 가슴에
　　　 송곳을 찔러 넣고는 재빨리 자루를 돌린다. 그러고는 잽싸게

자리를 벗어나고, 바닥에 쓰러진 아산을 부축해 일으켜 밖으로 달아나려 한다. 큰형이 고함을 지른다:

"어디로 도망치려고! 타이완은 작디작은데 어디로 갈 수 있을라고! 바다에나 뛰어들겠군!"

△ 아청도 도망가고, 진취안만 남아서 싸운다. 갑자기 통증을 느낀 큰형은 힘이 빠지고, 진취안에게 몇 차례 주먹질을 당한 뒤 벌떡 일어나 그의 가슴에 칼을 꽂아 넣는다. 큰형은 계속 쫓아가려 하나 결국 넘어져서 바닥에 주저앉고, 자신의 가슴에 꽂힌 송곳을 발견하고는 거칠게 뽑아낸다. 피가 솟구치기 시작한다. 그는 그 송곳을 바라보며 약간 이해가 안 간다는 기색으로 있다가 결국 옆으로 쓰러진다. 피를 콸콸 흘리면서.

△ 바닥의 빌리, 첩형, 진취안 그리고 큰형과 흥건한 핏자국을 사람들이 멀리서 바라본다. 아무런 소리도 내지 않고.


**장면 84** 소상해주가 안과 밖. 낮.

△ 아쉐가 무릎을 꿇고 앉아 있다. 벌겋게 부어오른 눈. 큰형수와 다른 아이들도 옆에서 무릎을 꿇고 있다.

△ 도사가 법회를 행하고 있고, 장례 천막 위에는 큰형의 사진이 올려져 있다.

△ 집 안에선 할아버지가 웃통을 벗고 늙고 무기력한 근육을 드러

내고 있고, 아쿤은 바닥에 꿇어앉아 그의 허리에 천을 동여매

주고 있다.

할아버지: (살기등등한 얼굴로 엄숙하게) 꽉 묶어. 아주 꽉 묶어야지. 그

래야 기가 위에까지 올라올 수 있는 거야. 옳지.

△ 아쿤이 꽉 조여 매고, 할아버지는 간편한 옷을 걸친다.

할아버지: 넌 준비됐냐!

△ 아쿤이 말없이 옷을 걷어 자신의 배를 그에게 보여준다. 할아

버지가 주먹으로 치는데 아쿤은 눈을 감지도 않고 주먹을 버텨

낸다.

할아버지: 좋아! 내 손주가 열 명 정도는 아주 거뜬하겠구나!

△ 할아버지가 일본도 한 자루를 꺼내 아쿤에게 주고, 자신은 지

팡이 칼을 빼든다.

△ 할아버지와 아쿤이 거실을 지날 때, 지전을 접고 있던 할머니

와 집안 여자들이 전부 멍하니 동작을 멈춘다.

할머니: (큰 소리로 외친다) 영감, 제정신이우?

할아버지: (칼을 뽑으며) 한마디만 더 하면 당신 먼저 죽일 거야. 이미

하나가 죽었는데, 하나 더 죽어도 상관없지!

△ 여자들은 감히 움직이지 못하고, 할아버지는 아쿤을 떠밀며

걷는다.

둘째 형수: 아쿤—

△ 아쿤은 어머니를 한 번 쳐다보고는 그대로 밖으로 향한다.

△ 할아버지와 아쿤이 잰걸음으로 대문을 나서는데, 안에서 누군가가 소리친다:

"저 두 사람을 붙들어요! 못 나가게 해요!"

△ 한 무리 사람들이 와서 가로막는데 할아버지가 버럭 외친다:

"다가오지 마. 망할 것들! 나 린아루를 무시하지 말라고! 씨발! 내 아들이, 하나씩 죽임을 당했는데! 씨발!"

△ 장례를 치르는 천막에서 갑자기 원칭이 뛰쳐나오더니 할아버지를 꽉 껴안는다.

할아버지: (발로 차고 때리면서 버틴다) 저리 꺼져! 망할 놈, 이 울분을 못 풀면 난 죽어도 편히 못 죽어! 씨발! 이 못난 귀머거리 놈아! 이 망할 놈아! 다 죽어버려! 다들 네 어미 곁으로나 꺼져버리라고!

△ 아쉐와 큰형수가 뛰쳐나오고, 할아버지의 모습을 보며 하염없이 눈물을 흘린다.

△ 원칭이 할아버지를 더 힘껏 꽉 껴안자 결국 할아버지는 힘없이 숨을 헐떡인다. 셋째 형은 먼발치에 서서 멀뚱히 바라보기만 할 뿐이다.

할아버지: 내…… 내게 남은 아들은 못난 귀머거리 너뿐이구나……. 너 하나 남았구나…….

**장면 85** 해변. 낮.

△ 온 하늘에 가득한 붉은 구름. 태풍이 올 징조다.

△ 바다에 면한 언덕에는 상복 입은 한 무리의 사람들이 서 있고, 도사가 주문을 외는 소리가 거센 바람 속에서 계속 들려온다. 지전은 불에 탄 재가 되어 날아오른다. 페이드아웃.

**장면 86** 소상해주가 안. 낮.

△ 날라리* 소리와 함께 바라 소리가 울려 퍼지고, 떠들썩한 인간의 목소리와 섞여 점점 더 커진다.

△ 거실의 신단 위에선 붉은 촛불이 높게 타오르고, 할아버지는 한껏 차려입고 태사의太師倚*에 앉아 있다.

△ 아쒸와 집안 여자들이 원칭과 콴메이를 에워싸고 안으로 들어선 순간, 그제야 이게 초상을 치른 뒤 백 일도 안 돼서 급히 치르는 혼례식임이 드러난다.

△ 아래 세대들의 소매 위와 앞섶에는 여전히 벨벳으로 만든 하얀 꽃이 달려 있다. 신랑과 신부도 예외는 아니다. 죽은 자의 상喪과 경사스러운 혼례가 함께 거행되고 있는 것이다.

---

■ 태평소.
■■ 중국의 전통 가구. 널찍한 몸체에 팔걸이가 있는 의자로, 가정에서는 가장의 권위를 상징한다.

**장면 87** 타이진병원. 밤.

△ 병원은 어둠 속에 잠겨 있다. 멀리서 아기의 울음소리가 들려
   온다.

△ 촛불 켠 병상 위에 콴메이가 누워 있고, 원칭이 곁에서 그녀를
   살짝 부축해 일으킨다. 간호사가 아기를 안고 와서 이들에게 보
   여주고, 원칭은 너무 기쁜 나머지 눈물을 흘린다.


**장면 88** 메이환란사진관 안과 밖. 이른 새벽.

△ 이른 새벽. 주펀. 가랑비. 자막: 1949년 10월.

△ 젖은 노면. 잠에서 덜 깬 듯한 발걸음. 가게 문을 여는 소리. 시
   장에선 일찍 일어난 노점상들이 벌써부터 움직이고 있다.

△ 메이환란사진관美煥然照相館의 간판. 다급하게 문을 두드리는
   소리.

△ 현관. 스웨터를 걸친 콴메이가 문을 연다. 모자를 푹 눌러쓴 사
   람이 밖에 서 있다.

△ 그가 모자를 살짝 치켜올린다. 바로 한약방 주인이다. 그가 콴
   메이에게 편지 한 통을 건네고 바로 몸을 돌려 가버린다.

△ 콴메이가 문을 닫고 돌아서는 순간, 거기 서 있는 원칭이 보
   인다.

△ 콴메이가 편지를 뜯자 원칭이 다가와서 읽는다.

콴룽: (O.S.) 원칭, 라오훙이 밀고해서 기지가 습격을 당했어. 콴메이
그리고 아직 내가 만나보지 못한 조카를 위해 무조건 최대한
빨리 도망쳐. 앞날을 예측할 수 없으니 어딘가에서 다시 만나거
나 다음 생에서 다시 만나기만을 바랄 뿐이야. 콴룽.

△ 콴메이가 눈물을 흘리며 원칭을 바라본다.

△ 원칭이 그녀의 손에 글자를 쓴다. 화면에 자막이 떠오른다:
"너도 알잖아. 언젠가 이런 날이 오리라는 걸. 그렇지?"

△ 콴메이가 고개를 끄덕인다.

△ 원칭이 또 글자를 쓴다. 자막: "당분간 쓰자오팅에 돌아가서 아
이를 잘 돌봐줘."

△ 콴메이가 그의 손을 잡아당겨 글자를 쓴다. 자막: "싫어요. 집
을 나온 그날부터 난 당신과 생사를 함께하기로 결심했어요."

△ 침실 안. 두 사람이 묵묵히, 허둥지둥 짐을 챙긴다. 잠을 깬 아
기는 옆에서 울고 있다.


**장면 89 루이빈 기차역. 낮.**

△ 콴메이와 원칭은 플랫폼에서 기차를 기다리고 있다. 콴메이의
품에 안긴 아들은 잠들어 있다.

△ 역 울타리 바깥은 비안개가 자욱하고 거친 파도가 이는 바다다.

△ 원칭은 조금 떨어져 있는 모자를 한참 바라본다. 콴메이도 가

만히 그를 바라본다.


**장면 90** 사진관. 낮.

△ 옷을 곱게 차려입은 콴메이가 아기를 안고 앉아 있다. 원칭은
결혼식 때 입었던 양복을 입고 카메라를 조정하고 있다.

△ 그가 카메라 조정을 마치고 자리에 앉아 몸을 가까이 붙인다.
이윽고 그는 손에 쥐고 있던 셔터 줄을 당긴다. 플래시가 번쩍
인다.

△ 세 사람의 모습이 한 장의 흑백사진으로 전환되고, O.S.가 시
작된다.

콴메이: (O.S.) 아쉐, 막냇삼촌이 잡혀갔어. 지금도 행방은 알 수 없어.
우린 도망갈 생각을 했지만 결국 도망갈 곳이 없다는 걸 깨달
았지.


**장면 91** 소상해주가 안. 오후.

△ 아쉐가 망연자실한 표정으로 사진을 보고 있다.

△ 셋째 형이 뜰 옆에 앉아 아들에게 연을 만들어주고 있고, 아이
들은 빙 둘러서서 그 모습을 구경하고 있다.

△ 첩의 아들 린광밍은 어느새 네 살. 뜰에서 목마를 타고 놀고 있다.

△ 소상해주가 안에선 첩형과 기녀들이 사색패를 치며 놀고 있고,

간간이 떠들썩한 웃음소리와 야유 소리가 들린다.

콴메이: (O.S.) 오늘에야 편지를 쓰는 건 마침내 마음이 안정됐기 때문이야. 이 사진은 네 막냇삼촌이 잡혀가기 사흘 전에 찍은 거야. 잡혀가던 날, 막냇삼촌은 손님의 사진을 찍고 있었어. 그는 꼭 끝까지 일을 마쳐야 한다고 고집했고, 일이 끝난 뒤 차분한 모습으로 잡혀갔어. 난 타이베이에 가서 사람들에게 수소문해봤지만 아무런 소식도 없단다. 아푸는 젖니가 나기 시작했고 자주 웃는데, 눈빛이 네 막냇삼촌을 쏙 빼닮았어. 시간이 나거든 우릴 보러 와줘. 주편은 가을이 깊어져서 온 산에 억새풀이 가득해. 온통 새하얀 게 꼭 눈이 온 것 같아.

△ 마지막 화면은 할아버지가 자신의 등나무 의자에 비스듬히 앉아 졸고 있는 모습이다. 어느새 저물어가는 가을볕에 그의 헝클어진 머리칼이 순간적으로 금빛으로 물들어 반짝인다.

△ 화면 위로 자막이 떠오른다:

"1949년 12월, 대륙의 정권이 바뀌고 국민당 정부는 타이완으로 이주하여 임시 수도를 타이베이로 정한다."

(끝)

주톈원

「비정성시」가 상▪을 수상하고 나는 일본의 작가 이노우에 야스시井上靖를 떠올렸다. 지난 수년간 그는 아시아에서 가장 유력한 노벨 문학상 후보 중 하나였고, 이에 매년 수상자 발표 전날 밤이면 그의 집 앞에는 기자들이 잔뜩 몰려들고, 전화통에는 불이 나고, 온갖 억측과 소문이 난무하곤 했다. 그는 이 소란을 견디지 못하고 이렇게 말했다. "기쁨은 오직 고요함 속에 당도하는 것입니다."

그렇다. 고요함이다. 허우샤오셴의 고요함, 잔훙즈의 고요함, 우리의 고요함. 신문사 편집장이 허우샤오셴의 집에 전화를 걸어 수상 소감을 물었을 때, 그의 부인은 담담하게 "당연한 결과죠"라고 말했다.

---

▪ 1989년 제46회 베니스국제영화제 황금사자상.

우선, 잔훙즈에게 감사해야 할 것이다. 바로 그가, 결연하면서도 끈질기게 아직은 검증되지 않은 자신의 논리를 동원해 허우샤오셴에게 투자하도록 투자자들을 설득했으니까. 지금은 모두가 실제 수상을 통해 증명된 사실을 당연하다는 듯 받아들이고 있지만, 당시의 어려움을 우린 기억하고는 있을까? 일을 어떻게 시작해야 할지를 알고, 일의 이치를 이해하며, 인재를 알아본다. 그의 이러한 명철한 지적 능력은 수련과 오랜 기간의 사색, 관찰의 결과일 뿐 아니라 타고난 특질이기도 하다. 바로 신선하고 사리사욕 없는 갓난아기와 같은 심안心眼이다. 이런 심안이 있기에 그는 정보, 지식, 학문, 이데올로기의 벽에 가로막히지 않을 수 있었던 것이다. 진리와 사물의 본모습을 탐구하려는 그의 강인한 활력은 진리 그 자체가 가장 큰 희열을 가져다준다는 데서 기인하는 것이고, 이에 목적은 수단이기도 하며, 그는 그 밖의 보상은 추구하지 않았다. 난 그가 점점 더 창작자에 가까워지고 있다고 느낀다. 이게 잔훙즈의 고요함이다.

우린 영화가 시작되기 전 맨 처음 나오는 화면에 '기획 잔훙즈'라는 자막을 몰래 집어넣었다. 그렇다. 바로 그가 「비정성시」의 크랭크인을 가능케 했다. 그는 영화를 보게 됐을 때 틀림없이 깜짝 놀랐으리라. "허우샤오셴은 돈이 될 재목이다" "내가 논하는 건 비즈니스지 문화가 아니다" "영화를 책처럼 팔 수 있다". 내가 그의 발언을 기록했을 때, 난 이 날카로운 역설이 수많은 문화인의 '결벽증'을 얼마나 건드리고 분노를 사게 될까 생각했다. 그럼에도 여전히 기쁘게 생각하는 건, 문화인으로 오늘을 살면서 마침내 그의 논리가 검증되고 실천되었음을 목격할 수 있었다는 사실이다. 이보다 더 기쁜 일이 또 있을까?

허우샤오셴의 고요함. 장장 2개월에 달하는 편집 기간 동안 그와 편집자 랴오칭쑹은 촬영한 모든 재료로 지금의 이 영화를 완성했으나, 어떤 때는 하루에 겨우 두세 쇼트밖에 편집하지 못할 때도 있었다. 이 영화의 편집법에 랴오칭쑹은 '기운氣韻 편집법'이라는 새로운 이름을 붙였다. 단약을 만드는 도사가 화로를 응시하는 것처럼 허우샤오셴은 이 영화의 편집에 참여하면서도 대부분의 시간은 냉정하고 이성적인 방관자로서 새로이 쇼트를 조합하고 대담하게 화면을 조정했다. 그는 각 쇼트와 쇼트 사이, 그리고 사운드와 사운드 사이에서 무슨 일이 일어나는지 충분히 이해하고 있었고, "이번 구성은 아주 굉장할 거야"라고도 말했다. 그의 이러한 자아 관조는 사물의 본질을 이해하는 과정이었고, 이제까지의 그 어떤 편집 과정보다도 더 명확하고 보람찬 수확을 거두게 했다. 편집을 마칠 무렵 랴오칭쑹은 내기를 걸었다. 그랑프리를 수상할 가능성은 반반, 아니 8퍼센트를 더 더한 58퍼센트. 나머지 42퍼센트는 운에 달렸다. 이런 고요함은 영화라는 세계 속에서 자신의 기량이 어느 정도인지 알고 있기에 가능한 것이다.

「비정성시」는 관객에게는 신작이지만 창작자에게는 이미 지난 과거다. 머나먼 베니스의 헝가리 호텔에서 우녠전은 울었다. 허우샤오셴을 꽉 껴안고, 남에게 눈물을 보이기 싫어서 한참 허우샤오셴의 어깨에 머리를 파묻고 고개를 들지 못했다. 수상, 단지 그뿐이다. 명예도 비방도 그대로, 더하고 뺄 것도 없이 변함없이 그대로일 뿐. 사람들이 조금이라도 영감을 얻을 수 있다면, 그건 행운이다. 지금, 눈앞의 모든 것은 그저 한없이 흘러가고 있을 뿐이다.

1989년 10월 12일

# 1

"2024년 1월 13일, 타이완 총통 선거 민진당 라이칭더賴清德 승리…… 민진당 12년 연속 집권." 옮긴이 후기를 쓰는 지금, 뉴스 헤드라인으로 올라온 이 글귀를 보고 1989년 어느 날 밤, 타이완의 한 정치인이 「비정성시」 시사회에서 돌아와 분노에 사로잡혀 썼던 일기를 떠올린다.

"「비정성시」가 당▪과 당국을 의도적으로 추하게 그리고, 본성인과 대륙인▪▪ 간의 분노를 선동하고 있음은 분명하다. 일부 사람들이 이 영화의 의도가 모호하다고 말하고 있지만, 이 영화의 목적은 너무나도 노골적이다. (…) 단 한 가지, 내가 진정으

---

▪  국민당.
▪▪  외성인.

로 단언할 수 있는 건 반대파들이 일찍부터 계획을 꾸미고 있었다는 것이고, 바로 그것이 어째서 연말 선거 전에 이런 영화를 상영했느냐는 이유다. '타이완 독립'에 한몫하리란 이유다."■

타이완의 국민당 부주석을 지냈던 원로 정치인 하오보춘郝柏村의 일기다. 그는 이 일기에서 이 영화가 베니스국제영화제에서 수상했다고는 하나 음울하고 무미건조하니 흥행에 참패할 게 분명하고, 모종의 정치적 의도를 품고 있다고 단언했다. 실제로는 그 누구보다 뚜렷한 '정치적 의도'를 지니고 있을 한 정치인의 추측에 불과한 언설이지만, 이 영화가 그해 타이완에서 대대적으로 흥행하고 공교롭게도 그해 타이완 총선에서 민진당이 대대적으로 약진하면서 결국 이 경계심 가득한 한 개인의 추측은 이 영화를 둘러싸고 지금까지도 통용되는 어떤 오해로 굳어지기도 했다.

"허우샤오셴의 최신작 「비정성시」는 틀림없는 걸작이지만 영화와는 무관한 장에서도 사람들을 끌어들일 요소들을 가진, 어떤 의미에서는 위험한 평가가 내려질 수도 있는 작품이기도 하다."■■

■  郝柏村, 八年參謀總長日記(臺北: 天下, 2000), p. 1523.
■■  하스미 시게히코, 「파라자노프의 죽음을 추모하면서 허우샤오시엔의 「동동의 여

이러한 오해는 어쩌면 위에 인용한, 하스미 시게히코가 1990년에 언급한 말에서도 보듯 「비정성시」가 사람들을 끌어들일 수많은 요소를 품고 있다는 데 기인한 것인지도 모른다. 단, 이때 오해의 핵심은 어디까지나 '영화와는 무관한 장에서'라는 점임을 기억해야 할 것이다.

## 2

1987년 초, 잔훙즈가 초안을 쓴 〈민국76년 타이완 영화선언〉(이하 '영화선언')이 타이완의 젊은 영화인 50여 명의 명의로 발표됐다.

1987년 7월 15일, 타이완 계엄령이 해제됐다.

그리고 1989년 10월 21일, 타이완에서 「비정성시」가 개봉했다.

「비정성시」가 타이완에서 공개되기 2년 전에 위의 두 가지 중요한 사건이 있었다. 먼저, 영화선언은 영화의 미학적 측면, 예술성에 주목하는 '타이완 뉴웨이브 영화臺灣新電影의 정신'을 공표한 선언이었고, 계엄령 해제는 오랜 국민당 일당 독재가 막을 내리고 민주화의 길로 나아가는 상징적 시작점이었다.

---

름방학」에 넘치고 있는 영화의 기척에 몸을 드러내보면 어떨까」, 『영화의 맨살─하스미 시게히코 영화비평선』, 박창학 옮김, 이모션북스, 2015, 362쪽.

이런 분위기 아래, 「비정성시」는 해외에 판권을 미리 판매함으로써 기존 타이완 영화계의 자금 조달 방식과는 다른 방식을 취해 자금 측면에서의 속박을 벗어날 수 있었고, 1989년 9월 일본에서 후반 작업을 마친 필름을 곧바로 베니스로 보내버림으로써 1982년에 각본 사전 검열은 폐지됐지만 그럼에도 여전히 작동하던 신문국의 검열을 우회할 수 있었다. 영화가 공개되기 전에 먼저 출판된 『비정성시 각본집』은 이미 1만 부 이상 팔려 타이완 사상 최단 시간에 베스트셀러에 등극한 책으로 기록을 세웠고, 베니스국제영화제 수상과 그로 인해 높아진 감독의 명성, 그리고 곧 다가올 선거와 같은 영화 바깥의 요소들이 이 영화를 타이완의 문화적·사회적인 한 사건으로 자리매김하게 했다.

즉 「비정성시」가 그 자체로 비평의 장critical sphere이 되어 한바탕 논쟁을 불러일으키게 된 것이다. 보수와 진보를 가릴 것 없이, 당시 타이완에서 「비정성시」에 쏟아진 건 실망의 목소리였다. 앞서 인용한 하오보춘의 일기, 이 책에 실린 란주웨이의 추천사와 주톈원의 「비정성시 13문 13답」에서 당시의 행간을 짐작할 수 있는데, 한쪽에서는 이 영화가 너무나 '정치적'이라고 비판했고 다른 한쪽에서는 이 영화의 정치성이 '부족'했다고 비판했다. 한마디로 과도한 경계와 과도한 기대가 불러일으킨 사태랄까. 따라서 "그저 예술적 표현을 추구할 뿐인 영화 작가에게 이 논쟁에서 발생하는 '정치적 해석'과 '역사적 진실'에 대한 압박은 너무 과중한 건 아닐까?"라는 란주웨이의 반문과 "타이완 영화는 그들 때문에 끝났는가?"라는 주톈원의 반문은 한 영화를 둘러싸고 영화 바깥에서 쏟아지던 이 목소리들에 대해, 영화의 편에 선 자가 제기한 항변이라 할 것이다.

1991년 『타이완 뉴웨이브 영화의 죽음新電影之死』이라는 제목의 비평 선집이 출판됐다. 거칠게 요약하자면 「비정성시」로 대표되는 '타이완 뉴웨이브 영화'로 인해 타이완 영화가 끝장났다는 비판을 담고 있는 책으로, 이를테면 국제영화제에서의 수상으로 감독의 지명도는 높아질지라도 결국 영화의 상업적 가치는 하강하니 타이완 영화를 침체시킨다는 비판, 「비정성시」의 성공은 예술적 성취의 산물이 아니라 시운時運과 기민한 프로모션의 결과라는 비판이 주된 논조다.

과도한 경계와 과도한 기대에 이어 과도한 대표성이 이렇게 한 영화작품 위로 덧씌워진다. 어쩌면 아직도 통용되고 있을 또 하나의 오해다. 이에 관해, 1987년 발표된 '영화선언'은 타이완 뉴웨이브의 시작이 아니라 실은 끝이었음을 지적하고 싶다. 흔히 타이완 뉴웨이브로 번역되는 '신전영新電影'이란 어휘는 1982년 「광음적고사光陰的古事」의 제작을 기점으로 스타, 장르, 흥행성에 의존하던 기존의 1960, 1970년대 상업 영화와 차별화를 꾀하는 '새로운 영화'로서 미디어, 영화 평론가, 영화 작가, 그리고 관방(중앙전영스튜디오, 행정원 신문국)에서 표방한 말이었고, 여기에는 영화의 형식, 예술성에 대한 영화 작가의 자각, 공동체적 운동, 홍콩·할리우드 영화에 대항 가능할 타이완의 문화 상품을 내놓고 싶었던 정책적 구상 모두가 작용했다. 1987년, 이 영화선언이 발표됐을 때는 이 선언에 참여한 영화인들이 이미 한 명의 영화 작가로서 각자 자신의 길로 나아간 뒤였다. 그런 의미에서 이 영화선언이 시작이 아니라 끝이었음을 유념한다면, 이미 일가를 이루고 자신의 길을 걷고 있는 영화 작가에게 타이완 전체 영화의 침체를 힐문하는 건 궤도에서 벗어난 과도한 책임 전가가 아니었을까.

## 3

"소설의 재미와 영화의 재미는 근본적으로 상호 대체가 불가능한 것이다. (…) 영상에서 출발하는가, 문장에서 출발하는가로 영화와 소설의 절대성이 결정된다."▪

---

▪ 朱天文,「電影與小說」,『中國時報』1986년 7월 호.

1986년 7월, 주톈원은 「영화와 소설」이란 글에서 처음에 자신은 영화란 이야기를 만드는 것이며 대사가 중요하다고 여기고 있었는데, 시나리오 회의를 할 때마다 '그건 영화가 아니다'라는 감독의 반박에 부딪히고 당황했다고 술회한다. 그럼, 영화란 무엇인가? 영화다운 것은 뭘까? 위에 인용한 문장은 당시 반박에 부딪히고 당황했던 주톈원이 내린 결론이다.

주톈원에 의하면 소설▪의 재미는 작가마다의 개성을 드러내는 필치▪▪에 있고, 영화의 재미는 영상에 있다. 그리고 둘 사이에는 이 책의 「비정성시 13문 13답」에서 주톈원이 말했듯 "각본가의 사고에선 장면이 순서대로 연결되고, 감독의 사고에선 쇼트가 점프한다"라는 근본적인 차이점이 있다.

주톈원의 시나리오와 우녠전의 각본에서 각각의 장면 번호를 따라 전개되는 이야기를 읽는 것만으로도 독자의 머릿속에서는 시각적 이미지가 그려진다. 그러나 완성된 영화를 봤을 때, 실제로는 그 장면이 글로 적힌 시나리오, 각본과는 전혀 다른 논리로 구현됐음을 새삼 깨닫는다. 주톈원이 말하는 '연결'과 '점프'의 차이, 란주웨이가 말하는 '편집과 삭제의 작법'이 영화를 만드는 데 작용한다. 이는 영화 촬영 현장에서 맞닥뜨리

---

▪　글.
▪▪　문체.

는 온갖 한계로 인해 때로는 타협하고 때로는 지혜를 발휘한 결과로 이뤄지는 영화 제작의 '경제성'일 수도 있고, 감독 자신의 감각에 의한 선택과 결단일 수도 있다.

이 각본집을 읽으면서 독자는 먼저 주톈원과 우녠전의 필치를 음미하고 머릿속에 떠오르는 장면들을 그릴 수 있고, 완성된 영화를 보면서 시나리오·각본의 이야기를 감독이 어떻게 구현해냈는지를 보고 그로부터 감독 허우샤오셴의 작법을 엿볼 수 있을 것이다.

## 4

앞서 인용한 주톈원의 글 「영화와 소설」에서 그녀는 영상이야말로 영화의 본질이기에 영화의 작가는 본래 감독 한 사람일 뿐, 각본가는 거기 들어가지 않는다고 말하기도 했다. 감독의 연출, 특히나 수많은 생략과 여백, 지속되는 쇼트들을 생각한다면 「비정성시」는 감독 허우샤오셴의 영화다.

그러나 「비정성시」의 시나리오와 각본을 번역하면서, 번역자이자 독자로서 주톈원과 우녠전의 문장에서 느낄 수 있었던 아름다움과 이들이 풀어가는 이야기를 머릿속에 그리면서 떠올렸던 이미지들은 작가 주톈원과 작가 우녠전이 그려낸 또 하나의 세계다. 결국 시나리오가 있고, 각본이 있고, 영화가 있다. 각각의 작품으로서.

그리고 또 한 가지, 「비정성시」의 시나리오와 각본을 번역하면서 새삼 놀랐던 게 있다. 어쩌면 가장 근원적인 어휘라고도 할 수 있을 아버지, 어머니, 오빠를 모어의 음역을 거친 오토상 お父さん, 오카상お母さん, 니상兄さん이라는 외국어(일본어)로 말하는 이중의 언어 세계, 민난어, 상하이어, 베이징어, 광둥어가 통역을 거쳐 교차하고 원청의 필담과 자막으로 인해 생겨나는 "시간의 빈칸"▪이 영화에서는 귀에 들리는 서로 다른 말들을 통해, 화면에 보이는 자막과 시간의 지연을 통해 직접적으로 관객에게 와닿는다. 한편, 문자로 적힌 시나리오와 각본에선 한자를 사용해 중국어로 음역된 일본어가 눈에 보이고, 민난어는 한자가 아닌 주음부호로 적힘으로써 그 자체로 생경한 시각적 위화감으로 와닿는다. 영화의 화면과 거의 동일한 강도로 부딪쳐오는 글의 문면文面이라고 할까.

# 5
이 옮긴이 후기에서는 역사적 사건의 중심에 놓이지 않은 인물 개개인의 역사, 즉 '또 다른 하나의 역사'를 그려낸 영화 「비정성

---

▪ Jetee, 「비정성시」에 관한 짧은 생각, https://blog.naver.com/satan_tango/ 223324260511, 2024년 1월 16일, 2024년 2월 14일 접속.

시」 자체에 대해선 한마디도 언급하지 않았다. 이에 관해선 부디 직접 영화를 보시기를.

다만, 주톈원의 다음 글귀를 인용함으로써 옮긴이 후기를 마치고자 한다.

"본채 거실의 스테인드글라스 너머로 짙은 색채의 세계가 비친다. 빛과 그림자가 겹치고 명암을 가릴 수 없는 그곳에서 삶은 계속된다."

이 책을 번역하는 과정에서 정말 많은 분께 분에 넘치는 도움을 받았다. 먼저 이 책의 출간을 결정해주신 글항아리의 강성민 대표님, 어색한 표현을 짚어주고 지난한 작업을 함께한 박지호 편집자께 감사드린다. 번역하는 동안 번역어, 영화에 관해 아낌없는 조언을 베풀어주신 유운성 선생님과 친애하는 벗 김병규씨, 민난어 확인에 큰 도움을 주신 타이완 현대시 연구자 최이원님께 감사와 우정을 표하고 싶다. 그리고 김택규 선생님. 오랫동안 우직하게 번역의 길을 먼저 걷고 있는 선배의 등을 바라볼 수 있다는 사실이 이제 막 번역의 길에 들어선 내게 얼마나 큰 위안과 든든함을 주는지는 이루 말할 수 없을 정도다.

이 책을 번역하면서 2002년 서울아트시네마에서 「비정성시」

를 처음 본 날을 떠올리곤 했다. 부디 또 다시 극장에서 이 영화를 볼 날이 꼭 오기를 바란다.

2024년 1월 14일

홍지영

# 비정성시 각본집

**초판인쇄**  2024년 2월 15일
**초판발행**  2024년 2월 28일

**지은이**  주톈원, 우녠전
**옮긴이**  홍지영
**펴낸이**  강성민
**편집장**  이은혜
**기획**  노만수
**책임편집**  박지호
**편집**  함윤이
**마케팅**  정민호 박치우 한민아 이민경 박진희 정유선 황승현
**브랜딩**  함유지 함근아 고보미 박민재 김희숙 박다솔 조다현 정승민 배진성
**제작**  강신은 김동욱 이순호

**펴낸곳**  (주)글항아리
**출판등록**  2009년 1월 19일 제406-2009-000002호
**주소**  10881 경기도 파주시 심학산로 10 3층
**전자우편**  bookpot@hanmail.net
**전화번호**  031-955-8869(마케팅) 031-941-5157(편집부)

**ISBN**  979-11-6909-205-0 03680

잘못된 책은 구입하신 서점에서 교환해드립니다.
기타 교환 문의 031-955-2661, 3580

www.geulhangari.com